高校青年教师成长基础丛书
李波　主编

教育技术与信息化教学

主　编　赵建民
副主编　王广新　马　瑛　张玉孔
　　　　谭金波　吴秀圆

山东大学出版社
·济南·

图书在版编目(CIP)数据

教育技术与信息化教学/赵建民主编. —济南:山东大学出版社,2020.12

(高校青年教师成长基础丛书/李波主编)

ISBN 978-7-5607-6863-2

Ⅰ. ①教… Ⅱ. ①赵… Ⅲ. ①教育技术学—研究—高等学校②高等学校—计算机辅助教学—教学研究 Ⅳ. ①G40-057②G434

中国版本图书馆 CIP 数据核字(2021)第 023261 号

策划编辑　滕希功
责任编辑　李昭辉
封面设计　泽坤广告

出版发行　山东大学出版社
社　　址　山东省济南市山大南路 20 号
邮政编码　250100
发行热线　(0531)88363008
经　　销　新华书店
印　　刷　泰安金彩印务有限公司
规　　格　720 毫米×1000 毫米　1/16
　　　　　18.5 印张　341 千字
版　　次　2020 年 12 月第 1 版
印　　次　2020 年 12 月第 1 次印刷
定　　价　65.00 元

《教育技术与信息化教学》
编委会

主　编　赵建民

编　委　（以章节为序）

马　瑛　谭金波　王广新

张玉孔　吴秀圆

前 言

面向教育3.0时代的教育生态重塑与学习方式变革重在如何重构课程，如何创新教学，如何破解高校人才培养的难题，这也是当前我国高等教育面临的时代课题。随着全球教育信息化进程的快速发展，现代教育技术能力已成为对高校教师的基本素质要求。中共中央、国务院于2010年7月颁布实施了《国家中长期教育改革和发展规划纲要(2010～2020)》，在第十九章“加快教育信息化进程”中指出：“信息技术对教育发展具有革命性影响，必须予以高度重视。把教育信息化纳入国家信息化发展整体战略，超前部署教育信息网络。到2020年，基本建成覆盖城乡各级各类学校的教育信息化体系，促进教育内容、教学手段和方法现代化。”另外，还尤其强调了“强化信息技术应用，提高教师的应用信息技术水平，更新教学观念，改进教学方法，提高教学效果”。现代教育技术是以计算机为核心的信息技术，是在教育教学中应用的理论与技术，即应用现代教育理论和技术，通过对教学过程和资源的设计、开发、应用、管理和评价，以实现教育现代化。现代教育技术作为改革现代教学模式、方法和手段的有力工具，在推进教育现代化和教育改革中具有重要作用。现代教育工作者，特别是高等学校教师在信息时代理解和掌握现代教育技术的基本理论、信息化教学环境、数字化教学资源应用，更新教育教学理念，应用信息化教学模式，对提高教育教学质量、推进教育信息化发展、实现教育现代化具有重要意义。《教育技术与信息化教学》一书正是基于以上需求编写的。

教育技术与信息化教学是面向高校新入职教师素质能力提升课程体系中的一门重要主干课程，以培养信息化教育新生态下教师的信息素养和现代教育技术能力为目标，重在提升高校教师在线课程资源建设与线上线下混合教学能力。因此，高校教师对现代教育技术的学习必须兼顾理论方法与实践应用两个维度。本书包括五章内容：认识现代教育技术与教师专业发展、信息化教学环境与学习平台、信息化教学设计理论与实践、信息化教学资源的开发和信息化教学模式的应用。最后的附录部分提供了在线课程案例和线上线下混合式课程建设与教学综合案例，以期对读者编写信息化教学设计方案和开展在线教学与混合式课程建设有所帮助。

本书的编者都长期从事教育技术教学和教师培训工作，积累了比较丰富的高校教师现代教育技术培训经验和教学资源。各章编写人员分别是：赵建民、马瑛负责第一章“认识现代教育技术与教师专业发展”，谭金波负责第二章“信息化教学环境与学习平台”，王广新负责第三章“信息化教学设计理论与实践”，张玉孔负责第四章“信息化教学资源的开发”，吴秀圆、马瑛负责第五章“信息化教学模式的应用”，赵建民负责附录“信息化教学设计与应用案例”。另外，赵建民担任全书主编，并对全书进行了统稿。

本书在编写过程中，引用了大量专家、学者的著作、论文和网上资源，在此一并对作者表示感谢。同时，我们在编写过程中得到了山东省高师培训中心领导的悉心指导，得到了山东大学出版社编辑的大力支持和帮助，以及山东师范大学教育学部教育技术系负欣彤、李文捷、马兴莹、任钊锋、王艳晴、史天亮、胡照玲等研究生的帮助，在此一并表示感谢。

现代教育技术是一门新兴并且发展迅速的学科，其理论内容和实践领域都在不断变化和更新，因此本书所阐述的内容只是我们的一些认识和理解。由于时间仓促和编者能力所限，不足之处难以避免，在此特恳请广大读者在使用中提出宝贵意见。

编　者

2020 年 9 月

目　录

第一章　认识现代教育技术与教师专业发展

学习目标

1. 了解教育技术的 AECT'94 定义与 AECT'05 定义。
2. 理解教育技术的基本内涵与教育技术的主要研究范畴。
3. 掌握现代教育技术的基本含义与主要理论基础。
4. 阐释现代教育技术的应用实践领域与主要应用模式。
5. 了解现代教育技术与教育教学变革的关系。
6. 理解教育信息化的概念、内涵与特征。
7. 掌握我国"教育信息化 2.0"行动计划的基本内容。
8. 了解教师专业发展的概念与特点。
9. 了解高校教师现代教育技术能力的基本内涵与特点。
10. 掌握高校教师现代教育技术能力的层次结构。
11. 分析阐释现代教育技术与教师专业发展的关系。

学习要点与结构

本章全面、系统地介绍了现代教育技术与高校教师专业发展的关系，从帮助学习者了解现代教育技术的概念、内涵、研究范畴、理论基础、实践领域和应用模式入手，深入掌握教育信息化的相关内容以及由此引发的教育教学变革，引导学习者更新现代教育技术理念，把握教育信息化时代背景下教师需要具备的现代教育技术能力，提升信息化教学素质和能力，推动教师向专业化方向发展。

本章第一节从整体上系统介绍了现代教育技术，在重点介绍现代教育技术基本概念的基础上，阐述了现代教育技术的理论基础，分析了现代教育技术的应用实践领域与应用模式，引导学习者对现代教育技术这一研究与实践领域形成整体的理解和认识。第二节详细介绍了现代教育技术与教育信息化的关系，重点分析了现代教育技术引发的教育变革，结合教育信息化的内涵与特征，分析了我国“教育信息化 2.0”行动计划的意义、目标任务和实施行动，帮助学习者了解信息化教学变革的时代背景。第三节详细介绍了现代教育技术与教师专业发展的关系，围绕教师专业发展的概念与特点，分析了教育信息化背景下教师专业发展所需要提升的能力素质结构。

本章的学习重点是全面了解现代教育技术、教育信息化和教师专业发展的基本知识以及三者之间的关系，更新现代教育技术观念，树立教育信息化背景下教育教学变革的意识，在此基础上思考高校教师需要的现代教育技术能力，为后续章节知识的学习奠定理论基础。

知识导学图

本章的知识导学图如图 1-1 所示。

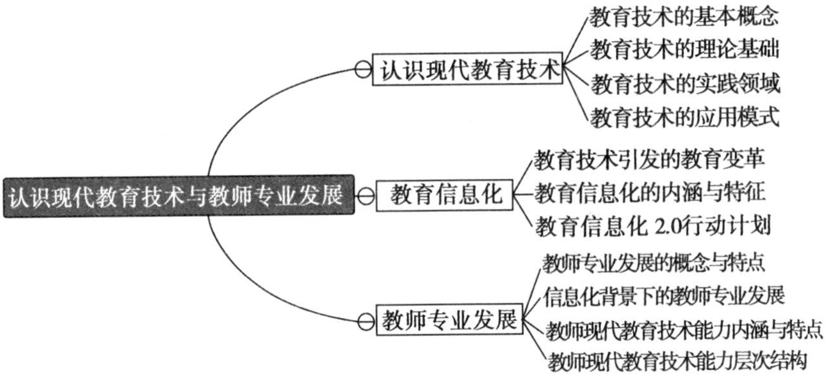

图 1-1　认识现代教育技术与教师专业发展的知识导学图

随着信息时代的来临，现代教育技术在教师的教学和学生的学习中得到了广泛的应用，丰富了教师的教学手段，优化了教学过程，提高了教学效率，提升了教育质量，扩大了教育规模，已经成为除教师、学生、教材等传统教育过程基本要素之外的第四要素。从 20 世纪 20 年代开始，现代教育技术在信息技术、传播理论、学习科学、系统科学等新学科和新理论的影响下，获得了迅猛发展。每次新技术与新理论的引入，都在一定程度上丰富与完善着现代教育技术的实践与理论基础。随着现代教育科学和现代信息技术的发展，人们对现代教育技术的理解和认识也在不断深入，其理论、概念和方法也在不断地完善。

第一节 认识现代教育技术

现代教育技术在教育教学中的应用，首先需要关注的问题为：是不是在教育教学中运用了多媒体计算机技术与网络技术，就标志着已经掌握了现代教育技术呢？美国英特尔公司首席执行官克瑞格·贝瑞特(Craig Barrett)博士认为，如果教师不了解如何更加有效地运用技术，那么所有与教育有关的技术都将没有任何实际意义。计算机并不是什么神奇的魔法，而教师才是真正的“魔术师”。因此，正确地理解现代教育技术的基本概念，恰当地综合运用技术，不仅非常必要，而且非常重要。

一、现代教育技术的基本概念

(一)教育技术的概念

现代教育理论的不断发展和现代信息技术的不断更新，促使教育技术概念的内涵和外延不断发展变化，该领域的学者和机构也在不同时期提出了多种教育技术的定义。20 世纪 90 年代中期以来，教育技术界学术氛围空前活跃，学术讨论热烈非凡，形成了关于教育技术的多种定义与说法，但一直没有一个统一的定义与描述。

1994 年，美国教育传播与技术协会(AECT)出版了《教学技术：领域的定义和范畴》一书，书中提出了教育技术的定义和教育技术的研究领域。该定义在很大程度上涵盖了我国教育技术理论和实践研究的主要范畴，并对我国教育技术的应用和发展有很强的指导意义。

教育技术 AECT'94 定义的国内表述是：“教育技术是为了促进学习，对有关的学习过程和学习资源进行设计、开发、运用、管理和评价的理论与实践。”该定义明确指出了教育技术的研究目的是促进学习，两大研究对象是学习过程与学习资源，五大研究领域是设计、开发、运用、管理和评价。可以用图 1-2 来说明该定义的结构。

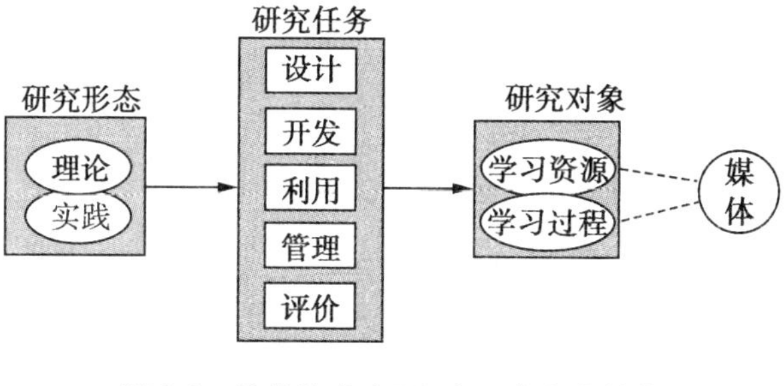

图 1-2 教育技术 AECT'94 定义的结构

2005年，AECT发布了教育技术的新定义（简称“AECT'05定义”），国内学者黎加厚将其翻译为：“教育技术是通过创造、使用、管理适当的技术性的过程和资源，以促进学习和提高绩效的研究与符合伦理道德的实践。”

AECT'94定义是一个规定性定义，它规定了教育技术的研究形态、研究任务与研究对象以及它们之间的关系，便于不同领域的教育技术工作者与学科教师之间进行交流。定义中没有具体描述作为物化形态的媒体，表明教育技术关注的重点已经从“硬件”进化到了“软件”，即越来越重视技术方法和方法论而不是设施本身。当然，这并不排斥媒体在现代教育技术中的作用，它实际上是学习资源与学习过程的重要支撑技术。

与AECT'94定义相比，AECT'05定义在以下几个方面有所不同：

(1)“理论与实践”两个领域被更改为“研究与符合伦理道德的实践”。

(2)“学习过程”与“学习资源”两个研究对象被变换为“用来促进学习和提高绩效，并有合适技术（支持）的过程和资源”。

(3)学习过程和学习资源的“设计、开发、运用、管理、评价”五个研究范畴缩减为用来促进学习和提高绩效，并有合适技术（支持）的过程和资源的“创造、使用、管理”三个范畴。

何克抗教授通过对教育技术学逻辑起点的分析以及AECT'94定义和AECT'05定义的比较，提出了能够较真实地反映目前阶段国内外教育技术研究与应用状况的，相对比较科学的教育技术定义，可表述为：“教育技术是通过设计、开发、利用、管理、评价有适合技术支持的教育过程与教学资源，来促进学习并提高绩效的理论与实践。”

需要说明的是，用“technologized education”（技术化教育）要比“educational technology”（教育技术）更好，后者容易被误认为“教育技术”就是“教育中的技术”或者“教育中用到的各种各样的技术的总称”，从而把教育技术学看作是技术学的分支学科。前者的落脚点是教育而非技术，可以避免上述误解。不过，既然“教育技术”这个术语已经确立并在世界上广泛流行，那么一般在不改变名称的前提下，可以按照“教育技术”真实的内涵去理解和应用。

（二）教育技术的内涵

AECT'94定义将教育技术的研究对象表述为“学习过程”和“学习资源”的一系列理论与实践问题，改变了以往“教学过程”和“教学资源”的提法，体现了现代教育观念从以“教”为中心转向以“学”为中心、从传授知识转向发展学生能力的重大转变。根据该定义，可以将教育技术的内涵概括为以下几点：

1.教育技术是一门理论与实践并重的学科

教育技术以学习理论、教学理论、传播理论与系统理论为基础，是以先进理论为指导的教学实践活动，同时，又在实践的基础上不断地形成、发展与完善自身。

2.学习过程是教育研究与实践的对象

学习是指学习者通过与信息和环境交互作用而获得知识、技能和态度诸方面的提高，这里的环境包括传递教学信息所涉及的设施、媒体与方法。将学习过程作为教育技术研究与实践的对象，是教育技术经过长期的探索和实践后才确定的，它标志着教育技术在观念上从传统的“教”向“学”的转移。

3.学习资源是优化学习过程的必要条件

学习资源是指那些可以提供给学习者使用的，能帮助和促进他们进行学习的信息、人员、教材、设施、技术和环境。学习资源既可以被学习者单独使用，也可以由学习者综合使用。现代科学技术的发展使学习资源不断变化和丰富，为优化学习过程提供了必要的条件，同时也迫使人们对学习资源进行科学而富有创造性的设计、开发、运用、管理和评价。

应当指出的是，教育技术绝非仅指用于教育的媒体和手段，而是指人类在教育活动中所采用的一切技术手段和方法的总和，它分为有形技术(物化形态)和无形技术(智能形态)两大类。有形技术是指凝固和体现在有形物体中的科学知识，包括从黑板、粉笔等传统教具一直到计算机、网络、卫星通信等各种现代教育教学媒体。无形技术指的是那些以抽象形式表现出来，以功能形式作用于教育实践的科学知识，即在解决教育教学问题中起作用的技巧、方法和理论，如系统方法等。

(三)教育技术的研究范畴

教育技术的AECT’94定义是一个规定性定义，它规定了教育技术的内涵及其理论与实践领域，操作性强，便于理论研究者与实践工作者理解、对话和沟通。AECT’94定义在国内被认为是一个领域定义，该定义明确指出了教育技术的五个研究范畴，包括设计、开发、利用、管理与评价五个方面，各方面的具体内容如图1-3所示。

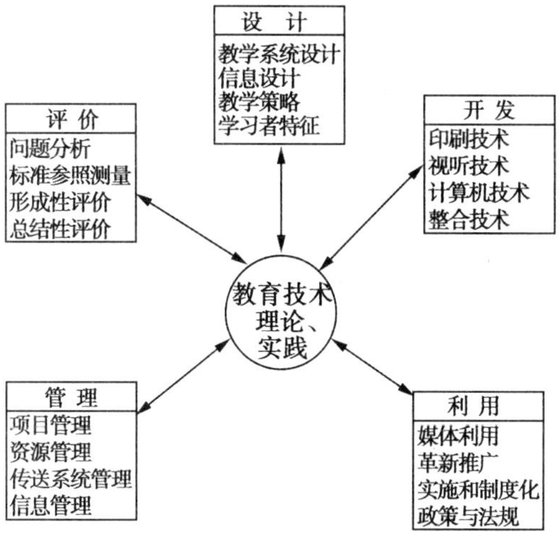

图1-3 教育技术的研究范畴

1.设计

设计是详细说明学习条件的过程，其目的是生成策略或产品。这里的设计既包括微观层次的设计，又包括宏观层次的设计。宏观层次的设计如教学系统的设计，微观层次的设计如某一课、某一教学单元的设计或者微观的信息设计。

从设计范畴的理论研究和实践探索出发，可将设计范畴分为教学系统设计、信息设计、教学策略和学习者特征四个子领域。其中，教学系统设计是一个包括分析、设计、开发、实施和评价教学等步骤在内的有组织的过程；信息设计通常与媒体和学习任务的性质有关，主要指运用有关心理学原理来设计传递信息与反馈信息的呈现内容、呈现方式，以及人机交互等；教学策略是对具体的教学内容、教学活动程序、方法、媒体等因素的总体考虑；学习者特征是指影响学习过程有效性的经验背景的各个方面，包括智力因素、非智力因素以及文化背景、基础知识等。

2.开发

开发是指针对学习资源和学习过程，按照事先设计好的方案予以实施，将其转化为物理形式的过程。开发范畴的驱动力主要来自技术的发展，教育技术的开发范畴可以分为基于印刷技术、基于视听技术、基于计算机技术和基于整合技术四个子领域。这种划分不是简单地对技术进行分类，而是基于一定的理论与设计原则对各种开发技术特征的详细解释。

在这四个子领域中，基于印刷技术主要通过机械或照相印刷过程制作、发送材料（如图书和静态视觉材料）的方法，以文本、图形或照片等形式进行呈示和复制，即对文本材料和视觉材料的开发，其在很大程度上依赖有关人的视知觉、阅读、信息加工过程以及学习的理论。基于视听技术是通过机械或电子设备来制作或发送材料以呈现视觉和听觉信息的方法。视听技术能够根据行为主义和认知心理学的原理开发线性动态的视觉信息。基于计算机的技术是利用基于微处理器和有关的教学资源来制作和发送材料的方法，基于计算机的技术通常包括硬件和软件两个方面。随着计算机技术的进一步发展，特别是网络通信、多媒体、数据库、人工智能、专家系统、人机界面技术的发展，基于计算机的教学系统正在走向集成化，即把信息资源、工具、在线帮助、监测系统、情境、教学和管理等功能都综合在一个系统环境中，这种方法就是整合技术。这种技术的特征是学习者可以在各种信息资源中进行高度的交互活动。

3.利用

利用是通过教与学的过程和资源来促进学习者的学习活动的过程。利用的范畴包括四个子领域：媒体的利用、革新推广、实施和制度化、政策和法规。媒体的利用是对学习资源的系统使用，是依据教学设计方案进行决策的过程。革新推广是为了使改革的成果能被采纳而通过有计划的策略进行传播的过程。

实施是组织中的个人对革新成果的合理使用，制度化的目的是要将革新成果整合到整个组织结构中。政策和法规是影响和规范教育技术推广和使用的强制性规则和行为。对利用范畴的整体而通俗的理解是：强调对新兴技术（包括新型媒体和各种最新的信息技术手段）、各相关学科的最新研究成果以及各种信息资源的利用与传播，并要设法加以制度化和法规化，以支持与保证教育技术手段的不断革新推广。

4. 管理

管理指的是通过计划、组织、协调和监督来控制教学。管理的范畴包括四个子领域：项目管理、资源管理、传送系统管理和信息管理。项目管理是指计划、监督和控制教学设计与开发项目。资源管理是指计划、监督和控制资源分配以支持系统和服务。传送系统管理包括计划、监督和控制那些组织教学材料分发的方法，是用于向学习者呈现教学信息的媒体和使用方法的组合。信息管理包括计划、监督和控制信息的存储、转换或处理，其目的是为学习提供资源。管理范畴的发展趋势是管理决策将越来越依靠计算机的信息。近年来，媒体资源的管理、项目管理、设施管理、信息管理、知识管理等领域的实践活动形成了当前教育技术管理的主要内容。

5. 评价

评价是对一个事物价值的确定。在教育技术领域，评价是对计划、产品、项目、过程、目标和课程的质量、有效性或价值的正式确定。评价的范畴包括四个子领域：问题分析、标准参照测量、形成性评价和总结性评价。问题分析是指使用信息收集和决策策略来确定问题的本质和范畴，问题分析是学习评价的前端步骤，因为目标和约束条件都要在这个步骤中阐明。标准参照测量是确定学习者对预定内容的掌握程度的技术，标准参照测量使学生知道相对于标准来说，自己目前所达到的程度。形成性评价包括收集达标方面的信息，并使用这些信息作为进一步发展的基础。总结性评价包括收集达标方面的信息和使用这些信息来作出利用方面的决策。对于教育技术来说，既要注重对教育教学系统的总结性评价，更要注重形成性评价，并以此作为质量监控的主要措施。为此，应及时对教育教学过程中存在的问题进行分析，并参照规范要求（标准）进行定量的测量与比较。

教育技术的五个范畴，即设计、开发、利用、管理和评价既相互独立，又相互渗透，其中设计、开发、利用是教育技术研究中相对独立的内容或阶段，前者的输出是后者的输入，后者的输入是前者的输出。管理与评价贯穿于上述内容和阶段之中，教育技术的研究领域是有关这五个方面的理论与实践。

（四）现代教育技术的基本含义

AECT'94 定义为推动我国教育技术工作的开展提供了很好的理论指导和

促进作用。大约在20世纪70年代末,“现代教育技术”一词在我国开始使用,它与“教育技术”在本质上是指同一个概念。一方面,现代教育技术是以现代信息技术的开发、应用为核心;另一方面,现代教育技术并不忽视或抛弃对传统媒体技术的开发和运用。

在AECT'94定义的基础上,结合我国的实际国情,可以把现代教育技术定义为:现代教育技术是运用现代教育思想、理论和现代信息技术,通过对教与学的过程和资源的设计、开发、利用、管理和评价,以实现教学优化的理论和实践。

正确理解与应用现代教育技术,有必要对以下三个方面加以关注和强调:

(1)现代教育技术的应用必须以先进的教育思想和教学理论为指导,树立应用现代教育技术推进素质教育,重点培养创新精神和实践能力的教育思想,重视运用现代认知理论和人本主义理论指导教与学过程和资源的设计、开发、应用。

(2)现代教育技术是以现代信息技术为基础,其中,在学校是以计算机多媒体技术与网络技术为核心,要求充分利用和发挥多媒体与网络技术的优势,建立以多媒体和网络技术为基础的信息化环境和数字化教学资源。

(3)现代教育技术是以教与学的过程和资源为研究对象,并以优化教与学的过程和资源为目标。因此,现代教育技术既要重视“教”,更要重视优化“学”;既要重视“资源”,更要重视“过程”的研究和开发。通过优化教与学的资源,建设信息化的教学环境,开发信息化教学软件,探索并构建信息化环境下的新型教学模式。

由此可见,学校要想应用现代教育技术,提高教育信息化程度,必须具备以下基本要素:教师——掌握现代教育技术应用的师资队伍;环境——建立多媒体和网络化的信息化教学环境;资源——建设多媒体与网络教学资源、在线课程,并使之高度共享;设计——对多媒体与网络教学资源和教学应用过程的设计与规划;过程——把多媒体与网络技术应用于课程教学过程,通过实践探索构建新型教学模式。

二、现代教育技术的理论基础

现代教育技术是教育科学领域技术学层次上方法论性质的学科,在其形成、发展与推广应用中,它广泛吸收和应用了多门相关学科的理论。这些学科相关理论的发展变化推动着现代教育技术基础理论逐步变化与成熟,推动着现代教育技术不断向前进步与发展。下面将有选择地介绍教育技术发展过程中影响较大的主要理论。

(一)学习理论基础

学习理论是揭示人类学习的本质和规律,解释和说明学习过程的心理机制，指导人类学习，特别是指导学生学习和教师课堂教学的心理学原理或学说。在一个多世纪的时间里，学习理论一直处于现代教育技术理论体系中的核心地位，特别是随着信息技术的飞速发展，使得学习理论在现代教育技术中的作用更加不可忽视。灵活掌握学习理论，对全面认识学习过程的本质和规律、指导学生的学习和教师的教学乃至深入研究学习理论都有十分重要的意义。由于哲学观点和认识论的不同，当代学习理论存在不同的流派，其中对现代教育技术发展最有影响的学习理论分别是行为主义学习理论、认知主义学习理论、建构主义学习理论、人本主义学习理论和混合式学习理论。

1. 行为主义学习理论

行为主义是20世纪20年代在美国产生的一个心理学派别。行为主义学派的基本观点是用客观的方法研究客观的行为，提出了“心理即行为”和著名的“刺激—反应”(S-R)联结公式，即通过刺激得到反应的学习方式。他们的“环境决定论”和“教育万能论”说明行为主义十分重视学习，但对学习的研究只关注外部现象和对外在条件的探索，否定人的内部心理的存在。20世纪40～50年代，以美国人斯金纳(B. F. Skinner)为代表的新行为主义提出了“教育是塑造人的行为”的观点，强调“强化”在心理发展中的积极作用。斯金纳在长期的研究中形成了学习和机器相联系的思想，制造了教学机器来实现其“小步子呈现信息”“及时强化”的程序教学。程序教学的最初阶段主要是采用讨论程序学习的方式，逐步发展到开始重视作业分析、学生行为目标分析以及教材逻辑顺序的研究。程序教学的思想被广泛应用于计算机辅助教学之中，具有一定的教学指导意义。

行为主义学习理论在研究中只强调行为，把人的所有思维都看作是由“刺激-反应”间的联结形成的。在此理论的指导下，人被视为消极被动的机械结构，任由环境摆布，否定人的主观能动性作用，否定大脑对个体行为的支配和调节作用。在一定程度上，行为主义学习理论显得片面和苍白无力，在许多问题上难以自圆其说，这也引起了认知主义理论学派的强烈不满，从而导致了认知主义学习理论的兴起和发展。

2. 认知主义学习理论

认知学派起源于德国的格式塔心理学。所谓“格式塔”是一个德语名词，意即“完形”。该学派主张思维是整体的、有意义的知觉，重视创造性，重视理解，他们提出了一系列的学习规律。瑞士心理学家皮亚杰(J. Piaget)吸收了格式塔心理学派学习的认知和组织的观点，更加强调有机体与环境的交互作用是通过“同化”与“顺应”的过程取得与环境的平衡，认为儿童获得知识和道德价值观不是从环境中直接将知识内化，而是将新知识与原有的知识联系起来，从内部通过创造、协调来建构知识。

美国著名教育心理学家奥苏贝尔(D. P. Ausubel)的学习理论以"认知结构同化论"为基础,所谓"认知结构"是指学科知识的实质性内容在学生头脑中的组织。"认知结构"的构成遵循"不断分化"和"综合贯通"的原则,使其形成了一个按层次高低和纵横联系组织起来的"金字塔"式的结构。处于结构顶端的是最抽象的知识和概念,下面则是逐级向下分化的从属概念。在此基础上,奥苏贝尔提出了"上位学习""下位学习"和"并列结合学习"等不同同化模式的概念。他提倡把知识按照上下概念组织成层次结构,然后再按这种层次组织教学序列,而学生按照教师的传递顺序,将新旧知识联系起来,进行有意义的接受学习。

美国人布鲁纳(J. S. Bruner)的学习理论是一种描述和解释学生学习过程的学说。他认为,知识的学习就是在学生的头脑中形成各学科知识的认知结构,而掌握一门学科的结构是以许多其他事物富有意义的与其联系的方式去理解它。学习和教学所要达到的真正目的是使学生在某种程度上获得一套凝炼了的基本思想和原理。他主张采用"发现学习"的方式进行学习。所谓"发现学习",主要是指学生独立地获得知识的学习方式。可见,认知学习理论体现了学生是学习主体的思想,学习过程中应该关注学生的认知发展水平,充分发挥学生的主观能动性等。

3.建构主义学习理论

建构主义是认知主义的进一步发展。建构主义者认为,世界是客观存在的,但是对世界的理解和赋予意义却是由每个人自己决定。人们是以自己的经验为基础来建构或解释现实的,人们的个人世界是用自己的头脑创建的,由于每个人的经验以及对经验的信念不同,因此人们对外部世界的理解也不同。所以,建构主义更关注如何以原有的经验、心理结构和信念为基础来建构知识,强调学习的主动性、社会性和情境性,对学习和教学提出了许多新的见解。

建构主义关于"学习"的含义是:知识不是通过教师传授,而是学习者在一定的情境及社会文化背景下,借助他人(包括教师和学习伙伴)的帮助,利用必要的学习资料,通过意义建构的方式而获得。由于学习是在一定的情境即社会文化背景下,借助他人的帮助即通过人际间的协作活动而实现的意义建构过程,因此,建构主义学习理论认为"情境""协作""会话"和"意义建构"是学习环境中的四大要素或四大属性。

学习环境中的情境必须有利于学生对所学内容的意义建构,这就对教学设计提出了新的要求。也就是说,在建构主义学习环境下,教学设计不仅要考虑教学目标分析,还要考虑有利于学生建构意义的情境创设问题,并把情境创设看作教学设计的重要内容之一。

协作发生的学习过程中,协作对学习资料的收集与分析、假设的提出与验证、学习成果的评价直至意义的最终建构均有重要作用。

会话是协作过程中不可缺少的环节。学习小组成员之间必须通过会话商讨如何完成规定的学习任务。此外，协作学习过程也是会话过程，在此过程中，每个学习者的思维成果（智慧）为整个学习群体所共享，因此会话是达到意义建构的重要手段之一。

意义建构是整个学习过程的最终目标，所要建构的意义是指事物的性质、规律以及事物之间的内在联系。在学习过程中帮助学生意义建构，就是要帮助学生对当前学习内容所反映的性质、规律以及该事物与其他事物之间的内在联系达到较深刻的理解。这种理解在大脑中的长期存储形式就是“图式”，也就是关于当前所学内容的认知结构。

随着多媒体技术与网络技术的发展，建构主义学习理论得到了强有力的支持，为这一理论的实际应用提供了广阔的舞台。以“学”为中心的教学设计理论正是顺应建构主义学习理论的要求而发展起来的，它为克服传统的以“教”为中心的教学设计的不足提供了新的思路和途径，所以建构主义学习理论被认为是革新传统教学的理论基础。

4. 人本主义学习理论

20 世纪 60 年代，西方国家（特别是美国）由于社会和政治原因引起了社会动荡不安，人们从当时的教育制度和学校本身寻找根源，人本主义应运而生。人本主义理论一方面反对行为主义不重视人类本身的缺点；另一方面也指出，认知主义虽然重视人类认知结构，但却忽视了人类情感、价值和态度等方面对学习的影响。人本主义把自我实现看成是促进个人成长和发展的最大内驱力，甚至是推动人类前进的动力。因此，自我实现应成为教学的唯一目标。人本主义理论的主要代表人物是马斯洛（A. H. Maslow）和罗杰斯（C. R. Rogers）。

人本主义学习理论主张在教学过程中要让学生自由发展，这里所谓的“自由”不是说把现成的知识直接传递给学生，而是把学习的主动权还给学生，让学生成为学习的主人；在教学原则方面，主张教师要以真诚的态度坦诚对待学生，尊重和理解学生的内心世界，给学生以充分的信任，相信他们依靠独立的思想与感情，完全能够充分发挥自己的潜能，充分实现“自我”；在教师与学生之间的关系上，主张不应该是不平等的权威与依赖者的关系，而应该是师生双方参与、双向沟通和平等互助的关系；在教学方法方面，主张要以学生为中心，教师的全部责任就是帮助学生理解经常变化着的环境和自己，最大限度地发展学生的潜能。可见，人本主义理论特别强调人类学习过程中的一些情感因素、动机因素、人际关系和沟通因素。

5. 混合式学习理论

进入 21 世纪后，随着线上课程的建设和发展，混合学习（简称“B-Learning”）在国际上被赋予了新的含义并广泛流行，从而使国际教育技术界的教育思想观念发生了又一场深刻的变革,并促使教育技术理论进一步发展。"B-Learning"中的"B"代表"Blending",意思是"混合"或"结合",其原有含义就是混合式学习或结合式学习,即各种学习方式的混合使用。

何克抗教授认为,所谓"B-Learning",就是要把传统学习方式的优势和E-Learning(即数字化学习或网络化学习)的优势结合起来。也就是说,既要发挥教师引导、启发、监控教学过程的主导作用,又要充分体现学生作为学习过程主体的主动性、积极性和创造性。目前国际教育技术学界的共识是,只有将这二者结合起来,使二者优势互补,才能获得最佳的学习效果。

此外,B-Learning 要求对所有的教学要素进行优化选择和组合,以达到教学目标,教师和学生在教学活动中需要将各种教学方法、模式、策略、媒体、技术等按照教学的需要娴熟地运用,达到一种艺术的境界。徐福荫教授认为,混合式学习是在线学习与面对面的课堂学习的混合,是网络学习与传统学习的混合,是网上资源和音像媒体与传统媒体的混合,是教师主导活动与学生主体参与的混合,是个人学习与协作学习的混合,是必选与自选学习内容的混合,是不同教学理论的混合,是不同教学媒体的混合,是学生不同的学习方式和学习风格的混合,是教学技术与非教学技术的混合等。

但是,混合式学习并不仅仅是把这些相关的成分混合起来,而是如何更好地融合它们。就像化学反应一样,混合式学习就是在合适的时间混合合适的元素,得到预期的反应,从而得到更好的投资回报。

由此可以看出,混合式学习是一种思想和观念,是一种解决教学问题的策略,混合式学习的重点不在于混合哪些事物,而在于如何混合,其目的在于达到最优的学习效果和经济效益。混合式学习所要做的工作是在适当时间为适当的人、以适当的传递媒体提供适当的学习方式和学习内容。

(二)视听与传播理论

1. 视听教育理论

视听教育理论研究如何有效地利用学习者的视觉、听觉感官的特点和功能,提高教育信息传递的效果。美国教育家埃德加·戴尔(Edgar Dale)于1946年所著的《教学中的视听方法》(*Audio-Visual Methods in Teaching*)是最具代表性的视听教育的研究著作。由于他把各种视听教学的手段与方法概括为一个"经验之塔"进行系统的阐述,因此有人称之为"经验之塔"理论。该书是一本经典著作,对于视听教育的发展起到了推动作用。"经验之塔"理论已成为教育技术中的一个重要理论,在指导开展现代教育技术实践方面具有显著的意义和作用。

依据经验抽象程度的不同,戴尔在"经验之塔"理论中把学习得到的经验分为三大类十个层次,如图1-4所示。第一类做的经验包括三个层次:有目的的直接经验，设计的经验，参与活动(演戏、表演)；第二类观察的经验包括五个层次：观摩、示范，见习、旅行，参观、展览，电影、电视，广播、录音、照片、幻灯；第三类抽象的经验包括两个层次：视觉符号、语言符号。戴尔之所以提出"经验之塔"理论，目的是让人们认识人类的认知途径，根据人类这种从简单到复杂、从形象到抽象、形象和抽象相结合的认知规律，可以选择合理的学习方式，从而使学习者自身的认知过程符合这一规律，获得最佳的学习效果。

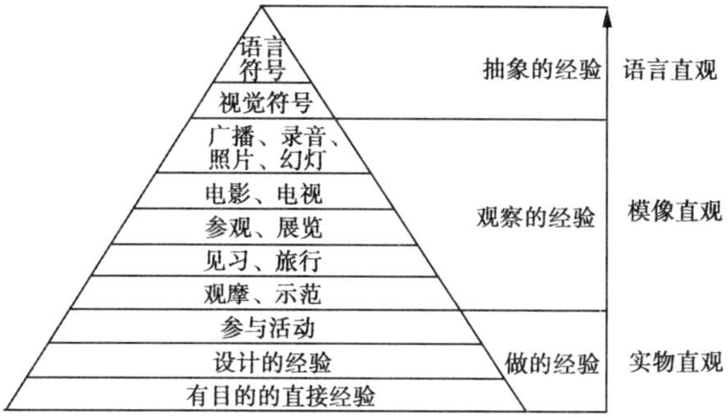

图 1-4　戴尔的"经验之塔"

戴尔的"经验之塔"是一种形象的比拟，用来说明学习经验从直接参与到用图像代替，再到用抽象符号表示的逐步发展过程。按照心理学的概念来划分，塔的底部(做的经验)可称为"实物直观"，塔尖(抽象的经验)可称为"语言直观"，塔的中部(观察的经验)可称为"模像直观"。实物直观不容易突出客观事物的本质特征，容易把学生的注意力引向事物的非本质方面，并常受到空间和时间的限制，而语言直观所依靠的表象是神经暂时联系的恢复，其反映的事物的鲜明性和可靠性都不如知觉，因此介于二者之间的模像直观(视听的经验)具有重要意义。戴尔还指出，教学中所采用的媒体越是多样化，所形成的概念就越是丰富和牢固。因此，"经验之塔"不仅是视听教育的心理学基础，也是现代教育技术的重要理论基础之一。

"经验之塔"的基本观点是：经验被划分为多个阶层，只是为了有利于说明各种经验的具体和抽象的程度；"塔基"的学习经验是最直接、最具体的经验，越上升则越趋于抽象，但并不是说求取任何经验都必须经过从底层到顶层的阶段，也不是说下层的经验比上层的经验更有用。教育应从具体经验入手，逐步进到抽象有效的学习方法；教育不能只满足于获得一些具体经验，而必须向抽象化发展，使具体经验普遍，最后形成概念；概念可以作推理之用，是最经济的思维工具，它在很大程度上把人们探求知识的过程简单化、经济化，因而可以指导进一步的实践；在学校中，应用各种教育教学媒体可以使学习更为具体、直观，也能为获得更好的抽象创造条件。位于"塔"中间部位的视听教材和视听经验比上层的语言、视觉符号更能为学生提供较具体的和易于理解的经验，它能冲破时空的限制，弥补直接经验的不足。

2. 教育传播理论

人类对传播理论的研究始于20世纪40年代末，研究内容从原来新闻学研究的“新闻传播”转移到“信息传播”，主要探讨自然界一切信息传播活动的共同规律。“传播”一词译自英文“communication”，也有人把它译成“交流”“沟通”“传通”“传译”等，现在一般把传播看作是特定的个体或群体，即传播者和受播者借助一定的媒体形式实现信息的传递和交流，目的是实现有效的沟通。

从传播学的角度来看，教育是由教育者按照一定的目的要求，选定合适的信息内容，通过有效的媒体通道，把知识、技能、思想、观念等传递给特定教育对象，取得教育效果的一种特殊的传播活动。教育传播与大众传播有许多共同之处，二者关系密切，因此可以把大众传播理论的研究成果应用于现代教育技术实践中，以提高教育质量和效率，传播理论是现代教育技术的理论基础之一。

美国政治学家哈罗德·拉斯威尔(Harold Lasswell)把传播过程分解为传者、受众、信息、媒介、效果五部分。他认为描述传播行为的一个方便的方法是回答下列五个问题：谁(who)，对谁(to whom)，说什么(say what)，用什么途径(in which channel)，取得了什么效果(with what effect)，这就是著名的“5W模式”。从拉斯威尔传播模式的五个传播要素可以得到传播研究的五大内容：

(1)控制分析：研究“谁”，也就是传播者，进而探讨传播行为的原动力。

(2)内容分析：研究“说什么”(或称“信息内容”)以及“怎样说”的问题。

(3)媒体分析：研究传播通道，除了研究媒体的性能外，还要探讨媒体与传播对象的关系。

(4)受众分析：研究庞大而复杂的受众，了解其一般和个别的兴趣需要。

(5)效果分析：研究受众对接收信息所产生的意见、态度和行为的改变等。

拉斯威尔的“5W模式”在现代教育技术中的应用，是教育者和受教育者之间的信息交流活动，主要是发挥传者(教师)、受众(学生)的主动性和积极性，通过对现代教育媒体的选择和组合，将教学信息直接或间接地传递给学生，并通过实践检验证明其产生的效果，因此该模式对现代媒体教学有一定的指导作用。同时，这些要素自然也成了研究教学过程和解决教学问题的教学设计者所关心及分析考虑的重要因素。

传播理论揭示了教学过程是一个复杂的动态传播过程。传播理论的研究表明，传播的最终效果不是由传播过程中的某一部分决定的，而是由组成传播过程的信息源、信息、通道和受者四部分以及它们之间的关系共同决定的，而传播过程中每一组成部分又受其自身因素的制约。例如，传播者和受播者的技能、态度、知识水平、社会阶层及文化背景等因素彼此相互作用，共同对传播效果产生影响；从信息这个要素来看，其也受信息内容、信息要素、信息处理、结构安排和编码方式等各种因素的制约而影响最终的传播效果；从信息传递的通道看，不同传播媒体的选择以及它们与传递信息的匹配性也会引起对人们感官的不同刺激，从而影响传播效果。

教学设计就是在这一论点的基础上，把教学传播过程作为一个整体来研究。为了保证教学效果的优化，既要注意每一组成部分及其复杂的制约因素，又要对各组成部分间的本质联系给予关注，并运用系统方法在众多因素相互联系、相互制约的动态过程中探索影响教学传播效果的原因，从而最终确定富有成效的教学设计方案。教学信息的传播同样是通过教师和学生双方的传播行为来实现的，所以教学过程的设计必须重视教与学两方面的分析与安排，并充分利用反馈信息，通过反馈环节随时进行调整和控制，以达到预期的教学效果。

传播过程分析中的相应研究领域，如传播内容分析、受众分析、媒介分析和效果分析等研究成果也在不同程度上被教学设计中的学习内容分析、学生分析、教学媒体的选择以及教学评价等环节所吸收和借鉴，如表 1-1 所示。

表 1-1　传播过程要素和教学设计过程要素的比较

	传播过程要素	教学设计过程要素
1	为了什么目的	教学需要、目标分析
2	传递什么内容	教学内容分析
3	由谁传递	教师、教学资源分析
4	向谁传递	学生分析
5	如何传递	教学策略选择（媒体选择）
6	在哪里传递	教学环境分析
7	传递效果如何	教学效果评价

（三）系统理论基础

教育技术研究的领域很广，如何从大量复杂的现象中分析本质性问题，如何把这些问题分解成能找到令人满意的解决方法的子问题，是教育技术研究中一个关键的问题。从理论上看，解决的方法不仅依赖于对教育教学过程的理解，而且依赖于新的观念和方法——系统观、系统理论与系统方法。

系统观是对思维方式和世界观进行的重新定向，它与传统分析式的、简化论的、直线因果关系的传统思维方式相反，是一种动态的、非线性的、综合的、整体论的思维模式。系统观认为，系统是由相互作用和相互依赖的若干组成部分结合成的、具有特定功能的有机整体。任何一个系统和周围的环境都能组成一个较大的系统，它的各个组成部分都可以看作子系统，系统和子系统间具有相对性。

系统论是一套相互联系的概念和原则，如系统的概念、系统的整体性原则、有机相关性原则、动态性原则、目的性原则，这些概念和原则可以组成三个互补性模型：

(1)环境模型，它考察处于环境中的和与其相关的系统，并组织与这种考察相关的概念和原则。

(2)结构模型，它考察什么是系统，是什么样的系统，它的构成要素是什么，哪些是结构性要素，哪些是功能性要素，它是如何组成的。

(3)处理模型，它考察系统自始至终的行为，以及告诉我们系统是如何运行的。

系统方法则是提供一组思想、原理、方法、步骤、组织和技巧，以便使解决复杂系统问题的系统理论发挥指导作用。它是运用系统理论的观点、方法来研究和处理复杂的系统问题从而形成的方法，即按照事物本身的系统性把对象放在系统的形式中加以考察的方法。系统方法侧重于对系统的整体性分析，从组成系统的各要素之间的关系和相互作用中发现系统的规律性，从而指明解决复杂问题的一般步骤、程序和方法。

教育技术的系统方法定义为：是为了更好地达到教育教学及相应的实践活动的目标，而对教育系统的构成要素、组织结构、信息流动、教育教学环境和教育教学控制机构进行分析与设计的技术。系统方法对教育技术的教学设计与系统开发等均有重要影响，形成了教育开发的系统方法。在具体使用系统方法的过程中，系统方法包括以下五个基本步骤，加上“修改”环节构成了六个部分：

(1)分析确定问题，确认需求和目标。

(2)选择和设计解决问题的方案。

(3)发展解决问题的方案。

(4)实施解决问题的方案。

(5)鉴定实施的有效性。

(6)修改。

系统观、系统论和系统方法为发现和解决教育教学问题提供了一整套思想、方法和方法论。

三、现代教育技术的应用实践领域

现代教育技术在教育教学中的应用受到多种因素的影响，这些因素主要包括学生特征、教学内容差异、教学手段性能、教学组织形式和教学人员专长等。现代教育技术的应用，也就是实践领域常由程序化的模式和相关的理论来指导，以提高教育质量和教学效率，扩大教育规模和促进教学改革。现代教育技术理论与实践的不断相互作用，使得教育技术的应用领域不断扩展。此外，随着信息技术的发展，尤其是多媒体计算机和网络技术的逐渐普及，以及可供借鉴的理论日益增多，现代教育技术实践的范围还会进一步扩大。

现代教育技术总的目的是促进学生的学习，但由于教育对象不同、教学内容不同，采用的技术手段和操作方法也不同，从而形成了以下三个相对独立的主要应用实践领域：

(一)课堂教学领域

随着媒体技术的迅速发展并应用于传统的学校课堂教学，教育领域产生了课堂教育技术系统。传统的课堂教学系统是以教师为中心，主要采取以教师讲授为主的班级授课的教学组织形式。在教学过程中，教学目标、教学计划、教学大纲等都已经由上级教育主管部门确定好了，教师的主要工作是根据既定的教学目标和学生特征确定教学内容，选择合适的媒体和教学策略，把教学内容有效地传递给学生，并对教学效果进行相应的评价。

课堂教学中所使用的计算机多媒体技术主要是辅助教师"教"的一种手段，现代教育技术参与课堂教学，本质上并没有改变教学过程的实质，仅仅是改变了整个课堂教学的方式，改变了教学过程的组织序列，改变了分析、处理与呈现教学内容的方法。实践证明，这是一种行之有效的教育技术系统，现代教育技术在课堂教学中的应用已经成为一种推动各级各类学校课堂教学变革的重要力量。

随着智慧教学环境尤其是"智慧教室"的出现，智慧课堂教学成了在学校领域现代教育技术应用的热点。对"智慧课堂"的概念，总体上有两种视角的理解：一种是基于教育视角的，认为课堂教学不是简单的"知识传授"过程，而是以"智慧"为核心的综合素质培养与生成的过程，智慧课堂的根本任务是"开发学生的智慧"，这里"智慧课堂"的概念是相对于"知识课堂"而言的；另一种是基于信息化视角的，指利用先进的信息技术手段实现课堂教学的信息化、智能化，构建富有智慧的课堂教学环境，这里是相对于使用传统教学手段的"传统课堂"而言的。事实上，上述两种视角的认识是紧密关联的，利用信息技术创设富有智慧的课堂教学环境，其根本目的也是促进"知识课堂"向"智慧课堂"转变，实现学生的智慧发展。

(二)远程教学领域

远程教学作为现代教育技术的重要组成部分，从 20 世纪 80 年代以来得到了迅速的发展。世界上已经建立起许多实现远程教学的大学，我国的广播电视大学就属于这一类，而且是世界上规模最大的远程教学机构。与师生面对面的课堂教学相比较，师生分离的远程教学中使用的技术更像是教师的替代物，而不像课堂教学中那样仅是作为教师的补充。远程教育的基本矛盾是增加学习机会和保证学习质量之间的矛盾，宽带高速网络的发展使这个矛盾的解决成了可能。

远程教育的决定性特征是“教”的行为和“学”的行为在时空上分离。教师、学生与教学内容的传统关系没有改变，但是教师和学生的关系则由于空间、时间的分离而发生了显著的变化。在远程教学中，尽管在时间、空间上发生了分离，但这种分离并不意味着学生与教师之间完全丧失了联系，只是这种联系改变了形式，它需要通过通信技术来保证信息的传送，保证对教学和学习的支持。媒体技术的使用对于知识的传送和学习的支持都是必要的，学生与教师之间的通信也是必不可少的。特别需要指出的是，国外有些专家把远程教育和教育技术看作是并列的概念，这有一定的道理。但是，远程教育目前还没有发展到足以成为一门独立学科的地步，所以现在我们还是倾向于把远程教育系统中的远程教学看作现代教育技术的一个重要应用领域。

随着网络技术的迅猛发展，慕课正在成为线上远程教学的典型代表。慕课从 2012 年开始作为信息化时代的教育实践，吸引了大批世界知名高校的参与以及数以百万计的学生的加入。这一教育实践在全球范围内开始被广泛地关注与讨论，在线教育在全球范围内引发了一场“数字海啸”。对慕课与教学模式的研究主要分为两大类：一类是结合慕课与翻转课堂教学模式的应用，这类研究主要是将慕课作为翻转课堂的线上资源与线下课堂相结合的一种教学模式；另一类则是从慕课教学法方面对慕课本身的教学模式进行研究。慕课作为网络课程的延伸，在颠覆传统的教学模式的同时，对网络课程的革命也是延续性的。因此，在慕课环境下探究其教学模式，就有必要从网络课程的角度下寻找共同点。慕课的教学模式具有四个特征，即多样性、开放性、交互性和自主性。美国印第安纳大学的卡伦·哈雷特(Karen Hallett)提出，在线课程的教学模式有六个重要环节：教学分析、制定目标、选择策略、选择艺术、设计活动及评价反馈。

（三）企业培训领域

在全球化市场竞争日趋激烈的环境下，越来越多的企业机构意识到了知识对企业发展的重要性，希望通过组织员工进行专业知识、新技术与新技能的学习，使员工的知识和技能够持续更新，从而保证企业获得持续的发展动力与竞争优势。传统的面对面的以教育为中心的学习和培训方式由于存在耗费资源，需要人员集中和脱产，内容更新缓慢，缺乏针对性、及时性和跟踪管理机制等缺点，已远远不能满足现代企业创建“学习型组织”的现实需要。运用现代教育技术，可以解决企业培训中存在的大量现实问题，提高企业的培训绩效。因此，企业培训已经成为现代教育技术应用的一个重要领域，并且发展成为一场颇有影响力的绩效技术推广运动。

与课堂教学及远程教学中教育技术的运用相比，企业培训的思路和方法有很大差别：它要求按照企业的需求来运作和控制，最关心企业员工的工作业绩。企业培训的对象主要是企业的员工，其培训目的、培训内容与学校教学系统的教学目的和教学内容都有很大的差异。企业培训要让受培训的员工立足本职岗位，以最经济和最有效的手段去掌握有用的、可用于完成实际任务的各种知识和技能，并且这些培训目标和所需技能是由企业发展的需求所决定的。在我国，运用现代教育技术的教学系统设计理论，使企业培训系统化，加强培训的针对性和有效制订企业培训策略，正在成为现代教育技术在企业中一个重要的应用领域，也是现代教育技术更好地推动经济建设、为社会发展服务的一个重要阵地。

四、现代教育技术的应用模式

根据社会需求和具体条件的不同，现代教育技术的应用可以划分为不同的层次，不同的层次采用不同的应用模式。在现阶段，现代教育技术的应用大体上有以下四种模式：

（一）以视听技术为基础的集体教学模式

以视听技术为基础的集体教学模式也被称为“视听传播教学”。集体教学主要是指在学校班级教学的基础上，由于视听教学媒体（如幻灯、投影、视听设备、语言实验室等）的引入而形成的一种教学模式，其结构是以教师为中心的集体授课制，教师的工作基本上是根据既定的教学目的和学生的特征来设计教学目标，建立评价标准，安排教学活动，研究和采用适当的方法，选择使用和开发视听媒体。该模式的教学过程主要是由教师以视听媒体作为辅助手段或传播手段，把教学内容有效地传递给学生，并通过相应的评价方法来检验学生的学习结果是否达到预期目标，从而使学生通过各门功课的考试而获得成绩和证书。

该模式具有以下基本特征：一是这类教学系统的结构是以学校和教师为中心的集体授课制；二是这类教学采用以视听媒体作为辅助手段或传播手段来进行教学的视听传播；三是对教学过程进行设计的理论基础是传播理论、行为主义学习理论及认知的信息加工理论，强调对教学系统的设计和对视听信息的设计。

在教育信息化快速发展的今天，视听技术支持下的集体教学模式仍然是各级各类学校主要且大量应用的模式，从基础教育到高等教育领域都是如此。尽管多媒体模式和网络模式在发达国家甚至在发展中国家的发展都异常迅速，相当数量的学校配置了多媒体计算机并且联入了互联网，但传统的教学媒体对教育的影响仍然很大。研究显示，新交互作用技术的应用一定要真正适合学习的目的,新的教学手段的引入原则上要在同样的成本条件下有较优越的性能或是在同样性能条件下有更低的成本才予以考虑。这就表明,常规模式不仅在我国,而且在发达国家今后一段时间内仍然是现代教育技术运用的主要模式,因此必须继续给予足够的重视。那种不看实际需要、不看现实条件,盲目追求高档次,一窝蜂地购买高级设备的做法是不可取的,既不符合我国的国情,也不符合世界的发展潮流。

(二)以计算机多媒体技术为基础的个别化教学模式

个别化教学模式指的是以学生为中心,适合满足个别学生需要的教学模式。为了满足学生的需要,可能要应用一种或多种专门的教学技术,这些技术包括允许学生在通过一个教学序列的时候设定他们自己的学习步伐,根据个人特点为每个学生选择学习方法、媒体和材料,并允许每个学生选择想达到的目标。

个别化教学是在程序教学发展的基础上形成的现代教育技术应用模式。为了实现程序教学的思想,人们设计了各种各样的教学机器。随着高性能计算机技术的迅速发展,程序教学方法被广泛应用于计算机辅助教学,计算机成了实现程序教学思想的最高级程序教学机。由于多媒体系统能够处理和展示多种信息形式,使同一内容的信息以不同的方式同时进行处理和展示,从不同侧面来揭示同一概念、原理或过程,最有效地吻合人类认知、思维的过程和特征,因此将给组织(学校、企业、职业培训中心等)、个人教学、学习过程与组织形式带来全新的概念。尤其是虚拟现实技术的发展,对于模拟实际过程和实际情境产生了深刻的影响。

计算机多媒体技术应用于个别化教学,具有传统教学媒体(如幻灯、投影、视听设备、语言实验室等)无法比拟的优点。计算机多媒体技术可以为学生的学习提供多种感官刺激,使交互方式更多样化,提供资源丰富的教学环境,有助于发展学生的高级思维能力;它可以与网络结合,在教育教学中有更加强大的发展潜力。因此,以计算机多媒体技术为基础的个别化教学模式是现代教育技术应用的主要发展趋势之一。

(三)以过程技术为基础的小组学习模式

过程技术指的是引导学生主动投入学习,并且能够适应学生个别差异的教与学的模式和方法。这里所说的"技术"不是指那些如计算机、卫星电视之类的媒体"硬技术",而是指思考问题的过程和方式的"软技术",如程序教学、合作学习、讨论、游戏和模拟等。

过程技术就是经过仔细设计,具有可靠性,能促进有效学习、学生主动参与的教与学的模式和方法。过程技术的最大优势在于它提供了教师对教学过程进行开发的框架,这些框架的应用促进了教学中的交互作用及主动联系和反馈。

过程技术具有受到多种学习理论支持的特点。由于每种理论都有它的长处和局限性，并有相互重复之处，而且无论是行为主义理论、认知主义理论、建构主义理论还是社会心理理论，它们都从一定角度揭示了学习过程的规律，都有不同的侧重点，因此在以过程技术为基础的小组教学模式的设计中，对这些理论的应用多采用一种折中的、包容的、整合的态度，对它们进行分析、比较、选择，然后用于适当的、相应的教学情境中。

小组学习模式在教育或训练中是否恰当，首先应该考虑学习目标。如果在所期望的目标中包括发展口头传播技能、人际关系技能、解决问题技能、作出决定技能、缜密思考技能及良好的态度性格，那么对于实现这些目标的教学来说，小组学习模式就要比前面介绍过的集体教学模式和个别化教学模式更为合适。

（四）以网络通信技术为基础的远程教学模式

1999 年 2 月 24 日，我国教育部提出了《面向 21 世纪教育振兴行动计划》，这是一幅我国教育跨世纪发展的蓝图，它全面描绘了中国教育的远景，其中就远程教育的发展进行了详细规划，提出要实施“现代远程教育工程”，形成开放式教育网络，构建终身学习体系，这将会促进我国远程教育的不断发展。远程教学一般是指包括以下特性的教育形式：学生与教师在地点上的分离，实施有组织的教学项目，应用远程传播媒体系统，有双向交流的渠道。

远程教学既是集体教学，也是个别化教学的一种形式，其特点和优缺点基本上也与它们相同。随着科学技术的发展，特别是通信技术、计算机技术、网络技术的发展，其传播系统和方式已由原来的函授、广播电视发展为由电信通信、卫星广播和互联网组成的远程教育系统。它的技术支持解决了远程教学中存在的不足，这不但有利于实现和满足信息社会的职后教育、在职培训及终身教育的需要，而且有利于大规模发展各级各类教育，提高学生的学习质量。

第二节　现代教育技术与教育信息化

教育信息化是指在教育领域全面深入地运用现代信息技术来促进教育改革与发展的过程。教育信息化的发展带来了教育形态和学习方式的重大转变，对传统的教育思想、观念、模式、内容和方法产生了巨大冲击，促进了教育系统的整体性与结构性变革。教育信息化是国家信息化建设的重要组成部分，对转变教育思想和观念、深化教育改革、提高教育质量和效益、培养创新人才具有深远的意义，是实现教育跨越式发展与教育现代化的必然选择。

一、现代教育技术与教育变革

美国教育学者拜格雷（M. Baguley）认为，在当今的科技信息时代，任何领域的改革或多或少地受到现代技术的影响，在对教育体制进行改革时，必须把现代教育技术的应用与学校、教学的改革协调起来进行。现代教育技术已经成为当代教育变革的制高点与深化教育变革的突破口。抢占现代教育技术这一制高点，可以带动教育领域全方位的变革，包括教育思想、教育观念的更新，对教学内容、教材形式、教学手段和方法，以及教学模式、教学体制和教学理论都将产生深刻的影响。

2010年7月，我国印发了《国家中长期教育改革和发展规划纲要(2010～2020)》，其中明确提出，要把教育信息化纳入国家信息化发展整体战略，到2020年基本建成覆盖城乡各级各类学校的数字化服务体系，促进教育内容、教学手段和方法现代化。国家数字化学习工程技术研究中心主任杨宗凯教授认为，未来教育必然是构建在互联网上的新教育，信息化支撑下的新型教育生态必将形成。

因此，对于现代教育技术与教育变革的关系，可以这样理解：以多媒体和网络技术为核心的现代教育技术在教育中的应用，必将对教育教学产生革命性的影响，大致包括以下方面：

(一)学习空间与方式的变革

一定的学习方式是和一定的教育传播媒体相联系的，以多媒体与网络技术为核心的现代教育技术在教育中的应用首先改变了学习的空间，实现了从传统的学校、课堂这些相对封闭的教育空间向全社会、开放性的教育空间的转变。在这个空间里，全球化的教学资源可以高度共享，信息的传递不受时空限制，异地之间的师生可以进行信息传递、讨论、咨询。随着多媒体网络交互技术的普及，人类的信息传播方式将产生空前的变革，学习资源载体变得更加多样化，教学信息显示方式变得更加多媒体化，学习内容的组织结构以非线性方式连接，形成超媒体结构，学习信息的传输网络化使教学过程智能化，可以让千百年来人类梦寐以求的自由、自主、高效的学习真正成为现实。

(二)教学方法与手段的变革

人类当前面临的是信息化社会和知识经济时代。知识正在急剧增长、高速传播、迅速转化，与之相对应，各级各类教育的教学内容和课程体系也在不同程度上得到了优化。而传统的教学方法与手段以传授知识为主，强调以课本、课堂、教师为中心，运用灌输式、一言堂的教学方法，使用黑板加粉笔的教学手段，已成为教学改革进一步深入的“瓶颈”。现代教育技术的发展使现代教学媒体不断更新和普及，既为教学方法和教学手段的改革提供了必要的条件和可能，又向这种改革提出了新的要求。

(三)教学过程要素关系的转变

教学过程要素一般包括教师、学生、教材(内容)和媒体四个基本要素，多媒体与网络技术应用于教育教学后，可以实现教学过程要素关系的转变：教师由讲解者转变为学生学习的指导者和活动的组织者，学生从被动接受的地位转变为主动参与、发现、探究和知识建构的主体地位。应用现代教育技术，可以把课堂以教师为中心的讲授式的教学过程转变为以学生为主体，在教师指导下进行探索性学习的过程。借助于多媒体和网络技术，教学过程不再仅仅传授课本知识，还要重视能力的训练和情操的培养，尤其要重视学习能力和学习方法的培养，由此实现了学习内容的转变。另外，教学媒体也由教师讲解的演示工具转变成了学生学习的认知工具，教学进程结构由逻辑型讲解式进程向探究、发现、意义建构等以学生为主体的过程转变。

(四)教学模式的变革

教学模式是指在一定的教育思想、教学理论和学习理论的指导下，教学活动进程的稳定结构形式。目前，我国教育改革已取得了不小的成绩，但还没有大的突破，关键是忽视了教学模式的改革。而教学模式的改革除了理论的支持以外，还必须处理好构成教学系统四个要素(教师、学生、教材、媒体)之间的相互联系和相互作用。要改革传统的教学模式，构建新型的教学模式，就要充分发挥以多媒体与网络技术为核心的现代教育技术的优势，把它作为学生的认知工具，通过学生的参与，培养学生的创新精神，提高学生的创造能力。

二、教育信息化的内涵与特征

(一)教育信息化的内涵

教育信息化的概念是在20世纪90年代伴随着“信息高速公路”的兴建而提出的。在美国的“信息高速公路”计划中，特别把信息技术在教育中的应用作为实施面向21世纪教育改革的重要途径。美国的这一举动引起了世界各国的积极响应，许多国家的政府相继制定了推进本国信息技术在教育中应用的计划。

教育信息化是指在教育与教学领域的各个方面，在先进的教育思想指导下，积极应用信息技术，深入开发、广泛利用信息资源，培养适应信息社会要求的创新人才，加速实现教育现代化的系统工程。教育信息化在促进教育改革和教育发展的过程中，其结果必然是形成一种全新的教育形态——信息化教育。

上述定义涉及教育信息化概念的主要内涵，如强调了教育信息化是一个动态的、不断发展的过程，界定了教育信息化的领域及范围，突出了教育信息化的原始动力和直接目的——现代信息技术的教育应用，体现了信息资源在教育信息化过程中的核心地位等。

高等教育信息化是教育信息化的一个子领域，是指以信息化、智能化的现代教育技术为动力和支持，全面推进高等教育系统的变革和发展，使之成为与知识经济相适应的新型教育形态的过程。高等教育信息化的内涵十分丰富，它是以现代信息化、智能化教育技术为推动力的，它以全面提升学生的信息素养和综合素质，创建与信息社会和知识经济相适应的新型教育形态为目的，是一个实现高等教育现代化的复杂过程。任何科学技术的发明、应用和发展，都有一个由浅入深、由简单到复杂的过程。

（二）教育信息化的特征

国内学者一般认为，教育信息化具有“技术”与“教育”双重属性。

从技术属性看，教育信息化的基本特征是数字化、多媒体化、网络化和智能化。数字化使教育信息技术系统的设备简单，性能可靠和标准统一；多媒体化使信息设备一体化，信息表征多元化，复杂现象虚拟化；网络化使信息资源可共享，活动时空少限制，人际合作易实现；智能化使系统能够做到教学行为人性化，人机通信自然化，繁杂任务代理化。

从教育属性看，教育信息化的基本特征是开放性、共享性、交互性与协作性。开放性打破了以学校教育为中心的教育体系，使教育社会化、终身化、自主化。共享性是信息化的本质特征，它使大量丰富的教育资源能为全体学生共享，且取之不尽、用之不竭。交互性能实现人—机之间的双向沟通和人—人之间的远距离交互学习，促进教师与学生、学生与学生、学生与其他人之间的多向交流。协作性为教育者提供了更多的人—人、人—机协作完成任务的机会。

从技术与教育两方面综合来看，教育信息化主要有以下一些基本特征：

1. 教育观念的现代化

教育信息化的进程，除了技术的制约因素外，更重要的是教育者和受教育者以及社会对它的认可度与接受度的制约，而后者是受主体（教师和学生）思想观念支配的。因此，教育信息化首先要以现代化的思想观念、理论为指导，如素质教育、创新教育、终身教育的思想，以及现代教育的时空观、人才观、价值观、质量观、效益观、教学观、师生观等。

2. 教育时间的终身化

在急剧变化的现代社会中，科技和生产力以前所未有的速度迅猛发展，导致了“知识爆炸”。“爆炸”的知识全部涌向学习者，但课堂教学的时间是有限的，教材的容量是有限的，学生学习的精力也是有限的，这正是当代教育面临的严峻挑战。另外，学校的毕业生走出校门进入社会之后，面临着“知识爆炸”的更严峻挑战，那种仅靠学校所提供的知识就够享用终身的传统教育观念和模式显然已经过时了。教育信息化的出现与发展，将使教育真正贯穿人的一生，向大学后教育直至老年教育发展，成为在人们需要的任何时刻、任何地点都能提供所需知识的学习活动，实现“学习化”人生。

3. 教育空间的泛在化

在高速发展的信息社会，每个社会成员不仅在学校中学习，而且在家庭、社会中生活，他们从社会交往和大众传播媒介中获得的信息量与日俱增，这实际上是一种潜移默化却又强大有力的教育。不论学习者本人是否意识到这一点，这种学校以外的教育每天都在发生，而且必将随着社会的发展而越来越广泛深入地施行。教育空间的泛在化既是对传统学校教育的严峻挑战，又是促使学校教育现代化的强大推动力，它将极大地拓展学校教育的空间，无校舍的“在线学校”应运而生并迅速发展，全球的网络空间同时也是各级各类学校教育的空间，教育空间的泛在化推动着学习化社会的到来。

4.教学过程的交互化

教学即对话，发生在教学过程和教学情境中的对话称为“教学对话”，教学对话是教学互动的一种主要方式。教学对话法是在教学过程中师生之间、生生之间进行对话讨论，从而加深学生对知识的理解的重要教学方法。从传播学的角度看，交互是传者与受者双方的信息交流，因而在各种形态的教学活动中都存在着交互，交互是教学活动最基本的特征之一。传统教学由于时空限制与缺少技术的支撑，教学交互难以即时和有效地发生。交互式教学软件的开发和应用方便了师生之间观点、思想、情感和文化的交流，学生独立思考和创造性学习得到了鼓励和有力的技术支持，教学过程由单向灌输改为多向交流，从“单声道”变为“多声道”，师生间在深度研讨完成知识学习的同时，也建立起了更加民主平等的师生关系。

5.教育内容的数字化

数字化学习资源是指经过数字化处理，依据学习者特征进行编辑的，可以在多媒体计算机上或网络环境下运行的，供学习者自主、合作式学习的，且可以实现共享的多媒体材料。教学内容的数字化建设是教育信息化的重要任务之一。与数字化学习资源相对应的是非数字化学习资源，包括印刷材料、幻灯片、投影片、电影、电视、录像等。数字化学习资源能够激发学生通过自主、合作、创造的方式来寻找和处理信息，从而使数字化学习成为可能。随着数字教科书、参考书、数字图书馆、数字化在线教学视频、教育数据库等的广泛应用，不仅使教育的内容丰富多彩、生动逼真，更使知识的存储、传播速度极大地加快，使用效益有了惊人的提高。

6.教学手段的智能化

现代教育技术主要是指为实现教育的功能和目标所采用的技能、手段和工具。现代信息技术广泛应用于教育领域，是加速其信息化、提高其智能化水平的直接动力。随着人工智能越来越多地进入教育领域，传统教学将越来越多地被教育大数据分析以及人工智能辅助的学习所取代。智能技术支撑的精准化教学将为每个学生提供个性化、定制化的学习内容、方法，从而激发学生深层次的学习欲望。通过图像识别技术，人工智能可以将教师从繁重的批改作业和阅卷工作中解放出来;语音识别和语义分析技术可以辅助教师进行英语口试测评,也可以纠正、改进学生的英语发音;人机交互技术可以协助教师为学生在线答疑解惑;个性化学习、智能学习反馈、机器人远程支教等人工智能也逐渐开始应用于教育领域。

7.教育资源的共享化

随着教育信息化的发展,特别是全球教育网络的形成,将逐渐打破以往教育资源的垄断和封闭,使教育资源的共享化程度大大提高,从而有利于教育资源的充分利用与质量和效益的提高,有利于缩小国家和地区间教育发展的差距。

8.教育目标的个性化

随着高等教育信息化的发展,学生学习的自主性和独立性会大大增强。他们可以自主地选择教材和教师,自己安排课程和课时,可以在虚拟教室、线上平台和实验室自主地学习、实验或从事一定的科学研究探索,可以从自己的实际兴趣、爱好、专长出发,结合社会需求进行知识的学习、能力的培养和潜能的发掘。总之,学生将真正成为教学的中心,成为自己学习的主人。高等教育培养的人才将更具有个性和创造性。

9.教育对象的全民化

高等教育信息化的进程同时也是其教育对象逐步大众化、全民化的历史进程。它既依赖于信息技术、教育思想观念乃至整个社会的发展进步,又对教育和社会进步形成了巨大的推动力。它本身也已成为教育和社会进步水平的一个重要标志。

三、我国的《教育信息化 2.0 行动计划》

为积极推进现代教育技术的推广应用,推进"互联网+教育"的发展,加快教育现代化和教育强国建设,我国于 2018 年颁布了《教育信息化 2.0 行动计划》。该计划站在新的历史起点,聚焦新时代对人才培养的新需求,强化"以能力为先"的人才培养理念,将教育信息化作为教育系统性变革的内生变量,支撑引领教育现代化发展,推动教育理念更新、模式变革、体系重构,使我国教育信息化发展水平走在世界前列,发挥全球引领作用,为国际教育信息化发展提供中国智慧和中国方案。

(一)重要意义

《教育信息化 2.0 行动计划》是在历史成就的基础上实现新跨越的内在需求。党的十八大以来,我国的教育信息化实现了前所未有的快速发展,取得了全方位、历史性的成就,实现了"三通两平台"建设与应用快速推进、教师信息技术应用能力明显提升、信息化技术水平显著提高、信息化对教育改革发展的推动作用大幅提升、国际影响力显著增强等进展，在构建教育信息化应用模式、建立全社会参与的推进机制、探索符合国情的教育信息化发展路子上实现了“三大突破”，为新时代教育信息化的进一步发展奠定了坚实的基础。

《教育信息化 2.0 行动计划》是顺应智能环境下教育发展要求的必然选择。《教育信息化 2.0 行动计划》是推进“互联网＋教育”的具体实施计划。人工智能、大数据、区块链等技术迅猛发展，将深刻改变人才需求和教育形态。智能环境不仅改变了教与学的方式，而且已经开始深入影响教育的理念、文化和生态。世界主要发达国家均已意识到在新形势下教育变革势在必行，纷纷从国家层面发布教育创新战略，设计教育改革发展蓝图，积极探索新模式，开发新产品，推进新技术支持下的教育教学创新。我国已发布《新一代人工智能发展规划》，强调发展智能教育，主动应对新技术浪潮带来的新机遇和新挑战。

《教育信息化 2.0 行动计划》是充分激发信息技术革命性影响的关键举措。经过多年来的探索实践，信息技术对教育的革命性影响已初步显现，但与新时代的要求仍存在较大差距，如数字教育资源开发与服务能力不强，信息化学习环境建设与应用水平不高，教师信息技术应用能力基本具备但信息化教学创新能力尚显不足，信息技术与学科教学深度融合不够，高端研究和实践人才依然短缺。充分激发信息技术对教育的革命性影响，推动教育观念更新、模式变革、体系重构，需要针对问题提出新目标，运用新手段，制定新举措。

《教育信息化 2.0 行动计划》是加快实现教育现代化的有效途径。没有信息化就没有现代化，教育信息化是教育现代化的基本内涵和显著特征，是“教育现代化 2035”的重点内容和重要标志。

教育信息化具有突破时空限制、快速复制传播、呈现手段丰富的独特优势，必将成为促进教育公平、提高教育质量的有效手段，也必将成为构建泛在学习环境、实现全民终身学习的有力支撑，必将带来教育科学决策和综合治理能力的大幅提高。以教育信息化支撑引领教育现代化，是新时代我国教育改革发展的战略选择，对建设教育强国和人力资源强国具有重要意义。

（二）基本目标和主要任务

1. 基本目标

通过实施《教育信息化 2.0 行动计划》，到 2022 年基本实现“三全、两高、一大、三变、三新”的发展目标，即教学应用覆盖全体教师，学习应用覆盖全体适龄学生，数字校园建设覆盖全体学校，信息化应用水平和师生信息素养普遍提高，建成“互联网＋教育”大平台，推动从教育专用资源向教育大资源转变，从提升师生信息技术应用能力向全面提升其信息素养转变，从融合应用向创新发展转变，努力构建“互联网＋”条件下的人才培养新模式，发展基于互联网的教育服务新模式，探索信息时代教育治理新模式。

2. 主要任务

继续深入推进“三通两平台”建设，实现三个方面的普及应用。“宽带网络校校通”实现了提速增智，所有学校全部接入互联网，带宽满足信息化教学的需求，无线校园和智能设备应用逐步普及。“优质资源班班通”和“网络学习空间人人通”实现了提质增效，在“课堂用、经常用、普遍用”的基础上，形成“校校用平台，班班用资源，人人用空间”的状态，教育资源公共服务平台和教育管理公共服务平台实现融合发展。实现信息化教与学应用覆盖全体教师和全体适龄学生，数字校园建设覆盖各级各类学校。

持续推动信息技术与教育深度融合，促进多个方面水平的提高，促进教育信息化从融合应用向创新发展的高阶演进，让信息技术和智能技术深度融入教育全过程，推动改进教学、优化管理、提升绩效。全面提升师生的信息素养，推动从技术应用向能力素质拓展，使之具备良好的信息思维，适应信息社会发展的要求，应用信息技术解决教学、学习、生活中的问题并成为必备的基本素质。加强教育信息化从研究到应用的系统部署和纵深推进，形成研究一代、示范一代、应用一代、普及一代的创新引领、压茬推进的可持续发展态势。

构建一体化的“互联网+教育”大平台，引入“平台+教育”服务模式，整合各级各类教育资源公共服务平台和支持系统，逐步实现资源平台、管理平台的互通、衔接与开放，建成国家数字教育资源公共服务体系。充分发挥市场在资源配置中的作用，融合众筹众创，实现数字资源、优秀师资、教育数据、信息红利的有效共享，助力教育服务供给模式升级和教育治理水平提升。

（三）实施行动

1. 数字资源服务普及行动

建成国家教育资源公共服务体系、国家枢纽和国家教育资源公共服务平台，32 个省级体系全部连通，数字教育资源实现开放共享，教育大资源开发利用机制全面形成。

完善数字教育资源公共服务体系，建成互联互通、开放灵活、多级分布、覆盖全国、共治共享、协同服务的国家数字教育资源公共服务体系，国家枢纽连通国家教育资源公共服务平台和所有的省级体系。建立国家数字教育资源公共服务体系联盟，发布系列技术和功能标准规范，探索资源共享新机制，提升数字教育资源服务供给能力，有效支撑学校和师生开展信息化教学应用活动。

优化“平台+教育”服务模式与能力，依托国家数字教育资源公共服务体系，初步形成覆盖全国的数字教育资源版权保护和共享交易机制，利用平台模式实现资源众筹众创，改变数字教育资源自产自销的传统模式，解决资源供需的“瓶颈”问题。完善优课服务，发挥“一师一优课，一课一名师”的示范引领作用，形成覆盖基础教育阶段所有学段、学科的生成性资源体系。升级职业教育专业教学资源库建设，丰富职业教育学习资源系统。提升慕课服务，汇聚高校、企业等各方力量，提供精品大规模在线开放课程，达成优质的个性化学习体验，满足学习者、教学者和管理者的个性化需求。

实施教育大资源共享计划，拓展完善国家数字教育资源公共服务体系，推进开放资源汇聚共享，打破教育资源开发利用的传统壁垒，利用大数据技术采集、汇聚互联网上丰富的教学、科研、文化资源，为各级各类学校和全体学习者提供海量、适切的学习资源服务，实现从“专用资源服务”向“大资源服务”的转变。

2. 网络学习空间覆盖行动

规范网络学习空间建设与应用，保障全体教师和适龄学生“人人有空间”，开展校长领导力和教师应用力培训，普及推广网络学习空间应用，实现“人人用空间”，引领推动网络学习空间建设与应用。制定网络学习空间建设与应用规范，明确网络学习空间的定义与内涵、目标与流程、功能与管理。印发加快推进“网络学习空间人人通”的指导意见，推动各地网络学习空间的普及应用。

开展网络学习空间应用普及活动，依托国家数字教育资源公共服务体系，组织广大师生开通实名制网络学习空间，促进网络学习空间与物理学习空间的融合互动。开展空间应用优秀区域、优秀学校的展示推广活动，推进网络学习空间在网络教学、资源共享、教育管理、综合素质评价等方面的应用，实现网络学习空间应用从“三个率先”向全面普及发展，推动实现“一人一空间”，使网络学习空间真正成为广大师生利用信息技术开展教与学活动的主阵地。

建设国家学分银行和终身电子学习档案，加快推进国家学分银行建设，推动基础教育、职业教育、高等教育、继续教育机构逐步实行统一的学分制，加快实现各级各类教育纵向衔接、横向互通，为每一位学习者提供能够记录、存储学习经历和成果的个人学习账号，建立个人终身电子学习档案，对学习者的各类学习成果进行统一的认证与核算，使其在各个阶段通过各种途径获得的学分可以得到积累或转换。被认定的学分按照一定的标准和程序可累计作为获取学历证书、职业资格证书或培训证书的凭证。

3. 网络扶智工程攻坚行动

大力支持以“三区三州”为重点的深度贫困地区教育信息化发展，促进教育公平和均衡发展，有效提升教育质量，推进网络条件下的精准扶智，服务国家脱贫攻坚战略部署。

支持“三区三州”教育信息化发展，通过中国移动、中国电信、中国联通等企业和社会机构的支持，在“三区三州”等地开展“送培到家”活动，加强教育信息化领导力培训和教师信息化教学能力培训，推动国家开放大学云教室建设，开展信息化教学设备捐赠、优质数字教育资源共享、教育信息化应用服务等系列活动，落实教育扶贫和网络扶贫的重点任务，助力提升深度贫困地区教育质量和人才培养能力，服务地方和区域的经济社会发展。

推进网络条件下的精准扶智，坚持“扶贫必扶智”，引导教育发达地区与薄弱地区通过信息化实现结对帮扶，以专递课堂、名师课堂、名校网络课堂等方式开展联校网教、数字学校建设与应用，实现“互联网+”条件下的区域教育资源均衡配置机制，缩小区域、城乡、校际差距，缓解教育数字鸿沟，实现公平而有质量的教育。

4.教育治理能力优化行动

完善教育管理信息化顶层设计，全面提高利用大数据支撑保障教育管理、决策和公共服务的能力，实现教育政务信息系统全面整合和政务信息资源开放共享。

提高教育管理信息化水平，制定进一步加强教育管理信息化的指导意见，优化教育业务管理信息系统，深化教育大数据应用，全面提升教育管理信息化支撑教育业务管理、政务服务、教学管理等工作的能力。充分利用云计算、大数据、人工智能等新技术，构建全方位、全过程、全天候的支撑体系，助力教育教学、管理和服务的改革发展。

推进教育政务信息系统整合共享，以“互联互通，信息共享，业务协同”为目标，完成教育政务信息系统整合工作。建立“覆盖全国，统一标准，上下联动，资源共享”的教育政务信息资源大数据，打破数据壁垒，实现“一数一源”和伴随式数据采集。完善教育数据标准规范，促进政务数据分级分层有效共享，避免数据重复采集，优化业务管理，提升公共服务水平，促进决策支持。

推进教育“互联网+政务服务”，连接教育政务信息数据和社会宏观治理数据，建立教育部“互联网+政务服务”网上办事大厅，实现政务服务统一申请、集中办理、统一反馈和全流程监督，分步实施教育政务数据的共享开放，做到事项清单标准化、办事指南规范化、审查工作细则化和业务办理协同化，实现“一张表管理”和“一站式服务”。

5.“百区、千校、万课”引领行动

结合教育信息化各类试点和《信息技术与教育深度融合示范培育推广计划》的实施，认定百个典型区域，培育千所标杆学校，遴选万堂示范课例，汇聚优秀案例，推广典型经验。

(1)建立百个典型区域。通过推荐遴选东、中、西部不同地区的典型区域，培育一系列教育信息化整体推进的样本区，探索在发达地区和欠发达地区利用信息化优化教育供给的典型路径，为同类区域的发展提供参照，引领教育信息化提质升级发展。

(2)培育千所标杆学校。分批组织遴选 100 所高等学校、300 所职业学校、

1000 所基础教育学校和一定数量的举办继续教育的学校开展示范，探索在信息化条件下实现差异化教学、个性化学习、精细化管理和智能化服务的典型途径。

(3)遴选万堂示范课例。汇聚电教系统、教研系统等各方力量，以“一师一优课，一课一名师”活动、全国职业院校技能大赛教学能力比赛、推出国家精品在线开放课程等为依托，设定专门制作标准和评价标准，遴选万堂优秀课堂教学案例，包括 10000 堂基础教育示范课(含普通中小学校示范课、少数民族语言教材示范课、特殊教育示范课、学前教育示范课)、1000 堂职业教育示范课、200 堂继续教育示范课，推出 3000 门国家精品在线开放课程，建设 7000 门国家级和 10000 门省级线上线下高等教育精品课，充分发挥示范课例的辐射效能。

要汇聚推广优秀案例，总结典型经验，分批出版教育信息化创新应用系列案例集，并通过在国家教育资源公共服务平台、中国教育电视台等渠道开设专门栏目、召开现场会、举办应用展览活动等方式进行推广。

6.数字校园规范建设行动

通过试点探索，利用宽带卫星实现边远地区学校接入互联网，利用信息化手段扩大优质教育资源覆盖面。全面推进各级各类学校的数字校园建设与应用。

推进宽带卫星联校试点行动，与中国卫通联合，在甘肃省甘南藏族自治州、云南省昭通市、四川凉山彝族自治州各选择 1 个县开展试点，每县选择 1 所主体学校和 4 所未联网学校(教学点)，免费安装“中星 16 号”卫星信号接收设备并接通网络，开展信息化教学和教研，为攻克边远山区、海岛等自然条件特殊地区学校的联网问题，实现全部学校 100%接入互联网探索路径。

促进数字校园建设全面普及，落实《职业院校数字校园建设规范》，发布中小学、高等学校数字校园建设规范，推动实现各级各类学校数字校园全覆盖。将网络教学环境纳入学校办学条件建设标准，将数字教育资源列入中小学教材配备要求范围。加强职业院校、高等学校虚拟仿真实训教学环境建设，服务信息化教学的需要。推动各地以区域为单位统筹建立数字校园专门保障队伍，彻底解决学校运行、维护、保障力量薄弱的问题。

7.智慧教育创新发展行动

以人工智能、大数据、物联网等新兴技术为基础，依托各类智能设备及网络，积极开展智慧教育创新研究和示范，推动新技术支持下教育的模式变革和生态重构。

开展智慧教育创新示范，协调有关部门，支持在雄安新区等一批地方上积极、条件具备的地区，设立 10 个以上“智慧教育示范区”，开展智慧教育探索与实践，推动教育理念与模式、教学内容与方法的改革创新，提升区域教育水平，探索积累可推广的先进经验与优秀案例，形成引领教育改革发展的新途径、新模式。

构建智慧学习支持环境，加强智慧学习的理论研究与顶层设计，推进技术开发与实践应用，提高人才培养质量。大力推进智能教育，开展以学习者为中心的智能化教学支持环境建设，推动人工智能在教学、管理等方面的全流程应用，利用智能技术加快推动人才培养模式、教学方法改革，探索泛在、灵活、智能的教育教学新环境建设与应用模式。

加快面向下一代网络的高校智能学习体系建设，适应5G网络技术发展，服务全时域、全空域、全受众的智能学习新要求，以增强知识传授、能力培养和素质提升的效率和效果为重点，以国家精品在线开放课程、示范性虚拟仿真实验教学项目等建设为载体，加强大容量智能教学资源建设，加快建设在线智能教室、智能实验室、虚拟工厂(医院)等智能学习空间，积极探索基于区块链、大数据等新技术的智能学习效果记录、转移、交换、认证等有效方式，形成泛在化、智能化的学习体系，推进信息技术和智能技术深度融入教育教学全过程，打造教育发展国际竞争新增长极。

加强教育信息化学术共同体和学科建设，与有关部门建立联合工作机制，设立长期研究项目和研究基地，形成持续支持教育信息化基础研究、应用研究和技术开发的长效机制。在协同创新中心、教育部重点实验室等建设布局中，考虑建设相关研究平台，汇聚各高校、研究机构的研究基地，建立学术共同体，加强智能教学助手、教育机器人、智能学伴、语言文字信息化等关键技术研究与应用。加强教育信息化交叉学科建设，促进人才、学科、科研良性互动，实现大平台、大项目、大基地、大学科整体布局、协同发展。

8.信息素养全面提升行动

充分认识提升信息素养对于落实立德树人目标的重要性，培养创新人才的知识、技能及应用能力，加强信息意识、信息伦理等方面的培育，将学生的信息素养纳入学生的综合素质评价。完善课程方案和课程标准，充实适应信息时代、智能时代发展需要的人工智能和编程课程内容。推动落实各级各类学校的信息技术课程，并将信息技术纳入初中和高中学业水平考试。继续办好各类应用交流与推广活动，创新活动的内容和形式，全面提升学生的信息素养。

综上所述，《教育信息化2.0行动计划》的基本目标是到2022年基本实现“三全、两高、一大、三变、三新”。所谓“三全”，即教学应用覆盖全体教师，学习应用覆盖全体适龄学生，数字校园建设覆盖全体学校；所谓“两高”，即信息化应用水平和师生信息素养普遍提高；所谓“一大”，即建成“互联网+教育”大平台；所谓“三变”，即推动从教育专用资源向教育大资源转变，从提升师生信息技术应用能力向全面提升其信息素养转变，从融合应用向创新发展转变；所谓“三新”，即努力构建“互联网+”条件下的人才培养新模式，发展基于互联网的教育服务新模式，探索信息时代教育治理新模式。其内在逻辑关系是以“三全”

"一大"建设为基础，推动"三变"，形成"三新"，最后达到"两高"。

第三节　现代教育技术与教师专业发展

在当代教育教学改革实践中，教师的工作职能发生了深刻的变化，这种变化极大地提高了教师劳动的复杂程度和创造性质。没有教师的发展，没有教师在专业上的成长，教师的历史使命将无法完成。教师的发展是历史进步使然，是信息时代的教育改革使然。同时，信息时代的经济与社会发展为重新认识与发现教师，为教师发展又创造了越来越多的条件。

一、教师专业发展的概念与特点

重视教师教育、培养高素质教师是世界各国的共同认识。教师职业的专业性被普遍认可与自觉建设是在 20 世纪中叶以后才出现的。1963 年和 1980 年《世界教育年鉴》的主题分别是"教育与教师培养"和"教师专业发展"，可见，教师专业发展是国际教育组织一贯强调和重视的问题。20 世纪 80 年代以来，教师的专业发展成为教师专业化的方向和主题。人们越来越认识到，提高教师专业地位的有效途径是不断改善教师的专业教育，从而促进教师的专业发展。只有不断提高教师的专业水平，才能使教学工作成为受人尊敬的一种职业，成为具有较高社会地位的一种职业。

（一）教师专业发展的概念

"教师专业发展"是一个内涵非常丰富的概念，是指教师在整个职业生涯中，通过专门训练和终身学习，逐步习得教育专业的知识与技能，并在教育专业实践中不断提高自身的从教素质，从而成为教育专业工作者的专业成长过程。从国内外现有的研究来看，研究者对教师专业发展的理解大致可以分为两类：一类是将教师职业视为专门职业并获得应有的专业地位的过程，强调教师群体的、外在的专业提升，所关注的问题包括专业的历史发展、专业资格审定、专业组织、专业守则与社会地位等，这一类理解实际上接近"教师专业化"概念，即关注教师专业的发展。另一类理解关注教师个体的发展，在关注教师社会、经济地位的提高和争取资源与权利分配的同时，更强调教师个体的、内在的专业性的提高，关注教师如何形成自己的专业精神、知识、技能，即教师的专业发展。通常所说的"教师专业发展"属于第二类含义，即教师通过个体专业水平提升，成为专业化教师。

从教师专业发展的内涵可以看出，教师专业发展是教师在职业生涯中不断发现问题、研究问题从而解决问题的过程，也是教师专业知识、专业技能、专业素养、专业情感等方面由不成熟到成熟的发展过程，即由一名专业新手发展成为专家型教师或教育家型教师的发展过程。因此，教师专业发展是以教师的个人成长为导向，以专业化或成熟为目标，以教师知识、技能、信念、态度、情感等专业素质的提高为内容的教师个体专业内在、动态、持续的终生发展过程，教师个体在此过程中主体性得以充分发挥，人生价值得以最大限度地实现。

我们认为，取得教师资格证书并不代表已成为合格教师，当了一辈子教师其专业性也不一定都得到了充分的发展。教师的专业发展固然与时间有关，但又不仅仅是时间的累积，更是教师专业素养的不断提高、专业理想的逐渐明晰、专业自我的逐步形成，直至成为教育世界的创造者。尽管教师教育涵盖职前教育和职后教育两个方面，但教师专业发展需要从职前教师培训开始实施，重点还是在教师职后的发展。

(二)教师专业发展的特点

教师专业发展是一个长期持续发展的过程，在这一发展过程中又呈现出以下特点：

1.发展的终身性

教师的专业发展空间是无限的，成熟只是相对的，而发展才是绝对的。教师专业发展是一个贯穿于教师职业发展始终的教师教育系统工程，包括职前的院校教育阶段、入职后的针对性培训及走上工作岗位后的阶段性培训等。

2.发展的自主性

自主性是教师专业发展的前提和基础。教师在设计课程、规划教学活动以及选择教材时，应有充分的自主性。教师应具有自我专业发展的意识，把外在的影响转化为自身专业发展过程的动力。

3.发展的阶段性

教师从步入讲台到成长为一个熟练的教师，再到教育教学专家，呈现出明显的阶段性特征，至少存在三个发展阶段：职前专业化、入门专业化和在职专业化。

4.发展的连续性

教师专业发展不仅有阶段性，而且又是持续不间断的，教师只有不断地接受培训和提高自我修养，树立终身学习的理念，才能确保知识、能力、观念符合时代的需求，不断实现自身的发展。

5.发展的情境性

教师的许多知识和能力是依靠个人经验和对教学的感悟而获得的，教师应该不断反思自己的教育教学理念与行为，不断自我调整、自我建构，从而获得持续不断的专业发展。另外，教学情境具有不确定性，教师的专业发展必须与教学情境相联系，在学校中建立一种相互合作的文化，以促进教师的成长。

6.发展的多样性

教师的工作包括观察学生、创设学习情境、组织教学活动、训练学生、评价学生学习等多种活动，教师的专业发展体现在这些不同的活动中。因此，应该注意教育知识、技能层面的发展，也应兼顾认知、技能、情感各方面的成长。

二、教育信息化背景下的教师专业发展

教师专业发展目标价值指向和发展趋势深受教育信息化背景的影响。影响教师专业发展的因素有很多，主要包括职前教育和入职教育、教师个人环境、自主发展意识、在职发展机会、组织环境等。但在当前的信息化环境下，教师的专业发展已不再局限于传统的师德好、学科强、善表达、会评价、能思考，随着信息技术被大量引入教育教学，教师专业发展的每一个阶段都会深受信息化的影响，这种影响和变革带来的是对教与学方式的撞击以及教师角色的变化对教师信息素养的新要求。

（一）教师角色的重新定位

信息时代的到来，不仅迅速改变着人们的生产方式、生活方式、思维方式和学习方式，也给教师的工作和自身角色带来了新的挑战和机遇。在传统教育模式中，是以教师为中心，教师是知识之源，教师通过讲授、板书及多种媒体的辅助，把教学内容传递给学生或灌输给学生。教师是整个教学过程的主宰，学生则处在被动接受知识的地位。在信息化条件下的教育中，学生可以利用各种信息工具和途径进行学习。在网络上的信息及数字化学习资源越来越丰富的情况下，教师的角色正在发生着变化，教师不再是教学过程中的主体，正在由单一的知识传授者转变成学生学习的指导者、学习模块的构建者、学习活动的组织者和信息资源的设计者。在信息化背景下，教师的角色主要包含以下几个方面：

1.学生学习的指导者

信息技术一方面使教师的知识传递者角色趋于过时，另一方面又强化了教师的学习指导者身份。在学生学习过程中，教师将承担“领航员”的角色，关注学生的学习过程，帮助学生确定适当的学习目标，制定达成目标的最佳学习路径与策略，尽可能让学生少走弯路；同时营造良好的学习环境，调动学生的学习积极性，善于不断激发学生的求知欲，通过创建情境促进会话交流，使学生的学习思维处于活跃状态；要指导学生形成良好的学习习惯，掌握学习策略，开发学生的元认知能力；还要传授知识，帮助学生掌握学习的主动权，形成高效的学习能力。

2.教师教研的协作者

在信息化条件下，教师的教育活动与科研活动日益紧密结合，教学与研究成了信息化教育中教师的重要职责。教师通过教学和科研实践，不仅要造就富

于创新精神的学生，还要造就不断创新与发展着的教师自身。在教学与科研活动中，教师之间乃至师生之间，应善于通过网络协作交流，分享经验与智慧。这就要求教师放弃以往的“单打独斗”，善于协作、乐于协作，把自己融入学校教学团队和科研团队中，奉献或吸纳最新的研究成果，使自己伴随整个教育技术的进步一起升华。

3.在线课程的开发者

课程开发是教师专业发展的重要内容。在教育信息化的背景下，教师必须了解社会需求和学科发展的前沿，把握课程建设和改革的方向，根据社会变革的需要，不断完善和更新课程内容，及时调整课程体系，以保持课程的时代性、先进性和创新性；与此同时，教师过去做课件的个体行为应提升为跨学科、跨学校、共同创建教学科研网站和教学资源的群体行为，从各自为政的封闭竞争转向以跨时空协作研究和专业在线课程开发为基础的团队协作，在信息化教育和管理机制中奉献自己的聪明才智。

4.教学资源的设计者

教育信息化正在对教学和学习的方式、效果和效率等方面不断提出新要求，教学资源的设计已经成为教师专业发展的重要基本功，也是教师日常教学准备的基础工作。教师在精通学科专业内容的同时，还要熟练掌握网络技术、多媒体技术、在线课程资源建设与管理，学会制作网络课件，学会慕课等基于网络的教学设计和组织管理技术，乃至建立高度智能化、自动化、艺术化的作业习题库和案例库，并自如地驾驭线上学习平台，汇集专题资源，高效组织在线教学和线上线下混合式教学。

5.持续终生的学习者

教师的专业发展是一个随时代变迁永无止境的过程，终生学习对教师而言更加重要。由于知识的剧增和信息技术的不断更新，教师要树立终生学习的理念与意识，保持开放的心态，矢志不渝地追求真理，养成不断跟踪学科前沿的行为习惯。信息技术不仅向教师提出了终生学习的要求，也提供了便利的条件，教师可以借助先进的技术手段进行学习，提高学习的质量和效益。

（二）教师信息素养的提升

信息素养是信息化发展所要求人们必须具备的一种基本能力。随着信息化在教育领域的深入，要求教师必须具备一定的信息素养。信息素养的基本含义是：能够判断什么时候需要信息，并且懂得如何去获取信息，如何去评价信息和有效利用所需要的信息。

简单地说，信息素养主要由信息意识、信息能力和信息伦理三部分构成。信息意识在信息素养结构中起先导作用，信息能力是信息素养的核心，信息伦理是保证信息素养发展方向的指示器和调节器。教师的信息素养不但对教师自身工作有重大影响，而且会影响学生的信息素养、学习方式和生活方式。因此，可以这样理解：信息化背景对教师的现代教育技术能力和信息素养提出了新的要求，信息时代的教师专业发展要重视教师信息素养的提高。教师信息素养的培养和提高主要包括以下几个方面：

1. 信息意识、道德与伦理

教师的信息意识包含信息时代的教育预见能力和从信息论角度出发对教育系统的认识。信息时代的发展极为迅速，教师必须具备超前的教育意识，努力提高自身的教育预见能力；同时，教师对信息的共享性等要有充分的认识，在对信息的获取、加工、处理、传输过程中要恪守一定的信息道德与伦理，并言传身教、以身作则地教育和影响学生。

2. 信息基础理论

信息基础理论包括对信息的含义、性质等一般性知识的掌握，对整个信息科学的了解以及对现代信息技术发展的一些基本看法。

3. 灵活使用信息工具

信息工具的发展为教师提供了许多新的传授知识的工具或手段，计算机多媒体技术与网络技术的推广和应用使它们在现在和未来的教育教学中扮演着越来越重要的角色。教师只有掌握了相应的信息工具和操作技能，才能适应信息时代教师角色的转变。教师应充分开拓教学空间，教给学生如何自主地去检索和获取所需知识，以适应学习的实际需求。

4. 有效利用信息资源

教师对信息资源的利用包括两个层面：一个是指借助适当的信息工具，选择、接收、存储、加工处理以及传送教育教学反馈信息；另一个是指善于利用各种信息进行判断，制订恰当的教育教学策略。

三、现代教育技术促进教师专业发展

国际培训、绩效、教学标准委员会曾将信息时代的教师能力标准阐述为：在信息化的教育环境下，教师除了常规的教学能力外，还需要考虑新环境下的学习者群体，新的技术应用，新的教学理念、方法的应用。可以这样理解：进入信息化社会后，现代教育技术能力和信息化素养已经成为教师专业能力构成中的重要组成部分，与外语、计算机技术一样成为教师的必备能力和基本素质。

（一）教师现代教育技术能力的内涵

教师的现代教育技术能力不仅指教师的教育技术能力，也指教师的信息化教学能力，这是指教师在现代教学理论的指导下，以信息技术为支持，利用现代教育技术手段进行教学的能力。现代教育技术能力要求教师在观念、组织、内容、模式、技术、评价、环境等一系列教学要素上设计与创新，适应时代的需求，促进教师的专业发展。教师的现代教育技术能力的内涵可以从以下几个方面来理解：

1.能够认识与理解现代教育技术的内涵及作用

现代教育技术是一门多学科、多技术相互交叉、渗透，并且发展迅速的综合性学科。现代教育技术的有效应用既是教育信息化的重要内容，又是推动教育信息化的重要手段。现代教育技术不是普通的教学手段、方法，而是指运用各种现代教育理论及新的信息技术，通过对教与学过程及相关资源的设计、开发、利用、管理和评价，实现教育教学优化的理论与实践。高校教师只有充分认识与理解现代教育技术的内涵，认识到教育技术能力是信息化环境下教师专业素质的必要组成部分，才能从内在需求、情感上接受现代教育技术的理念、知识、技术和方法，才能将现代教育技术有效地应用于教学中，在优化教学过程的同时，推进教育教学的全面变革。

2.能够掌握现代教育技术的基本知识和技能，具备应用和创新能力

现代教育技术改变了教学内容的呈现方式，使教学内容多样化、直观化，丰富了教学资源，同时现代教育技术也为学生自主学习、探究学习、个性化学习、协作学习提供了可能，使学生学习的方式呈现多样化发展。教与学环境的改变促使教师必须具备信息素养，具备驾驭信息技术在教育中应用的能力，促使教师掌握现代教育技术基本理论知识和技能，包括信息技术环境下教学系统的设计、学科知识的呈现方式、教学的策略、教学资源开发与管理、常见教学媒体选择与使用、学生自主探究、协作学习的知识环境的构建等。

3.具备对现代教育技术在学科教学中的应用效果进行评价与反思的能力

评价和反思是提高教师专业能力的一条有效途径，信息时代的教师所面临的严峻挑战要求教师要能够随时对自己的工作及专业能力发展进行评价和反思。教师只有不断反思、评估、总结自己应用现代教育技术的效果，分析其中的不足，探求解决问题的策略，才能使自己的教学方式适应信息化社会中学生的学习方式。

4.具有推进教育信息化进程的社会责任

教师在向学生传授知识的同时，还是教育信息化的促进者，肩负着推进教育信息化进程的社会责任。这一责任具体表现为：向学生传授技术，传授利用信息、利用有关法律法规和道德知识的责任；为社会建设优质教学资源和促进学生公平享受这些教学资源的责任；应用现代教育技术终身学习新知识和新技术以促进自身专业素质结构不断完善的责任。

因此，我们可以把教师现代教育技术能力概括为四个方面的内容：媒体技术能力、信息应用能力、教学实践能力和评价研究能力。这四个方面逐级提高，

反映了教师的能力要求。

（二）教师现代教育技术能力的特点

1. 多维性

教师现代教育技术能力是由众多要素构成的，在理念、技术、行为等维度上伸展。

2. 动态性

教师现代教育技术能力是随着信息技术的发展与现代教育理论的更新而变化的，标准和要求也是逐步提高的。

3. 阶段性

教师现代教育技术能力的发展有一定的阶段性，在不同要求下呈现不同的能力标准，如合格的要求和熟练的要求等。

4. 差异性

教师现代教育技术能力随教师的专业不同、学生不同、环境不同而存在差异，不是千篇一律的，如文科教师的现代教育技术能力要求与理科教师的现代教育技术能力要求会存在很大的不同。

（三）高校教师现代教育技术能力标准制定的特殊性

我国在 2004 年之前，无论是中小学还是高校都没有一个全国统一的教师现代教育技术能力标准。2004 年 12 月 15 日，教育部颁布了《中小学教师教育技术能力标准》，这也是我国中小学教师的第一个专业能力标准。该标准的颁布与实施是我国教师教育领域里一件里程碑性质的大事，对我国教师教育的改革与发展产生了深远的影响。

时至今日，高校教师现代教育技术能力还没有一个全国性的统一标准，只有对高校教师需要掌握的现代教育技术能力的两种比较流行的内容划分：一是由教育部高教司主管的全国高等学校教育技术协作委员会组织的大学教师现代教育技术培训标准，分为基本理论和基本技术、一般原理与基本技术、网络课程开发三级，共 31 个模块。二是在教育部教育管理信息中心授权成立的“全国信息技术及应用远程培训教育工程”(ITAT)的培训项目中，把教师需要掌握的现代教育技术内容分为 18 个技术类、11 个应用类。这其实只是列出了高校教师需要掌握的现代教育技术的内容，而不能认为是现代教育技术的标准。

由于高校教师与中小学教师在许多方面有一致性，因此高校教师的现代教育技术能力标准与中小学教师现代教育技术能力标准会有较多共同之处，但在一些细节和指标上肯定会存在一些差异。这种差异是由高校教师的特殊性决定的，因此，制定高校教师现代教育技术能力标准一定要考虑高校教师的特殊性。高校教师作为教师群体中的一个特殊群体，与中小学教师、职业学校教师、社会培训教师等的不同主要表现在以下几个方面：

1.所属学科差异大

高校的学科多而复杂，有十多个学科门类上千个二级学科，学科之间的差异性大，不像中小学只有固定的几门课程。随着学科研究的不断深入和学科的不断拓展，学科内涵不断丰富，课程不断增加，因此，不同学科的教师之间对专业的要求大相径庭。而且每门课程的授课教师比较少，许多学校的一些专业课程只有一人授课，缺乏共性，有时无法集体备课。因此，高校教师的现代教育技术能力要求存在较大的学科差异，学科特点决定了授课教师的现代教育技术能力要求。

2.教学科研的要求高

高校教师强调教学和科研同步，在教学的同时需要加强科研工作，许多教师可能还专门从事科研工作，在教学中有很大的研究成分。因此在教师的专业发展过程中，不仅要求掌握好上课的本领，而且要掌握开展研究、进行专业提高的能力，这就需要在教学中进行研究与提高。

3.学习的成教特点强

高校教师作为一群有较高素质的群体，学历较高，大部分都是硕士、博士毕业，具有较高的自主学习与分析能力，以及较强的自我约束能力，从而在学习过程中有超强的自学能力和成人教育特性。所以在其专业发展培养的过程中，要注意发挥其主动性，因势利导地开展培训工作。

4.所教学生的能力强

高校学生比中小学学生具有更强的自学能力，有实践的要求，有自己的分析能力和理解方式，但缺乏实践经验。这需要高校教师从学生的特点出发，发挥学生的自主性与首创精神，正确引导学生开展基于资源的自主学习、团队协作的研究型学习，最大限度地发挥学生学习与研究的潜能。

（四）高校教师现代教育技术能力的层次结构

结合教育技术的AECT'94定义，高校教师的现代教育技术能力要求主要体现在对学习资源与学习过程的设计、创造、使用与管理等方面。依据高校教师的特殊性，可以把高校教师现代教育技术能力要求归纳为工具与应用、资源与管理、教学与设计、绩效与发展四个方面。

“工具与应用”是教师最起码的技能，要求教师掌握工具的有关知识技能，并且能操作应用；“资源与管理”是指教师利用工具进行资源获取和知识管理，并逐渐形成教师应具备的专业素养；“教学与设计”要求教师具备一定的信息利用和资源管理与使用的技能后，应用于教学实践，能对教学内容进行教学设计，能根据教学需要进行资源开发，并进行教学实践工作；“绩效与发展”是要求教师不仅具备自身的素养与专业能力，能对自己的教学活动进行评价与反思，而且能够进行发展创新。这样，我们可以把教师的现代教育技术能力要求划分为四个方面十个类别，形成教师现代教育技术能力标准的层次结构。

1. 工具与应用

(1)知识技能：①了解多媒体计算机及其外部设备的基本原理。②了解文字、声音、图片、视频等多媒体的基本知识。③掌握计算机网络与互联网的基本知识和原理。④了解学校常见的教学媒体、多媒体教学系统及其外设的基本工作原理。

(2)操作应用：①能够熟练操作多媒体计算机系统，成功安装和使用软件。②能够熟练操作学校的多媒体教学系统及相关设备。③能够根据学生和教师的实际需要，配置合适的软硬件。④能够熟练使用校园网及互联网来支持教学与科研。

2. 资源与管理

(1)资源获取：①拥有通过信息技术获取资源和交流共享的意识。②了解信息时代教学资源的种类、特征和常用的获取资源的方法。③能够选择合适的媒体，科学、迅速、准确地获取资源，并能分析鉴别获取到的信息的意义和价值。④能够利用信息技术工具和他人进行资源交流。

(2)知识管理：①了解知识管理的基本知识，拥有知识管理的意识。②能够将获取的教学资源进行分类、整理及创新处理。③能够综合利用多种信息技术工具，有效管理自己的教学经验、科研成果等知识，以提高工作效率。④了解信息时代知识的高速更新性，定时定期地进行资源更新。

(3)专业素养：①拥有利用信息技术不断提高专业素养的意识与态度。②了解与专业相关的信息技术工具的基本知识。③根据专业需要，掌握常用的专业工具的使用以支持教学。④能够利用恰当的专业工具支持科学研究和专业发展。

3. 教学与设计

(1)教学设计：①掌握信息环境下教学系统设计的基本理论和基本方法。②能够有效地进行信息环境下对教学系统中的学习目标、学习者等要素进行分析和设计。③了解信息技术在教学活动中的各种应用方式及其所需的工具或条件。④能利用信息技术对丰富学生的学习资源、创设交流互动的学习环境进行设计。

(2)资源开发：①拥有自行设计、开发教学资源，积极参与教学资源建设的意识。②掌握教学资源开发的基本内容和需求分析方法。③能够根据教学的实际需求，自行设计和开发一定的教学资源。④能够应用教学设计原则来开发、实施和测试交互式的、基于多媒体计算机的教学软件。

(3)教学实践：①能将有用的信息资源和技术与相关课程内容、课程资源整合，以提高教学效果。②能有效使用信息技术创设有利于交流互动的学习环境,使技术成为有效的教学工具。③了解网络教学的功能和特点,能利用网络进行教学实践。④能够与学科教师及技术人员合作,设计开发在线课程。

4.绩效与发展

(1)评价反思:①拥有教学评价与教学反思的意识。②了解信息化教学评价的基本知识,掌握对教学媒体、教学资源和教学效果的评价方法。③能够应用适当的技术和评价工具,开展对学生的评价。④能够根据评价的反馈信息,调整教学策略和方法,以提高教学效果,达到绩效目标。

(2)发展创新:①拥有终身学习、专业发展和创新的意识。②能在教学科研过程中不断发展创新。③能利用信息技术来支持终身学习和自身专业发展。④具有强烈的信息安全意识,了解与信息技术相关的法律伦理问题。

综上所述,教师专业发展是时代和教育发展的必然要求和选择,要确立教师专业发展的理念,寻找最佳结合点,才能使教师专业发展平稳而迅速。现代教育技术能力的培养是教师专业发展的核心动力,是渗透教师专业发展各个层面的核心内容。必须在教师专业发展中重视现代教育技术的理念和实践的运用,发挥现代教育技术的特色和作用,才能更好地发展教师的现代教育技术能力,顺利达到新教师上岗培训的目标,取得教师教育的完善和发展。

复习思考题

1.简述教育技术的代表性定义。
2.简述教育技术的主要研究范畴。
3.简述现代教育技术的基本含义。
4.简述现代教育技术的主要理论基础。
5.简述现代教育技术的主要应用模式。
6.简述教育信息化的基本内涵与特征。
7.简述我国教育信息化 2.0 行动计划的主要内容。
8.简述教师专业发展的内涵与特点。
9.简述信息化背景下教师角色的主要转变。
10.简述高校教师现代教育技术能力的内涵与特点。
11.简述高校教师现代教育技术能力的层次结构。
12.谈谈现代教育技术与教师专业发展的关系。

主要参考文献

一、专著

[1][美]巴巴拉·西尔斯,[美]丽塔·里奇. 教学技术:领域的定义与范畴[M]. 乌美娜,刘雍潜译. 北京:中国广播电视大学出版社,1999.

[2]冯学斌,赵建民主编. 教育技术理论与实践[M]. 济南:山东人民出版社,2004.

[3]胡来林主编. 现代教育技术——面向信息化的教师专业发展[M]. 北京:电子工业出版社,2007.

[4]焦建利. 教育技术学基本理论研究[M]. 广州:广东教育出版社,2008.

[5]陈晓慧主编. 现代教育技术[M]. 北京:北京邮电大学出版社,2009.

[6]何克抗,李文光编著. 教育技术学[M]. 第2版. 北京:北京大学出版社,2009.

[7]南国农. 教育技术学科建设——中国道路[M]. 北京:北京师范大学出版社,2010.

[8]冯学斌,赵建民主编. 现代教育技术简明教程[M]. 济南:山东科学技术出版社,2011.

[9]孟祥增主编. 现代教育技术导论[M]. 济南:山东大学出版社,2011.

[10]梁林梅,杨九民主编. 教育技术学[M]. 北京:北京大学出版社,2012.

[11]宋光辉,郭红霞主编. 现代教育技术[M]. 成都:电子科技大学出版社,2015.

[12]雷体南,汪家宝主编. 现代教育技术教程[M]. 第3版. 武汉:华中科技大学出版社,2016.

[13]马池珠主编. 现代教育技术[M]. 北京:高等教育出版社,2017.

二、期刊论文

[1]桑新民. 现代教育技术学基础理论创新研究[J]. 中国电化教育,2003,9:5-12.

[2]王玉明. 试论教师信息素养及其培养[J]. 电化教育研究,2004,2:21-24.

[3]何克抗. 从 Blending Learning 看教育技术理论的新发展(上)[J]. 中国电化教育,2004,3:5-10.

[4]何克抗. 从 Blending Learning 看教育技术理论的新发展(下)[J]. 中国电化教育,2004,4:10-15.

[5]黎加厚.2005AECT教育技术定义:讨论与批判[J].现代远程教育研究,2005,1:11-16,71.

[6]纪望平.教育信息化背景下的教师专业发展[J].高等教育研究,2005,9:75-78.

[7]桑新民,李曙华.教育技术学范畴体系建模研究及其方法论(上)[J].中国电化教育,2007,11:1-8.

[8]桑新民,李曙华.教育技术学范畴体系建模研究及其方法论(下)[J].中国电化教育,2007,12:8-18.

[9]秦丹,武丽志.信息化背景下教师专业发展研究:基于技术应用的视角[J].中国电化教育,2013,5:54-59.

[10]祝智庭.以智慧教育引领教育信息化创新发展[J].中国教育信息化,2014,9:4-8.

[11]孟然.教育信息化背景下的高校教师专业发展[J].教育与职业,2016,21:81-83.

[12]李兆义,杨晓宏."互联网+"时代教师专业素养结构与培养路径[J].电化教育研究,2019,7:110-120.

[13]谭茗心,王少媛."一流本科"建设视域下地方高校青年教师专业发展对策研究[J].现代教育科学,2020,4:84-88.

第二章 信息化教学环境与学习平台

学习目标

1. 了解信息化教学环境的特点与构成。
2. 理解多媒体教室的概念与功能。
3. 熟悉多媒体教室的基本构成、类型与结构。
4. 了解“智慧教室”的基本概念。
5. 掌握“智慧教室”的组成与类型。
6. 理解“虚拟演播室”的概念与特征。
7. 熟悉“虚拟演播室”的基本结构、功能与分类。
8. 掌握“虚拟演播室”在高校中的应用方式。
9. 理解在线教学平台的功能与分类。
10. 熟练使用常用在线教学平台开展教学。

学习要点与结构

本章全面、系统地介绍了信息化教学环境，带领学习者从概念、特点、构成、类型等方面深入了解各种多功能网络教室，而且详细阐述了常用在线教学平台的具体使用方法，引导学习者更新教学理念，熟练使用各种新型教学媒体，实现信息化教学环境的作用最大化。

第一节从整体上介绍了信息化教学环境，特别是重点阐述了信息化教学环境的特点与构成，引导学习者认识信息化学习环境相对于传统学习环境的独特优势，并了解信息化学习环境所包含的诸多元素。第二节详细介绍了多媒体教室的概念、功能、构成以及类型与结构。第三节详细介绍了“智慧教室”的有关概念、特征、组成以及类型。第四节详细介绍了“虚拟演播室”的概念、特征、基本结构、功能、分类及其在高校的应用。第五节详细介绍了在线教学平台的概念、功能及分类，并以举例的方式阐述了在线教学平台的使用方法。

本章的学习重点是深入理解信息化教学环境的特点与构成，全面了解多媒体教室、智慧教室、虚拟演播室以及在线教学平台这些信息化教学环境的重要组成部分，更新教学观念，改进教学方法，在此基础上选择合适的教学媒体，打造更为轻松、愉悦的课堂。通过本单元的学习，希望学习者能够加深对信息化教学环境的认识，增加与各种先进教学设备有关的理论知识，培养在教学中使用信息化技术手段的兴趣，并且在此过程中不断反思、总结，逐步提升信息化教学环境对教学的支持效用。

知识导学图

本章的知识导学图如图 2-1 所示。

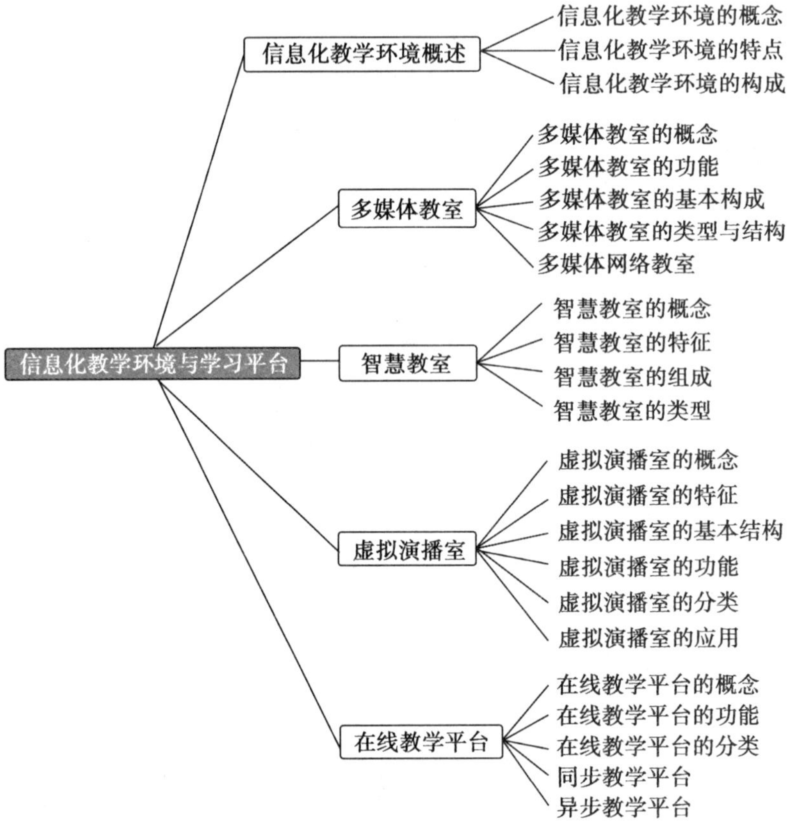

图 2-1　信息化教学环境与学习平台的知识导学图

第一节　信息化教学环境概述

随着科技的不断进步，信息技术已经渗透到人们工作、生活和学习的各个方面，人类已全面迈进信息社会。信息化教学环境是为适应信息社会而产生的一种新型学习环境，它将信息技术有机地融入教学建设环境中，为培养信息社会所需要的人才提供了很好的支持。因此，教师有必要深入了解信息化教学环境的内涵、特点及构成，从而在教学过程中更好地发挥信息化教学环境的作用。

一、教学环境与信息化教学环境的含义

（一）教学环境的含义

“教学环境”是人们在研究教学问题时经常用到的一个概念，从教学论的角度来看，教学环境是影响整个教学质量的重要因素之一，含有影响教学活动的各种外部条件，是教学活动得以进行的物质保证。也就是说，教学环境是一种能够塑造和强化学生行为的重要力量，这种力量渗透在生活的方方面面。

从学校教学工作的角度来看，教学环境主要指实施教学活动的物理空间、辅助教学活动的物理设备、校园的文化底蕴和师生的人际关系等。从更广的方面来说，社会制度、政策法规、科学技术、师资储备、家庭条件、街坊邻里等都属于教学环境，因为这些因素也对教学活动的开展有着一定程度的影响。概括地说，教学环境是能够对教学活动产生影响的诸多客观条件和力量的总和。

（二）信息化教学环境的含义

信息化教学环境是在多种教学理论的综合指导下，以全球覆盖的互联网技术和各种电子设备为基础，充分利用现代信息技术建立的，能从各方面促进教师教学和学生学习的教学环境。覆盖范围广泛的互联网技术实现了全球范围内的资源共享，打破了时间和空间的界限，极大地拓宽了师生获取资源的范围，也方便了师生的远程信息交流；各种电子教学设备的应用在一定程度上减轻了教师的任务量，其丰富完备的功能板块也便于各种教学活动的实施，教学信息也呈现出多媒体化的形态。信息时代建设的信息化教学环境有独特的优势，它便于教师监控和指导，便于学生的个性化学习，为教学活动提供了新型教学空间，因此它可以促进自主学习、混合式学习、翻转课堂等新型教学方式的发展。

二、信息化教学环境的特点

信息化教学环境为教学提供了多种新型手段和形式，以多媒体计算机为主的现代教学媒体逐步应用到了各级学校的教学活动中。这一变化也带来了传统教学媒体无法具备的特性，如资源丰富、打破时空界限、跨平台传输，能够促

进师生角色转变,实现个性化学习、协作式学习,有利于创新精神的培养和信息能力的发展。具体来说,信息化教学环境的特点如下:

(一)资源丰富

信息化教学环境为教学提供了更加丰富多彩的知识来源,教师和课本不再是学生获取知识的仅有来源。多媒体计算机以及全球互联网的设置为学生创建了一个浩如烟海的资源库,各种类别的信息应有尽有,极大地拓宽了学生可以查找的信息范围。同时,多媒体的出现也改变了过去仅有纸质教材的知识载体形式,音频、视频都成了知识的载体,让学生在学习的过程中可以充分调动多种感官。另外,在用这些新型载体呈现知识时,往往会让内容更加生动形象,从而减轻学生的认知负荷。

(二)打破时空界限

信息化教学环境打破了时间和空间的界限,学生可以在不同的时间、不同的地点来学习同样的课程,这就为学生的学习带来了更大的自主性。从时间方面来看,学生可以自主选择学习的时间。现代教育技术手段提供了各种形式的录播环境,教师可以在空闲的时间把课程录下来,让学生摆脱了过去必须实时听课的时间束缚,不仅方便了学生的随时学习,而且可以让教师观看自己的教学视频,从而查缺补漏,形成更优质的教学资源。从空间方面来看,现代教育技术手段提供了远程传输交互的功能,学生无须和教师处于面对面的状态,通过网络平台的一些实时交流功能,可以完成教师和学生之间的反馈,实现和传统环境下教师和学生面对面交流一样的效果。

(三)促进师生角色转变

信息化教学环境使教师的作用不再仅是向学生传授知识,还需要培养学生获取知识的能力,指导学生的学习活动,促进学生主动思考、主动探索、主动发现,从而让学生真正成为学习的主体。在整个教学过程中,教师借助各种多媒体设备组织学生开展多样化的趣味学习活动,让学生感受学习的乐趣,进而喜欢上学习,让学生从内部动机出发去学习,这样也更能提高学习的效率。

(四)自主学习,有利于个性发展

信息化教学环境中,计算机网络的交互性为学生进行个别化学习提供了可能。学生可以通过各种电子设备上的网络学习平台自主学习,根据自己的需求和特点选择适合自己的网络课程,在观看网课的过程中也可以通过平台的通信功能随时与教师和同学交流。在教育技术构建的学习环境下,学生可以逐步摆脱传统的以教师为中心的模式,明确自己的发展方向,利用多媒体设备呈现的学习内容进行深度学习,从而促进自身的个性化发展。

(五)提供合作平台,发展协作式学习

当今社会正在不断强调合作精神与意识。信息化教学环境中,计算机的网络特性为学生合作精神的培养提供了便利，协作学习平台可以让同一班级、同一学校、不同学校甚至不同区域之间的学生与学生、学生与教师之间共享资源，并达成一定的共识，顺利完成针对某一学习主题或某项研究项目的协作学习。在网络的协助下，学习者通过伙伴、协同、合作、角色扮演等不同形式来参与学习，这既有利于学生对问题的深化理解和知识的掌握运用，也有利于促进学生认知能力的发展、合作能力的提升以及良好人际关系的形成。

（六）有利于创新精神的培养和信息能力的发展

传统教学环境下，学生的知识通常是从教师和教材那里来获取的，而知识的呈现形式通常是单一枯燥的文字，极大地限制了学生创新思维和操作能力的发展。在信息化教学环境中，多媒体的超文本特性与网络特性的结合，为学生收集数据、分析资料、加工信息等能力的培养营造了理想的环境。并且，各类教学环境中接入的互联网是世界上最大的资源宝库，它拥有最丰富的信息资源，学生可以通过互联网见识到来自各地的文化，了解各种新奇超前的科技发明，极大地开阔视野，在不断增长见识的过程中逐步更新发展自己的知识结构，这样就为学生创造性思维、发散性思维的发展奠定了深厚的知识基础。

三、信息化教学环境的构成

良好的信息化教学环境是实现教育跨越式发展的强有力保障，是现代化教育发展的必然趋势。信息化教学环境主要由信息化硬件环境、软件环境、人文环境三部分构成，只有这三部分同步向前推进，才能营造优质的信息化教学环境，从而真正实现教育信息化。

（一）信息化硬件环境

信息化教学硬件环境是教育现代化的基础，是开展现代教育技术工作的前提和条件。而信息化教学硬件环境的建设是一项复杂的系统工程，牵涉到学校建设的各个环节，主要包括校园网、电子阅览室、多功能网络教室等基础设施的设计与建造。

1. 校园网

校园网是为学校师生提供教学、科研和综合信息服务的宽带多媒体网络，通常是指利用网络设备、通信介质和适宜的网络技术与协议以及各类系统管理软件和应用软件，将校园内的计算机和各种终端设备有机地集成在一起。此外，为了与外部信息进行交流与共享，校园内所形成的集成网络会通过防火墙与外部的网络连接，为实现教学资源的共享提供必要的、高速的信息网络，为教学、科研、管理的网络化奠定基础。

2. 电子阅览室

电子阅览室是指以计算机技术、网络通信技术、多媒体技术为基础，集电子型文献阅览、咨询、培训、服务为一体的现代化多功能阅览室，是高校师生增长知识、拓宽视野、获取信息资源的重要场所。电子阅览室中配置了计算机、打印机、平板电脑等多种常用电子设备，满足了广大师生对电子设备的需求。另外，电子阅览室的出现也可以看作是电子计算机技术在图书馆领域的应用成果，利用现代教育技术手段，对各种数字资源进行系统管理，提供了更加多样便捷的信息服务方式，能够让师生在更短的时间内检索到更精准、更有效的电子图书资源。因此，各高校应在图书馆中广泛应用新兴多媒体技术，以便向师生提供更加全面、系统、规范的资源服务。

3.多功能网络教室

多功能网络教室是现代教育教学中较为常见的一种教学环境，其集成了多种多媒体教学设备，如投影仪、录音机、摄像机、展示屏、计算机等，再将其连接到校园网中，就构成了多功能的网络教室。目前，各种多功能网络教室(如多媒体教室、智慧教室、虚拟演播室等)的建设已成为信息化教学环境构建的主要工程之一。此类教室的创立不仅为实施现代化教学提供了便利的开展环境，也为教师创作教学资源提供了强有力的支持。例如，在多媒体教室或智慧教室中，教师可以利用多种媒体组合教学，同时调动学生的视觉、听觉、触觉等多种感官，从多角度分析思考，使教学过程更加符合学生的认知结构，降低学生的认知负担，从而提高教学效果。另外，虚拟演播室为教师录制教学视频资源创造了便利的环境。

(二)软件环境

一个完整的信息化教学环境仅有硬件的支持是不够的，还必须有软件的支持。信息化教学软件环境主要包括各种教学系统平台(开发、存储、应用等)、网络教学资源库、管理平台、信息标准体系等。从发展的角度看，软件环境比硬件环境起着更大的作用，如果把硬件比作“道路”的话，软件可以看作是在其上运行的“车辆”，有了软件的支持才可以实现各种教学功能。因此，为了使信息化教学环境真正有效地服务于教学，必须搞好软件资源配置。

1.教学系统平台

教学系统平台包括开发、存储与应用平台，是师生实施网上教学与学习时的主要场所。该平台可以为教师展示多种课程设计优秀案例，为教师进行教学设计提供指导。平台上也可以集成多种课件制作软件，满足教师对文本、音频、视频等教学资源的制作需求。除此之外，教师还可以在平台上指导学生学习，检查学生的作业，及时给予反馈并作出多元化评价。学生则可以在平台上直接获取各种信息资源，不仅是一些专业学科知识，各种专业领域的知识也应有尽有。教学是一个双向交流的过程，教学系统平台也为教师和学生的交流提供了很好的连接方式，如视频会议、音频会议、留言板等。教学系统平台还支持学生的个性化学习和协作学习，促进了新时代新型学习方式的发展。

2. 网络教学资源库

拥有丰富且高质量的教学资源是教学正常展开所必须具备的条件，在促进教育教学发展，提高教育教学效率方面发挥着极其重要的作用。网络教学资源库的建设以资源共建共享为目的，以供应精品资源和辅助网络教学为核心，是集资源分布式存储、资源管理、资源评价、知识管理为一体的资源管理平台。优质的教学资源不仅包括学生所需要获取的一些知识，而且还包括能够帮助教师更好地设计开发教学方案、课件等资源的内容。网络教学资源库将各种资源分类系统化管理，其所提供的检索目录帮助学生缩小了搜索信息的范围，极大地节省了学生查找资源所用的时间，为学生的资源检索提供了助力。因此，教学资源库应该包罗各种类型的信息资源，以满足不同学习者的需求；在保持资源数量的同时也必须注重资源的质量，还要及时更新系统以保证资源分类的准确性，这样才能真正发挥网络教学资源库对教学所起的重要作用。

3. 管理平台

"三分技术，七分管理"，系统的正常运行离不开管理的规范化。拥有健全的管理规范来维护整个教学过程的展开，是信息化教学环境正常运作的重要要求。这就好比道路、车辆等运送货物所需的物质都齐全的时候，还必须制定相应的交通法规来维护通行秩序。校园信息化教学环境的管理平台是针对一系列工作特点而量身定制的，方便了广大师生在校园内或者通过互联网在任何有计算机网络的地方共享高质量资源。通常，管理平台具备教育基础信息的收集、查询、统计与分析功能，通过计算机网络系统可以直接将学校的各类信息传送到教务处的数据库中，实现教育信息传递、处理、分析、查询的自动化。另外，管理平台记录了整个信息化教学环境中教师和学生的活动情况及教学资源的流动情况等，通过对整个环境的资源流量进行分析，可以合理地安排各种资源的配置，从而保证教学系统的正常运行。

（三）人文环境

除了硬件环境和软件环境之外，信息化教学环境还有一个组成部分——人文环境。该部分包含的范围广，涉及的内容多，而且对学生的言行举止有着重要的影响。如果没有良好的人文环境氛围，再好的软硬件环境条件都难以发挥促进素质教育的作用。信息化人文环境主要包括教育政策法规、学习氛围、师资队伍、现代教育思想、理念和意识等。积极向上的人文环境可以营造正确的学习导向，从而有利于整个社会树立正确的学习观。

1. 政策法规

教育信息政策是国家或某地区为了保证教育信息化的正常开展而制定的

方针、措施和行为准则,它对教育系统中各个元素的运行起着导向、调节、规范和干预作用。教育信息法规也是为了促进教育信息化而由国家或地区制定的,只不过它主要是规范教育资源在教学系统中流动时所产生的各种利益、安全问题。总之,教育信息政策与法规的制订均是为了推进信息技术与资源等在教育领域的应用,而信息化环境的有序运行也需要政策法规来维护。

2.学习氛围

除了教师的言传身授以及各种教育资源外,校园内的文化建设对学生也有重要的教育意义。利用现代教育技术手段构建数字化校园,需要致力于创建积极向上的校园文化环境和教室文化环境。优雅和谐的校园环境给学生提供了一种安静祥和的学习氛围,静谧的校园中夹杂着郎朗的读书声,无形中就会带动所有师生奋发向上的意愿。在这种舒适又催人奋进的环境下,学生的学习、审美情趣、心理素质等多方面都会得到发展。

3.师资队伍

师资队伍是信息化教学环境的重要组成部分,是推进教学、实施教学、提高教学效率等工作的中坚力量。如果培养不出一支具备良好信息素养和技术技能的教师队伍,那么期望我们的教育培养出高质量的信息化人才只能是一句空话。因此,教师作为影响教育教学最重要的因素之一,对教师的培训也应经常化、全面化,采用多样的形式,注重培养教师的自主学习意识,让教师紧跟时代发展步伐,及时更新教育观念,努力获取新的知识,从而逐步培养形成一流的师资团队。

第二节　多媒体教室

学校开展信息化教育离不开数字化的场所。多媒体教室是学校开展信息化教学活动的物理空间,是学校数字化基础设施的重要组成部分。本节将对学校常用的多媒体教室、多媒体网络教室等常规的数字化教学场所进行简要阐述。

一、多媒体教室的概念

(一)多媒体的含义

多媒体可以理解为各种直接作用于人感官的文字、图形图像、动画、声音和视频等各种媒体的统称。多媒体技术是把上述多种媒体信息结合在一起,通过计算机进行综合处理和控制,能支持完成一系列交互式操作的信息技术。

(二)多媒体教室的含义

多媒体教室也称“多媒体演示室”,是根据教育教学的需要,将多媒体计算机、投影、录音、录像等教学媒体组合在一起而建立起来的综合教学系统。多媒体教室是学校利用多媒体手段开展信息化教学的最普遍的教学场所，适用于各类课程的教学。

二、多媒体教室的功能

多媒体教室一般具有以下基本功能：

一是与校园网络、国际互联网连接，教师能够方便地调用丰富的网络教学资源，实现网络联机教学。

二是能够将教学内容直观、形象地呈现出来，并同时作用于学生的多个感官。

三是通过计算机进行集中控制和管理，能够根据教学需要，随时呈现教学内容及相关信息。

四是能够提供多种人机交互方式，操作简单方便。

三、多媒体教室的基本构成

（一）系统构成

多媒体教室通常是由多媒体计算机与各种视频和音频设备组成的，由中央控制系统集成控制，其结构框架如图 2-2 所示。

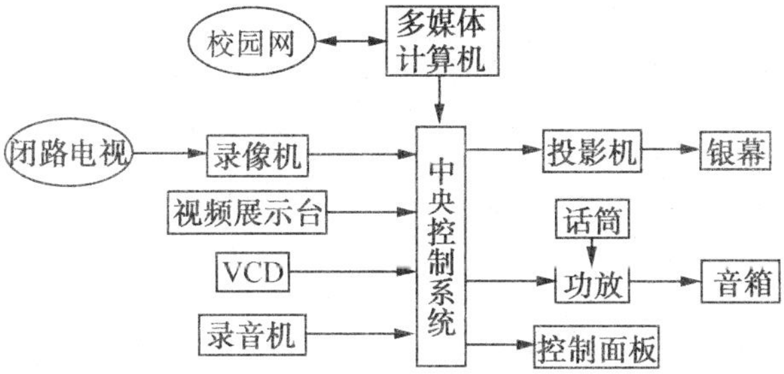

图 2-2　多媒体教室结构框架

（二）主要设备

多媒体教室的主要设备包括中央控制系统、多媒体计算机、投影机、视频展示台、银幕、电子白板。

1. 中央控制系统

多媒体教室中的全部媒体设备都由中央控制系统集中管理控制，集成了红外线遥控模块、音频切换模块、视频切换模块、视频图形阵列（VGA）切换模块和电源管理模块。其中，红外线遥控模块控制投影机、影碟机、录像机、展示台等影音设备和遥控窗帘、空调等环境设备；音频/视频信号切换模块完成相应信号的切换；VGA 切换模块有两路可以切换，可外接手提电脑；中央控制主机通过串口和多媒体电脑、控制面板通信，一些中央控制系统还具备远程控制、状态反馈的网络型集中控制系统，该系统可将多媒体教室重要设备的运行状态实时地传送到主控进行监控管理，并且可以对教室的设备进行远程控制。目前，中央控制系统管理下的多媒体教室设备大都采用"一键开/关"机，操作方便。

2.多媒体计算机

多媒体计算机是多媒体教室的核心设备，多数时间处于多任务工作状态，所以在选购时就应该优先考虑稳定性和兼容性俱佳的品牌电脑。由于多媒体教室的计算机要适合不同课程的教学，所以在配置软件的时候要兼顾不同课程的需要。多媒体计算机的构成及外围设备如图 2-3 所示。

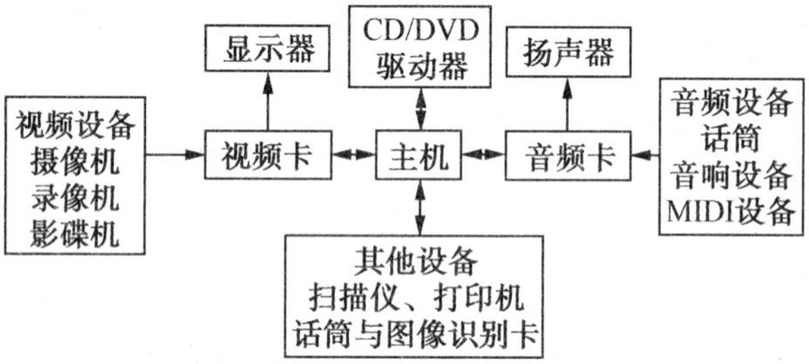

图 2-3 多媒体计算机的构成与外围设备

3.投影机

投影机是整个多媒体教室中最重要的设备之一，它连接着计算机系统、所有的视频输出系统及数字视频展示台，把视频、数字信号输出显示在大屏幕上。目前，根据投影技术的不同，投影机主要可以分为三类：显像管(CRT)投影机、数字光处理(DLP)投影机和液晶(LCD)投影机，三者各有优劣。

CRT 投影机的技术比较成熟，显示的图像色彩丰富，还原性好，但其图像分辨率与亮度相互制约，直接影响了亮度值。DLP 投影机的画面质量较高，尤其在播放动态视频时图像流畅，形象自然，数字图像还原真实精确，但是在图像颜色的还原上不及 LCD 投影机。LCD 投影机的成像器是液晶板，采用被动式的投影方式，其基本原理就是利用 LCD 液晶模组来调变由光源射出投影至银幕的色光。LCD 投影机的投影画面色彩还原真实鲜艳，色彩饱和度高，光利用率很高。液晶投影机是目前市场上 LCD 投影机的主流产品，其机体体积小、重量轻、亮度高，实现相应的连接后，可同步显示计算机显示器显示的内容，同步显示实物展示台的教学资源(文字、图片、实验操作等)。

4.视频展示台

视频展示台又称"实物展示台"，其基本工作过程是：利用一个摄像头将展示台上的景物转换成视频信号，再通过电视机或投影机播放。常见的视频展示台主要有两种类型：一种是双侧灯台式视频展示台，其双侧的灯用于调节视频展示台所需的光强度，便于最佳地显示展台上的物品；另一种是单侧灯台式视频展示台，其单侧灯同样用于调节视频展示台所需的光强度，且不同展示台单侧灯的位置各不相同，但不影响教学效果。

5. 银幕

银幕是投影画面的载体，可分为正投银幕（反射型）和背投银幕（透明型）两种。正投银幕不受尺寸限制，但受环境光线的影响较大；背投银幕的画面整体感较强，且不受环境光线的影响。目前，使用比较普遍的有白基布银幕、金属银幕和玻璃珠银幕，目前多媒体教室大都使用电动升降的玻璃珠银幕，玻璃珠银幕有一定的方向性，但有效散射视角大于金属银幕，亮度高，成像清晰，视角范围介于白基布银幕与金属银幕之间。银幕尺寸的选择主要取决于使用的空间面积及学生座位的数量、位置的安排等因素，要保证后面的学生能清晰地看到画面和文字。

6. 电子白板

电子白板是建立在大小接近黑板的普通白色书写板的基础上的电子设备，是一种与计算机及投影仪相连接的、具有触控感应功能的白板，如图 2-4 所示。投影仪将计算机屏幕上的图像投映到白板上，在专门的应用程序的支持下，可以构造一个大屏幕、交互式的协作会议或教学环境，使用者用手指或感应笔触碰白板就可以对计算机进行操控。

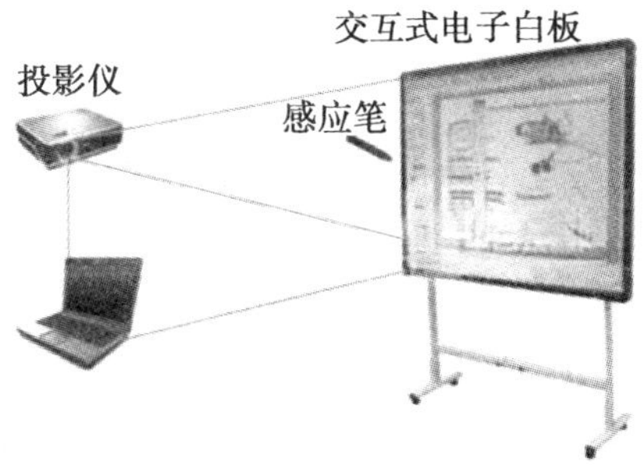

图 2-4　交互式电子白板

四、多媒体教室的类型与结构

多媒体教室常分为三种类型，即简易型多媒体教室、标准型多媒体教室和多功能型多媒体教室。

（一）简易型多媒体教室

简易型多媒体教室主要由多媒体计算机、视频展示台、多媒体投影仪、银幕等设备组成，利用多媒体投影仪将来自多媒体计算机或视频展示台的信息投影到银幕上，其特点是设备少，综合功能强，操作简单。

（二）标准型多媒体教室

标准型多媒体教室跟简易型相比，其主要设备通过多媒体集成控制系统（又称中控系统）连成一体，多媒体计算机、投影机、视频展示台、录像机、影碟机、录音机等视音频信号可直接输入输出，并通过控制面板统一操控，整个系统可与校园电视系统或计算机网络连接。标准型多媒体教室是目前应用得最多的一类多媒体教室，其设备及连接如图 2-5 所示。

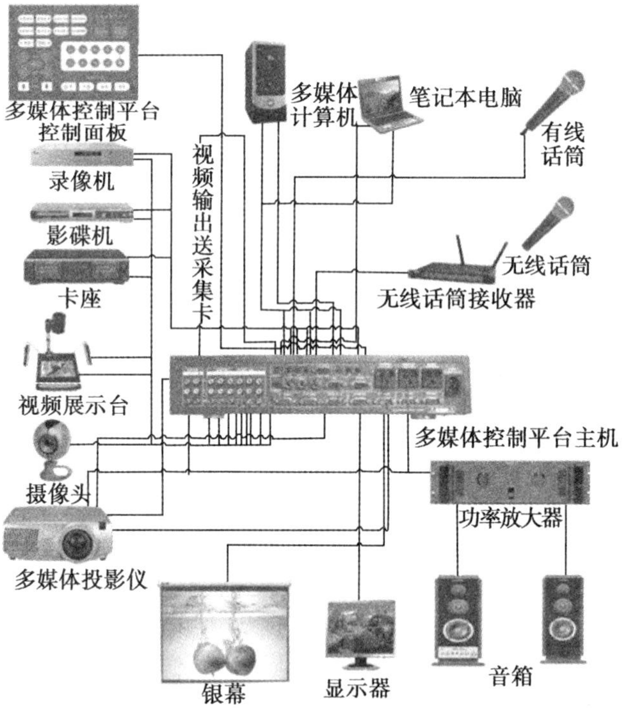

图 2-5　标准型多媒体教室的设备及连接

标准型多媒体教室从功能上看主要由多媒体显示系统、A/V 系统、智能型多媒体中央控制系统三部分构成。

1. 多媒体显示系统

多媒体显示系统由高亮度多媒体投影仪和银幕构成，用于实现对各种图文信息的大屏幕显示。

2. A/V 系统

A/V 系统由多媒体计算机、DVD 播放机、录像机、视频展示台、功率放大器和音箱等视频和音频设备构成，能够完成对各种视频和音频信息的播放，实现多媒体教室的现场扩声、播音，以及配合大屏幕投影系统提供优良的视听信息。

3. 智能型多媒体中央控制系统

智能型多媒体中央控制系统是整个多媒体教室的核心，可以实现对多媒体教室中各种设备的集中控制。

（三）多功能型多媒体教室

多功能型多媒体教室在标准型多媒体教室的基础上增加了摄录像系统和学习反应信息分析系统。所谓“摄录像系统”，就是在教室内装配 2～3 台云台摄像机，拍摄师生的教学活动过程，然后把摄像信号传送给中心控制室供记录和存储；或者同时传送到其他教学场所供观摩，从而扩大了教学规模。学习反应信息分析系统使学生能够利用座位旁的按键对教师提出的问题作出选择性的回答，然后通过计算机收集和分析学生的学习反应信息，使教师能够及时了解学生的学习情况，从而更有针对性地开展教学活动。

五、多媒体网络教室

多媒体网络教室又称“网络机房”，是指分布在一间教室内用于课堂教学的计算机局域网络，其拓扑结构如图 2-6 所示。它利用网络技术和多媒体技术将多台计算机及相关的网络设备连接起来，为提高教学质量、构建协作化学习环境打下了良好的技术基础。

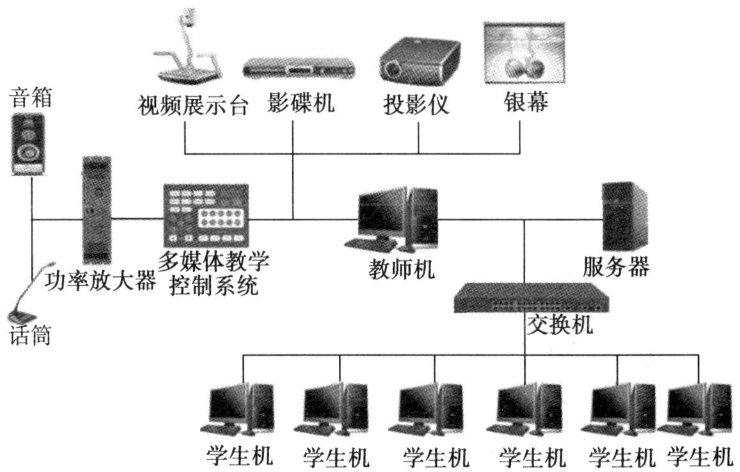

图 2-6 多媒体网络教室的拓扑结构

多媒体网络教室的构成如下：

（一）计算机网络系统

多媒体网络教室的计算机网络系统是一个小型局域网络，通常采用星形网络拓扑结构，它可以与校园网或互联网连接。该系统包括服务器、教师机、学生机、交换机或路由器等设备，这些设备通过双绞线连接起来。其中，服务器可以使用高性能的个人计算机,也可以使用普通的个人计算机服务器。教师机经常处于多任务工作状态,因此在性能方面的配置应高些。此外,服务器还应该安装代理服务器软件,使学生机可以通过服务器访问校园网或互联网,这样既增强了网络的安全性能,又可以对网络进行数据流监控、过滤、记录和报告等管理。

(二)多媒体教学控制系统

多媒体教学控制系统的主要功能是控制各种音频、视频信号和教学控制信息的传输,使多媒体网络教室的功能得以实现。目前,市场上的多媒体教学控制系统种类繁多,按照信号的传输方式,可以将多媒体教学控制系统分为三种类型:纯硬件型、纯软件型和软硬件结合型。

1.纯硬件型多媒体教学控制系统

该系统需要为每台计算机安装多媒体卡,而且还要在各台计算机之间铺设专用的传输路线以传递各种音频、视频信号和教学控制信息。另外,需要为教师机配备专门的控制面板,以实现教学控制功能。由于纯硬件型多媒体教学控制系统用的是专有线路,独立于多媒体网络教室中的局域网环境,不占用计算机系统资源,因此对计算机的配置没有特殊要求,安装简单,即插即用,不论在其上运行何种多媒体教学软件,介入何种多媒体节目源,都不存在兼容性问题,故而这类系统受到了普遍欢迎。但是,由于其功能全部依赖硬件实现,因此相对来说这类系统的价格较高并且升级困难。

2.纯软件型多媒体教学控制系统

该系统是通过在每台计算机上安装专用软件实现教学控制功能的。教师机上的软件和学生机上的软件功能是不同的,安装时要进行区分。这类系统无须配备额外的硬件设备,而且它直接在局域网上运行,也不需要专门布线,因此成本低,易升级。但是,这类系统一方面对网络设备的要求较高,因而会加大设备采购费用;另一方面对局域网有很强的依赖性,一旦局域网出现故障,教学活动就会被迫中断。此外,这类系统在教学活动中无法避免学生机有意退出教学状态进入自由状态的情况发生,会使教师的监控能力降低。

3.软硬件结合型多媒体教学控制系统

该系统介于上述两类系统之间,其特点是把各类音频、视频信号和教学控制信号分开传输,音频、视频信号依靠专门的硬件传输,而教学信息控制依靠软件实现。这类系统将音频、视频信号交给特定硬件处理,可以大大节省计算机系统资源,提升运行速度;而实现教学信息控制的软件部分的设计也大大简单化,使系统使用起来更加方便。同样,这类系统对局域网有很强的依赖性,一旦局域网出现故障,教学活动就会被迫中断。

第三节 智慧教室

在“互联网+”思维下，学校如何进一步促进教学模式的转变，进一步促进教育信息化的发展，是时代赋予教师们将信息技术与教育融合创新发展的机遇。因此，构建学习环境是实现教与学方式变革的基础，智慧学习环境是信息技术发展的必然结果，对教与学有着革命性的影响。智慧教室是教室信息化建设的最新形态，是一种典型的智慧学习环境。构建智慧教室是教育信息化背景下学生对学习环境发展的诉求，是实现教与学方式变革的支撑条件，也是各学校促进教学发展的新理念、新模式、新趋势。

一、智慧教室的概念

智慧教室在概念上包含智慧学习环境、智慧教育和智慧教室三部分。

（一）智慧学习环境

自 20 世纪 90 年代中后期我国开始大力推进教育信息化以来，许多地区的中小学校已从早期主要关注教育信息化的软件和硬件设施建设和教学资源开发的数字化教育建设阶段，转入以智慧教室和智慧校园建设为标志的智慧教育阶段。这两个阶段的最大区别在于学习环境有了根本性改变——由数字化学习环境变成智慧学习环境。

智慧学习环境具有记录学习过程、识别学习情景、连接学习社群和感知物理环境这四大特征，这四大特征对实现教与学过程中的智能决策，学习资源的智能推送，教与学效果的智能评价以及个别化教学都是至关重要、不可替代的。

（二）智慧教育

智慧教育是当代教育信息化的新境界、新诉求。智慧教育主张借助信息技术的力量，创建具有一定智慧的（如感知、推理、辅助决策）学习时空环境，旨在促进学习者的智慧全面、协调和可持续发展，通过对学习和生活环境的适应、塑造和选择，以最终实现对人类的共善（对个人、他人、社会的助益）。智慧教育是素质教育在信息时代、知识时代和数字时代的深化与提升，是培养面向 21 世纪创新型人才、智慧型人才、实践型人才的内在需求。

（三）智慧教室

在传感技术、网络技术、多媒体技术及人工智能技术充分发展的信息时代，教室环境应是一种能优化教学内容呈现，便利学习资源获取，促进课堂交互开展，具有情景感知和环境管理功能的新型教室，这种教室被称为“智慧教室”。也就是说，智慧教室是基于移动互联网、物联网、云计算和大数据等新兴信息技术，构建一个以互动为核心，提供个性化师生服务，进行智能化管理，实现多元化交互教学的物理环境与虚拟环境相融合的学习环境。

二、智慧教室的特征

立足于教学活动需求，提供智慧化的应用服务是智慧教室的核心使命，达成最优化的教学效果是智慧教室的终极目标。区别于以往的多媒体教室和网络化教室，智慧教室的主要特征体现在以下几个方面：

(1)教材多媒体化，即提供智能和丰富的学习教材，开发学生潜力，并提高学习效果。

(2)资源共享化，即建立泛在的学习资源环境，有效拓展学习时空，并且与校内外资源系统无缝整合，实现数据互通、资源共享、个性化推送等，突破传统课堂的边界。

(3)教学多样化，即提供便捷、自然、友好的人机交互以及高效的信息获取途径，实现以学生为主体的多种教学模式，从而提高学习、讨论和协作的效率。

(4)学习个性化，即提供方便、快捷的学习服务和学习分析技术，实现线上和线下、正式学习和非正式学习的结合，为每位学习者提供个性化学习的条件。

(5)活动协作化，即学生在课堂上不仅能听、能看，更能与老师和同学进行互动、交流，使学生有更强的参与感，使教学活动更具有协作化，充分调动整个课堂的活跃气氛。

(6)网络泛在化，即通过泛在网络将信息空间与物理空间实现无缝对接，实现任何时间、任何地点、任何人、任何物都能顺畅地通信，都能通过合适的终端设备与网络进行连接，获得前摄性、个性化的信息服务。

(7)管理智能化，即对物理环境和设备状态等信息进行实时采集、捕获、分析和处理，管理人员通过可视化界面查看运行状况和进行管理操作，从而实现对教学过程的全方位实时感知、动态控制和智慧管理。

(8)环境和谐化，即构建智慧教室的目标就是建立一个坚持以人为本，使教育的各因素相互依存、相互促进、协调合作，形成完美的教学生态，从而促进学生自我激励、自我成长、自我完善的和谐环境。

三、智慧教室的组成

智慧教室的功能要充分体现智慧教室的特性和特征，其主要功能由内容呈现系统、学习资源系统、教学交互系统、环境感知系统、实时记录系统、在线测试和评价系统和身份感知与识别系统组成。这些系统共用教室内的信息资源和各种软硬件资源，在完成各自功能的同时相互联动与协调。

(一)内容呈现系统

内容呈现系统是智慧教室的重要部分，也是开展课堂教学的基础。设计良好的内容呈现系统可以提高教学内容的传递效果。内容呈现系统包括交互演示子系统、虚拟现实子系统，通常由黑板、交互式电子白板(双板)、移动终端、电子书包、虚拟设备等组成，其基本功能如下：

(1)呈现教师的演示文稿、教学软件、操作过程等。

(2)呈现学生移动终端或者电子书包上的内容、作品以及操作过程等。

(3)呈现师生与学习资源之间互动的内容。

(4)呈现教师与学生互动的内容。

(5)实现虚拟教学环境，模拟出现实物理环境难以实现的虚拟教学环境。

(二)学习资源系统

学习资源系统通常由电子书包、课堂教学资源、学习过程记录、云服务平台等构成，可实现上传教师开发的教学资源、同步学生终端内的学习资源、录制师生上课过程、存储教学过程等功能。

(三)教学交互系统

教学交互系统是课堂教学过程中师生、生生交互的支持系统，通常由各种学习终端、云服务平台组成，可实现师生、生生间的互动，小组讨论、学习，学生个人探究，记录学习过程等。交互式电子白板由于其特有的“交互”功能，也已逐渐成为构建多媒体交互教学环境的主要载体，是教学交互系统中重要的学习终端。

(四)环境感知系统

环境感知系统主要由温度、气体成分、压力、光线相关的传感器组成，这些传感器根据预设的理想参数，自动调节百叶窗灯具、空调等相关设备，将教室内的声、光、温、气调节到适宜学生身心发展的状态。该系统主要表征智慧教室对物理环境和学习行为的感知能力，目的在于为学生营造一个健康、舒适的学习环境。

(五)实时记录系统

实时记录系统主要是在学校已有的录播系统上增加记录学生学习轨迹与教师教学轨迹的功能。教师通过对教学视频进行分析，反思教学过程，撰写反思日志，从而为教师教学决策和学生自主学习提供参考和有效的数据支持。

(六)在线测试和评价系统

在课程教学之初和课程学习结束之时，可以利用在线测试系统对学生的预习情况和本堂课程的学习情况进行测试，测试结果通过学习支持系统的后台运算，可以及时获得测试分析结果。另外，教师可以利用即时反馈系统在教学过程中随机出题进行意见征集和应答反馈，以收集学生对某一具体内容和问题的观点或掌握情况。反馈结果可以及时呈现，便于教师及时调整自己的教学内容或过程。

（七）身份感知与识别系统

在智慧教室中，利用射频识别、人体识别系统等传感装置，可以按约定的协议对教室里师生的出入情况进行记录，把各种设备连接起来并进行信息交换，实现智能化识别和感知。

四、智慧教室的类型

当前，常见的智慧教室主要有“高清晰”型、“深体验”型和“强交互”型三种典型类型，对它们的比较如表 2-1 所示。

表 2-1　　三种类型智慧教室的比较

	教学模式	空间布局	内容呈现	资源获取	即时交互
“高清晰”型	传递-接受	以“秧苗式”座位布局为主	双屏显示、无线投影	支持讲授的教学资源和工具	以师生交互为主
“深体验”型	探究型	多种布局均可	学生的计算机或移动设备	丰富的教学资源和教学工具，全面支持各种终端接入	以生机交互为主
“强交互”型	小组协作	以“圆形”座位布局为主	小组的计算机或移动设备	支持小组协作的资源和工具	以终端支持的生生交互为主

（一）“高清晰”型智慧教室

“高清晰”型智慧教室更多地应用于“传递-接受”式教学模式，该教学模式的产生背景和奥苏贝尔（D. P. Ausubel）提出的“有意义接受学习理论”有直接的关系。这一理论认为，学生的学习主要是接受学习，而不是发现学习，即学生主要通过教师讲授和呈现的材料来掌握前人的知识与经验。但是，这种接受学习应该是有意义的，而不是机械的，为此，新知识必须与原有认识、原有观念之间建立起适当的、有意义的联系。这一类型的智慧教室如图 2-7 所示，其在空间布局、内容呈现、资源获取、即时交互等方面具有以下特征：

1. 空间布局

支持以教师讲授为主的课堂教学，空间布局以“秧苗式”座位布局为主，对听课人数无明确限制，甚至可以支持几百人同时听课。

2. 内容呈现

可以采用无线投影技术呈现教学内容，支持手势识别的自然交互方式；可以根据教室空间的大小来配置相应尺寸和数量的屏幕，通常情况下，至少配置两块屏幕来呈现教学内容，“双屏显示”能够有效地加强多页面的链接，是智慧教室的标准配置；学生可以使用移动设备等工具记笔记，并将其投射到大屏幕上。

3. 资源获取

支持师生以无线方式获取课程计划、教学内容等相关教学资源；在教学过程中，学生可以利用移动设备等工具记笔记，并实现在线存储。

4. 即时交互

以师生交互为主，其他交互为辅，学生也可以通过移动设备以电子投票、问题反馈的方式进行交互。

图 2-7　“高清晰”型智慧教室

（二）“深体验”型智慧教室

“深体验”型智慧教室更多地应用于探究型教学模式，这种教学模式是指在教学过程中，学生在教师的指导下，通过以“自主、探究、合作”为特征的学习方式对当前教学内容中的主要知识点进行自主学习、深入探究，并进行小组合作交流，从而较好地达到课程标准中关于认知目标与情感目标要求。此类型的智慧教室在空间布局、内容呈现、资源获取、即时交互等方面具有以下特征：

1. 空间布局

支持以“个人探究”为主的课堂教学，空间布局相对灵活，“秧苗式”或“圆形”座位布局均可，理想的班级人数为 40 人左右。

2. 内容呈现

以学生的计算机或移动设备为主，以教室内的无线投影呈现为辅，要求学生每人配备一台计算机或移动设备。学生可以利用计算机或移动设备记笔记或反馈信息，并可以将相应的画面投射到大屏幕上。

3. 资源获取

配有高速无线网络，支持丰富的教学资源和教学工具；全面支持各种终端接入；能够保证基于互联网的虚拟实验、仿真教学等在线资源和学习分析工具被便利地获取和应用。

4. 即时交互

强调以生机交互为主，以师生交互、生生交互为辅，学生可以通过计算机或移动设备，以电子投票、问题反馈的方式进行交互。

（三）"强交互"型智慧教室

"强交互"型智慧教室更多地应用于小组协作教学模式，它是以小组活动为主体进行的一种教学活动，学生之间的互相合作、相互作用是教学活动得以进行的动力和源泉，如图 2-8 所示。此类型的智慧教室在空间布局、内容呈现、资源获取、即时交互等方面具有以下特征：

1.空间布局

这类智慧教室支持以"小组协作"为主的课堂教学，理想的班级人数为40 人左右，空间布局以"圆形"座位布局为主，学生无固定座位，布局灵活，每个小组应至少配备一台计算机或移动设备。

2.内容呈现

支持小组使用计算机或移动设备讨论问题、绘制思维导图等，其内容呈现以小组的计算机或移动设备为主。教室中也可以配备双屏或多屏显示教学内容，其中至少有一块具有触控功能的屏幕或交互式电子白板，供教师或学生面对全班同学展示。

3.资源获取

支持以无线方式传输小组协作的资源和工具，网络的数据传输速率以不影响小组协作为宜。

4.即时交互

这类智慧教室特别强调计算机和移动设备等终端支持的生生交互，小组完成学习任务主要依靠小组讨论，讨论的结果能够以投影的方式投射到大屏幕上。

图 2-8 "强交互"型智慧教室

第四节 虚拟演播室

虚拟演播室是指将计算机制作的虚拟三维场景与摄像机现场拍摄的人物活动图像进行数字化的实时合成，使人物与虚拟背景能够同步变化，从而实现两者的融合，以获得完美的合成画面，如图 2-9 所示。

虚拟演播技术是指将摄像机拍出的真实景色与计算机合成的虚拟背景相融合,从而产生虚拟现实效果的技术,也可称为“电子布景系统”。其使用了计算机图像处理技术、人工智能、三维图像等技术,克服了实体演播室空间和道具布景的局限性,能够更有效地利用资源。

图 2-9　虚拟演播室的效果

一、虚拟演播室的特征

(一)虚拟演播室不受时间和空间的限制

虚拟演播室可以在固定的场所内,通过计算机设计出各种三维场景,而不会因为天气等原因拖延视频的制作过程。

(二)虚拟演播室可节省人力、物力、财力

使用虚拟演播室制作视频,省去了搭建和拆卸道具和场景的时间和人力,使制作成本降低,制作周期缩短,满足了大多数制作人的要求。

(三)虚拟演播室增加了人们的想象空间

虚拟演播室拓宽了编创人员的想象空间,可以使编创人员的创作思维任意驰骋,将编创人员的创作思维活动发挥到了极致。

(四)虚拟演播室能够随时更改、反复利用

虚拟演播室可以使用计算机随时进行场景的修改和重建,甚至可以反复使用,视频的录制不再受地域的限制。在不同地域,同一个节目还能够同时进行。

二、虚拟演播室的基本结构

虚拟演播室是一套由计算机软件、主机、现场摄像机、摄像机跟踪器、图形图像发生器、色键器以及视/音频切换台构成的节目制作系统。下面将重点介绍虚拟演播室常用的设备。

(一)虚拟演播室绿色实景现场

虚拟演播室与传统演播室大不相同,它是以计算机三维动画虚拟出的场景取代道具实景为主要特征。摄像机所拍摄的现场已不是一般意义上的被拍摄者活动的地方,而是虚拟画面应用空间的组成部分,它的实际意义仅仅是其空间场地尺寸的大小。以微课拍摄为例，如图 2-10 所示，现场所有布景全部由单一的背景色所取代，以作为将来抠像的基准色；图像的前景是不同机位的摄像机拍摄到的教师的画面素材；教师所在的实景现场的全部绿色区域将被合成到计算机三维动画生成的虚拟场景中。

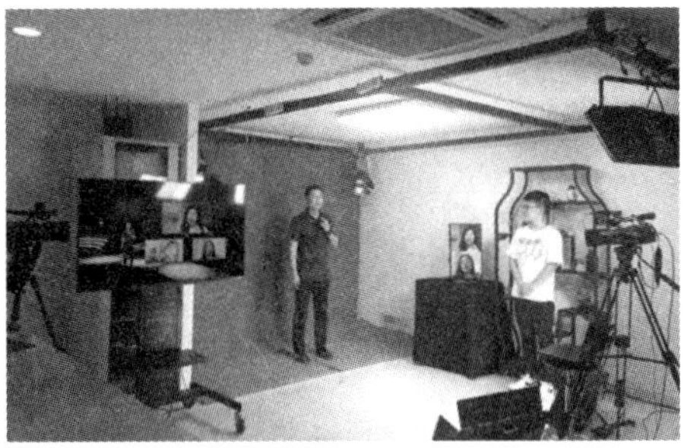

图 2-10　高校虚拟演播室的效果图

(二)虚拟演播室专用摄像机

虚拟演播室专用摄像机的数量通常为 2～3 台。与传统摄像机不同的是，虚拟演播室专用摄像机除了镜头和云台以外，还配有运动检测和识别系统，即摄像机跟踪器，其跟踪系统有光学识别系统和机械传感式系统两种。

以 E & S 公司的 Minse 200 机械传感式系统为例，其原理是将检测到的摄像机的推、拉、摇、移、聚焦、变焦乃至升降等传感器部位的运动数据通过一个称为“传感器”的装置，将校准数据通过 RS-422 接口输送到计算机中。这样，现场摄像机与虚拟演播室中“虚拟”的摄像机被相对地锁定在同一个位置上。当现场演播室摄像机运动时，虚拟摄像机受跟踪器的控制，可以实时地与现场摄像机保持同步。

(三)虚拟演播室的计算机

虚拟演播室系统配备的计算机既有基于 Windows NT 系统平台的个人计算机，也有基于 Unix 系统的图形工作站。虚拟演播室系统像一个小型计算机网络，主机为网络中心，它是虚拟演播室的控制中心，是虚拟演播室节目制作的“导演台”。它除了调用和调整事先做好的三维虚拟场景外，还负责向图形发生器传输图像数据及处理由摄像机跟踪器传来的摄像机运动数据。在这里，图形发生器扮演着重要的角色：它根据主机传来的摄像机运动数据，实时向计算机虚拟出三维电脑场景的运动，以保证其输出的虚拟场景与真实的场景同步。需要注意的是，有的图形发生器的运算需要数帧的时间。因此，摄像机拍摄的画面也必须有一个同样帧数的延时，这样才能确保其真实场景与虚拟场景相一致。

三、虚拟演播室的功能

（一）实时渲染

实时渲染主要是指利用通用的三维建模软件，建立场景模型和抠像后的视频以及音频，通过渲染服务器实时地合成最终效果。虚拟演播室应接受3D MAX、MAYA、SOFTIMAGE XSI等通用软件建模，并且支持的模型无须作任何修改，可直接导入虚拟演播室系统中，并和抠像后的实时视频一起合成使用。值得注意的细节是，利用三维软件所建的三维场景物体应有足够多的三角面，否则就很难使场景局部精细，导致给观众呈现一个粗糙的画面，影响画面效果。

（二）多信号导入

为了提高场景中三维网格物体的渲染效率，同时保证系统可靠稳定，虚拟演播室一般都采用渲染工作站和操作控制工作的方式。其操作界面采用集中控制方式，使用一套鼠标键盘，操作者不需识别物理设备，只需在视窗中单击界面菜单，由系统自动执行任务。场景中的各个视觉元素，如物体、贴图、动画、视频、特效等素材导入方便，分类清晰，可随时调用和更换。

（三）色键抠像

色键抠像是虚拟演播室最基本的功能，抠像效果的好坏也是衡量虚拟演播室质量的重要参数，而抠像效果则主要取决于色键。将摄像机拍摄的实时画面中的人物仔细精准地抠出并放到计算机合成的虚拟景象中时，色键抠像功能就显得极为重要。如果把其他无关要素带入虚拟景象，融入效果和真实性都将大打折扣。

（四）即时跟踪

即时跟踪是评价虚拟课堂摄像机调控能力的重要指标之一，如果不能做到高质量地即时跟踪，那么前景与背景必然会产生脱节或停顿，给人以前后不协调的感觉，甚至出现明显的失真影像，同时，对于色键抠像和融合都带来了比较大的困难。另外，即时跟踪的效果也会影响摄像机拍摄的真实情景与计算机设计的虚拟景象的合成真实性。

四、虚拟演播室的分类

虚拟演播室的分类多种多样，按照不同的标准可以有不同的分类。比如，按照硬件平台来分，可以分为基于个人计算机平台的虚拟演播室系统和基于Unix平台的虚拟演播室系统；按照摄像机跟踪技术的不同来分，可以分为基于机械传感器的虚拟演播室系统、基于图形识别的虚拟演播室系统和基于红外线发射和接收的虚拟演播室系统等；按照通道架构来分，可以分为多通道共用式架构虚拟演播室系统和独立通道架构虚拟演播室系统等；按照工作原理来分，可以分为二维虚拟演播室系统、三维虚拟演播室系统和真三维虚拟演播室系统，这也是最常见的一种分类方法，下面将重点探讨这三种常见的系统。

（一）二维虚拟演播室系统

二维虚拟演播室系统的出发点是能在较低的价位上建立一个简单、实用而且图像质量较高的虚拟演播室系统，这类系统的背景生成装置一般采用图像处理器硬件，对预先渲染好的一幅大图像进行变换。例如，当摄像机靠近前景图像时，在相应运动参数的控制下，图像处理器会产生一个放大的图像，与前景配合。合成之后，前景看上去就好像确实处于图像处理器产生的虚拟背景之中。但由于是二维系统，所以其调用的虚拟背景是预先生成好的图片，主持人或演员就像是贴在一幅背景画上，没有景深和画面层次，因此看起来真实感较差。

二维虚拟演播室系统的优点是摄像机不需要移动，不需要超级计算机，价格便宜，性能稳定；缺点是系统配置很低，功能较少，并且有散焦等问题。所以，二维虚拟演播室系统适用于对节目要求不高，但对时效性要求较高的图片式电视教材的拍摄和制作。

（二）三维虚拟演播室系统

三维虚拟演播室系统区别于二维虚拟演播室系统的最大特点在于其处理的不是一幅预先渲染好的图像，而是在摄像机运动参数的控制下，通过对场景模型的实时渲染，以生成比二维系统具有更好透视关系的三维虚拟场景画面。由于进行三维场景渲染的计算量非常大，因此背景生成装置一般需要采用功能强大的计算机图形工作站（即一台侧重于图像处理的计算机）或专用的高速图形处理器才能满足实时处理的要求。

三维虚拟演播室系统虽然能生成比二维系统具有更好透视关系的三维虚拟场景画面，但由于这类系统不支持前景演员所处深度等方位信息的输入，因此前后景只能通过常规的色键合成技术简单地叠加在一起，所叠加的图像从真正意义上讲主持人或演员是“浮”在虚拟场景画面上的，而不是真正地进入场景中。所以，三维虚拟演播室系统仅适合于新闻、访谈等对时效性要求较高、节奏较快的节目的拍摄和制作。

（三）真三维虚拟演播室系统

真三维虚拟演播室系统除了跟上述三维系统一样，能够实时渲染并生成全三维的场景画面外，最主要的特点是能够支持前景深度等方位信息的输入，并通过改进的色键合成技术实现前后景的无缝合成。由于前后景进行了深度信息的合成，因此可实现主持人或演员能够真正进入虚拟场景的效果。主持人或演员不仅能在场景中各个虚拟物体间自由穿梭，甚至可以进入虚拟物体的内部。这类系统配合虚拟阴影及反射、虚拟散焦等技术，可创造出前两类系统无法比拟的效果。真三维虚拟演播室系统适用于娱乐、小型综艺节目等要求精细、场景要求复杂的节目的拍摄和制作。

五、虚拟演播室的应用

（一）虚拟演播室在高校中的应用

为适应教育信息化和教育教学的需求，满足高校相关专业实习实训、在线课程制作、录制校园电视节目、录制视频节目等的需求，高校虚拟演播室主要应用在以下几个方面：

1. 高校专业实习实训

高校的三大社会职责之一是为社会培养专门人才，虚拟演播室为影视类等专业的学生提供了校内实践的平台。另外，虚拟演播室可以为学校开设的电视节目制作、摄影摄像技术等相关专业课程提供实训服务，还可以为校内有资源建设需求的教师和学生提供演播室录制系统的实践教学培训及实践技能操作，进而丰富相关专业教师和学生的知识，促进专业的资源建设。

2. 在线课程的视频资源建设

目前，线上线下的混合式学习越来越受到教育系统的关注。在线课程质量将直接影响混合式学习效果的好坏，视频资源是在线课程资源建设中的核心环节。传统的录播室已经无法满足在线课程各种不同录制场景的需求，虚拟演播室可以通过三维虚拟场景，虚拟出多机位拍摄、交互式白板、多媒体教室等各种类型的真实场景，实现更加真实、直观的授课场景，实现“一机多能”，多场景通用，既满足各种场景之间的直接切换，也有效降低了学校的人力物力成本。

3. 校园广播电视台

学生在虚拟演播厅开展新闻播报、录制的工作时，可以根据播报主题选择不同的静态、动态背景，丰富整体画面。除了静态播报的形式，主持人还可以与远端小记者进行互动交流，在进行视频播报时可以使用符合场景的背景效果。

4. 视频节目录制

高校虚拟演播室具有承担学校相关视频节目制作的功能，如学校视频资料、专题片、校园新闻、参赛视频等。这些视频素材可以利用虚拟演播室的虚拟场景美化，提升视频节目的艺术性和观赏性。

（二）虚拟演播室在电影或电视中的应用

在电视台的同一个演播室中，每天都要制作多个节目，不同的节目有着各自的风格，演播室的布景理应不同。但是，置办实景不仅花销大、操作复杂，而且浪费时间、劳神费力。而利用虚拟演播室技术制作多套虚拟场景，能够以低廉的成本产生新奇的视觉效果，既便宜又快捷。并且，由于虚拟场景是由计算机制作的，所以可以迅速变化出多种不同的场景。

第五节　在线教学平台

在线教学平台是在线教育的技术承载媒介和实施在线教学的支撑系统，是开展在线教育教学活动的基础条件。它充分利用互联网技术提供的各种条件，突破了时间和空间的束缚，形成了不同于传统面对面授课的全新教育方式。本节将在简述在线教学平台的概念、功能的基础上，分别从同步教学平台与异步教学平台的视角，选取有代表性的在线教学平台，详细介绍其功能、特点与使用方法。

一、在线教学平台的概念

在线教学（即 E-Learning）是以网络为介质的教学方式，也称"远程学习"或"在线学习"。在线教学必须获得一定的工具支持，在线教学平台就是在线教学的必要介质。在线教学平台有广义和狭义之分，广义的在线教学平台既包括支持网络教学的硬件设施，又包括支持网络教学的软件系统；狭义的在线教学平台是指建立在网络的基础上，为网络教学提供全面支持服务的软件系统。很明显，从教育软件工程的角度来说，人们更关注狭义的在线教学平台。

二、在线教学平台的功能

在教学中应用信息技术去改变教育模式、提高教学质量已经成为当今教育发展和改革的必然趋势。在线教学平台在教育教学领域发挥着巨大的作用，具体表现为以下几个方面：

（一）有利于高校学生自主学习和创造性学习

教师将一些经过筛选的学习资料或者书籍共享到平台上，学生可以根据自己的学习情况和自我要求，随时随地地利用网络平台选择性地进行学习，并通过网络互动工具与教师和同学进行实时或非实时的讨论、交流。这一方式更有利于学生选择自己感兴趣的事物，发挥他们的自主性，培养创造性的人才。

（二）打破了教与学的时空和地域限制

不同于以往局限于学校和教室内部的教学方式，在线教学极大地拓展了教学的空间和时间，将学习的条件限制降低了，更加适合研究性学习、协作性学习等多种混合式新型教学模式的开展。

（三）促进优质教育教学资源的共建共享

有了在线教学平台，各大高校的优秀教学课程、教学资源可以在平台上被更多高校的学生看到，为想要学习该课程的大学生提供了机会，从而充分利用了教学资源，体现了教育公平。

三、在线教学平台的分类

根据教学形式，在线教学平台可以分为同步教学平台和异步教学平台。同步教学平台是指教师对学生实时授课所用到的平台，一般是以直播的形式进行，它适合于短期内大范围的结构化知识传授，与传统的课堂教学本质上是一样的，不同的是传统课堂是在面对面的情况下进行的，而同步教学以网络为载体，可以实现跨地域教学。常见的同步教学平台有腾讯会议、钉钉、ZOOM、CCtalk、雨课堂等。

异步教学与直播教学的方式不同，教师并非实时讲授课程，而是将课程的学习任务发布到平台上，学生根据自己的学习能力和自我要求，自行安排学习进度。常见的异步教学平台有超星学习通、智慧树、中国大学 MOOC、我要自学网、网易云课堂等。

接下来，笔者将对这两种类型平台的功能、特点以及代表性平台的使用方法等展开论述。

四、同步教学平台

（一）同步教学平台的特点

同步教学平台即“将课堂搬到电脑上来”，它在本质上还是强调教师的作用，有以下几个特点：

一是不受学习空间的限制，只要有一台电脑或手机设备以及必要的网络，就可以远程听教师讲课，不需要面对面地集中于同一地点。

二是具有签到的功能，能有效监督学生按时上课。

三是具有课堂举手、评论、连线教师的功能，能实时与教师互动，及时解决学生学习上的疑问。

四是提供了强大的文件共享功能（文本、超链接、音频、视频、课件、书籍等），教师可以直接在班级群里即时分享文件，方便教师讲解，也方便学生获取更多的学习资源。

（二）同步教学平台的种类

正如前面所说，常见的同步教学平台有腾讯会议、ZOOM、CCtalk、雨课堂、钉钉等，现分别从网上讨论区、私聊、直播、分组、文件共享、发出通知和习题作业这几大功能方面进行比较，如表 2-2 所示。从表中可以看出，腾讯会议、CCtalk、雨课堂、钉钉的功能强大，不仅有最基本的课堂交流和直播功能，还能进行文件共享、发出通知、发布习题作业，更加人性化，具有更完善的学习系统。而 ZOOM 除了课堂交流和直播功能以外，缺少文件共享和发出通知、布置作业的功能，功能十分简洁，适合喜欢功能简捷的用户。

表 2-2　　同步教学平台的功能比较

	网上讨论区	私聊	直播	分组	文件共享	发出通知	习题作业
腾讯会议	√	√	√	√	√	√	√
ZOOM	√	√	√	√(付费版)	×	×	×
CCtalk	√	√	√	√	√	√	√
雨课堂	√	√	√	√	√	√	√
钉钉	√	√	√	√	√	√	√

(三)同步教学平台的使用——以腾讯会议为例

1.腾讯会议简介

腾讯会议是腾讯云旗下的一款云会议产品，于 2019 年 12 月 25 日发布，具有灵活入会、高清、高效协作的特点，由腾讯云七大安全实验室保驾护航，保障用户的隐私安全。腾讯会议致力于提升跨企业、跨区域沟通和协作的效率，帮助企业节省物力、人力、时间等成本。参会的人可以借助腾讯会议，直接通过手机、电脑、小程序、企业微信等入口进入，打开即用，一键入会。同时，多终端设备可同步议程记录，会议中可一键开启录制，视频自动加密储存到专用云空间，方便随时回顾会议记录。新冠肺炎疫情期间，腾讯会议面向全国用户免费开放 300 人不限时会议功能，以方便师生开展课堂教学。

2.腾讯会议的使用方法

单击腾讯会议官网网址，进入官网，我们可以看到如图 2-11 所示的界面。

图 2-11　腾讯会议官网

我们可以直接在网页上开启一个会议，新用户需要先单击右上角的“免费注册”，注册一个账号，如图 2-12 所示。

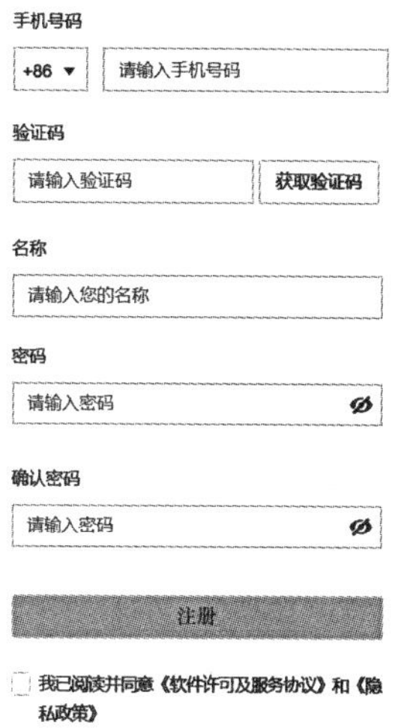

图 2-12 注册页面

在注册完账号之后，单击“登录”，即可加入会议或者发起会议。另外，单击官网下方的“立即下载”按钮，也可以下载腾讯会议软件。重复之前的注册、登录步骤，即可开始使用腾讯会议。

3. 腾讯会议的使用

腾讯会议的界面简洁明了，有三个开启会议的方式，分别是“加入会议”“快速会议”“预订会议”，其中“加入会议”是指根据特定的会议号，加入已经开始或者即将开始的会议中；“快速会议”是指本人即时开启会议；“预订会议”是指可以选择特定的时间段进行会议，如图 2-13 所示。

图 2-13 腾讯会议的开启方式

在这里，我们选择“快速会议”，开启一场会议，观察腾讯会议的各项功能，如图 2-14 所示。

图 2-14　开启腾讯会议

我们单击左下角的第一项“选择音频”，可以选择电脑本身的音频，即扬声器，也可以选择外部声音，即麦克风；左下角第二项“开启视频”，当如图 2-14 所示时，视频关闭，单击即可开启视频；会议里面的任何一位成员都可开启视频，根据需要，教师可以在随机点名时指定某位同学开启视频，方便进行演讲或者作业汇报。单击左下角第三项，共享屏幕，可以看到如图 2-15 所示，这里我们可以发现，屏幕共享前，腾讯会议会把当前正在运行的界面一一罗列出来。选择其中一项作为会议里给其他成员观看的画面，比如在进行课堂教学时，教师可以把 PPT 的界面共享给学生，方便进行讲解。

图 2-15　腾讯会议的共享屏幕界面

在如图 2-14 所示的“安全”选项里面可以设置入会的密码，设置参会人的权限。单击“邀请”选项，弹出一个窗口，如图 2-16 所示，复制邀请的文字内容，发送到需要邀请的人手里，被邀请人可根据会议链接、会议 ID、手机一键拨号入会。

图 2-16　腾讯会议的邀请界面

在如图 2-14 所示的“管理成员”选项中，主持人可以将部分学生静音，或者全体静音，还可设置成员入会时的声音开启状态；在“聊天”选项里面，主持人和成员可以发送文字和表情进行沟通，发表意见；在“更多”选项里面，主持人可以根据需要导入共享文档，供参会人员查看；单击右下角的“结束会议”选项可以结束会议。

五、异步教学平台

异步教学平台是能支持学生在教师的引导下进行自主学习的在线教学平台，它一般有点播（B2B2C 模式，即学习网络上各大高校的优质课程）和本校教师自行录制课程（B2C 模式）两种形式。异步教学平台体现了学生的自学过程，可支持学生创造性地解决问题。

（一）异步教学平台的特点

1. 真正跨越了时空的限制，实现了随时随地学习

异步教学平台比同步教学平台对时间的要求更灵活，它不需要学生必须第一时间接收信息，而是给了学生一定的时间进行缓冲，更适合高校教学的特点。

2. 方便获取各高校的优质课程

大学的学习本就强调学生的自主学习能力，很多学生具备自主学习的能力和心理，但却没有进行自主学习的资源。异步教学平台就解决了这一问题，它可以提供来自各大高校的优质课程，实现教育公平，让所有热爱学习的学子有机会接受名师的培养。

3. 可供学生反复观看、复习回顾

异步教学平台提供了大量可以反复观看的课程，这也是同步教学平台所做不到的。对于没听懂的部分，异步教学平台可以暂停、回看或者慢速播放，实现了个性化学习，能让学生根据自己的情况进行调整，使学习更加具有针对性。另外，通过回看课程，也可以帮助学生巩固、复习知识点。

（二）异步教学平台的种类

接下来笔者将对前面所提到的超星学习通、智慧树、中国大学 MOOC、我要自学网、网易云课堂五种异步教学平台从流媒体播放、学习记录、作业布置、虚拟实验室、互动工具、认证证书等功能方面进行比较分析，如表 2-3 所示。五个平台均实现了流媒体播放和保存学习记录的功能，一方面可以节省学习者的加载时间，另一方面可以方便学习者找到之前学习的课程；对于作业布置功能，除了“我要自学网”，其他几款平台都有作业或者题库功能，可以用来巩固知识点；对于课堂互动功能，五个平台都能实现一定的互动，有提问、签到、抢答、讨论区等不同的互动方式。另外，智慧树还提供了虚拟实验室，利用 Unity3D 等软件打造出了许多逼真的模型，帮助学生自主探索，实现了教学模式创新；除了我要自学网，其他平台都具有通过考核的方式获得相关认证证书的功能。

表 2-3　　　　异步教学平台的功能比较

	流媒体播放	学习记录	作业布置	互动工具	虚拟实验室	认证证书
超星学习通	√	√	√	√	×	√
智慧树	√	√	√	√	√	√
中国大学 MOOC	√	√	√	√	×	√
我要自学网	√	√	×	√	×	×
网易云课堂	√	√	题库	×	×	√

（三）异步教学平台的使用——以超星学习通为例

1. 超星学习通简介

超星学习通是面向智能手机、平板电脑等移动终端的移动学习专业平台，由北京世纪超星信息技术发展有限责任公司开发。超星学习通有如下几大优势：

一是超星 300 万册图书、16 万集学术视频、报纸、专业期刊、论文数据等海量资源均可一键导入课程，一键分享给学生，学生可以创作个人专题和笔记，分享心得与见解。

二是及时反馈，了解学情更轻松。利用学习通发布签到，可一键确认出勤率；发布随堂测验，可一秒了解学生的掌握情况；可发起课堂讨论，在交流中彼此促进；可发布、收集作业，并及时给学生反馈。

三是更多沟通，让师生互动更轻松。利用学习通发布通知，让学生可实时得到信息；学习通还相当于“学习版的微信”，可以让教师和学生实时聊天；通过笔记“朋友圈”，关注教师和学生的生活动态；利用直播，让教师与学生分享见闻。

四是通过大数据让考核评价更轻松。学习通采用任务驱动式教学，在学生完成课程教学视频、签到、讨论、阅读、答题、作业、直播、笔记等一系列学习活动的过程中，对学生的学习进行过程性评价。通过专业的大数据分析，可以了解学生学习的实时进度、学习活跃度、成绩分布、综合测评、教学统计和全国数据对比，并生成一份学校专属的大数据报告。

超星学习通平台在使用时通常由学校的超星管理员统一管理学生、教师和课程。当然，平台还支持普通用户注册，登录后可观看平台上的现有课程资源。教师也可以建立课程、添加学生用于辅助教学，高校教师利用此平台进行线上教学也不失为一个不错的选择。

2. 超星学习通的使用方法

第一次使用超星学习通平台的用户需要先下载客户端。目前，超星学习通支持 Android 和 iOS 两大移动操作系统。下载安装超星学习通前，需要确定设备符合系统要求。可以通过以下途径下载安装超星学习通：

方法一：使用移动设备浏览器访问超星学习通的网页，下载并安装 APP。

方法二：在网上应用市场搜索“学习通”，下载并安装。

下载完成后，开始注册账号，打开安装好的学习通 APP，可以看到如图 2-17 左侧所示的界面。单击右下角的“我的”，单击上方的灰色头像，进入注册登录界面，选择“新用户注册”，输入手机号并获取验证码。

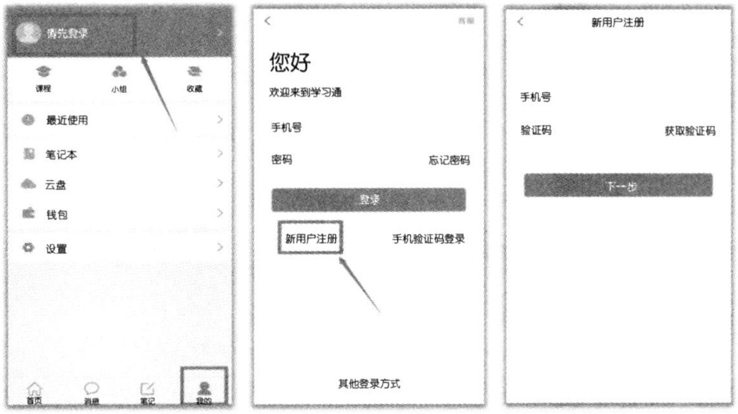

图 2-17　登录界面

获取验证码后，填写个人真实姓名、设置登录密码，选择角色“教师”，绑定工号即可，如图 2-18 所示。

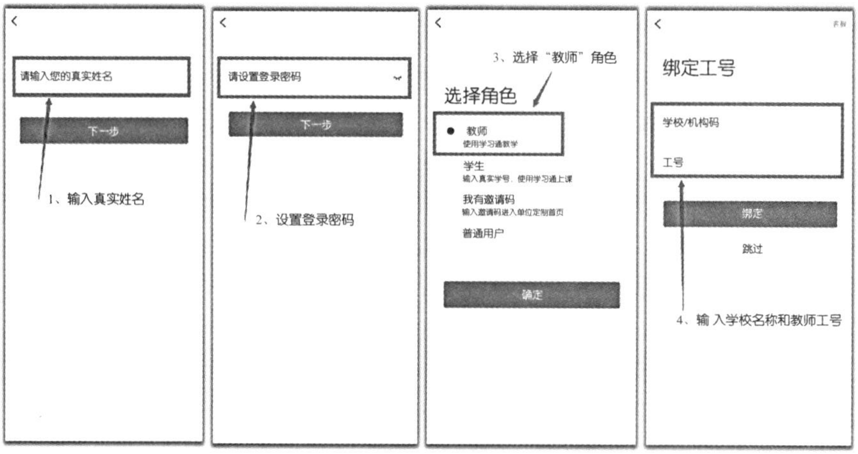

图 2-18　超星学习通注册过程

登录进入学习通 APP 以后，在“首页”中单击“课程”，或者“我的”中单击“课程”，就能看到课程列表。课程上标有“教”字的是作为“教师”教授的课程，其余则是作为“学生”学习的课程，如图 2-19 所示。

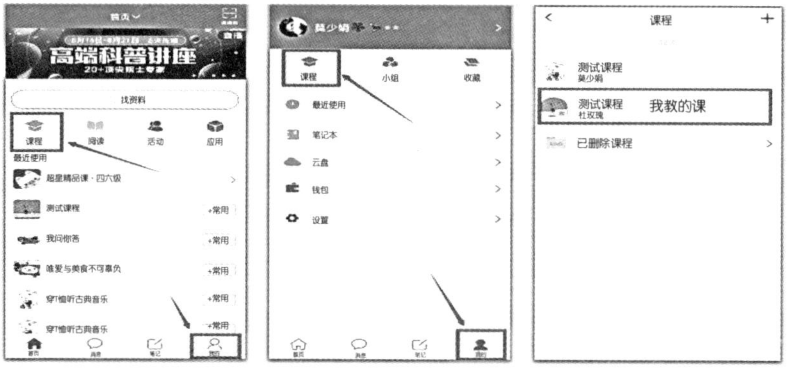

图 2-19　学习通课程列表界面

单击课程列表右上角的“+”号可以新建课程，输入课程名称、教师名称，上传课程封面（拍照或自相册选择），单击右上角的“完成”，就创建了一门课程。

超星学习通为教师提供了大量的优质教学资源，教师只要将它们收藏到自己的设备中，就可以在建课时轻松导入。具体方法有以下几种：

方法一：首页搜索框法。可以搜索所有与关键字词相关的内容，包括小组、词条、专题、学术趋势、期刊导航、学术期刊、教学资源和学术视频等，如图 2-20 所示。

图 2-20 首页搜索框的使用

方法二：首页“阅读”法。在阅读库中选择要搜索的资源类型，输入关键词即可，如图 2-21 所示。

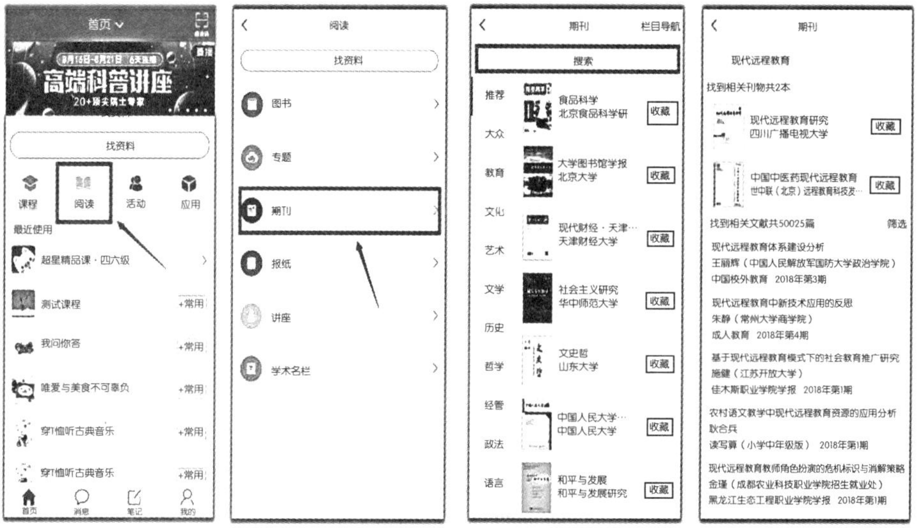

图 2-21 阅读界面

在课程页面单击“章节”及“新建单元”，新建一个一级目录（注意：一级目录不可编辑内容），可以命名为“第一单元”，如图 2-22 所示。

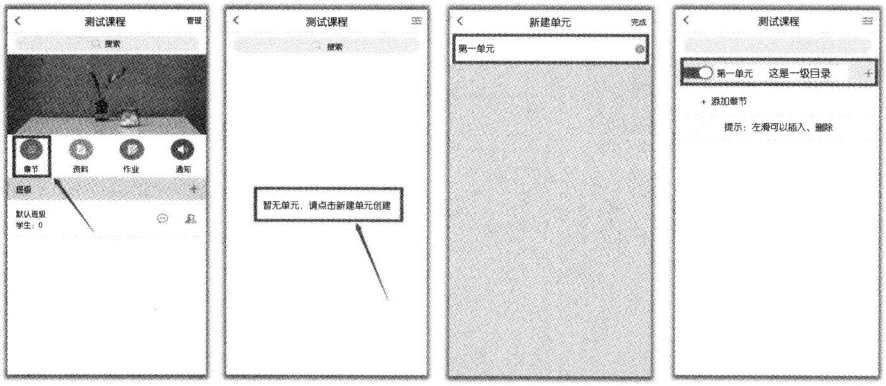

图 2-22　新建单元

单击一级目录下方的"+"或右边的"+"，新增一个二级目录，命名为"第一小节"。在二级目录下可以编辑内容，如文本、图片、音频、视频、测验、笔记、主题讨论等，如图 2-23 所示。

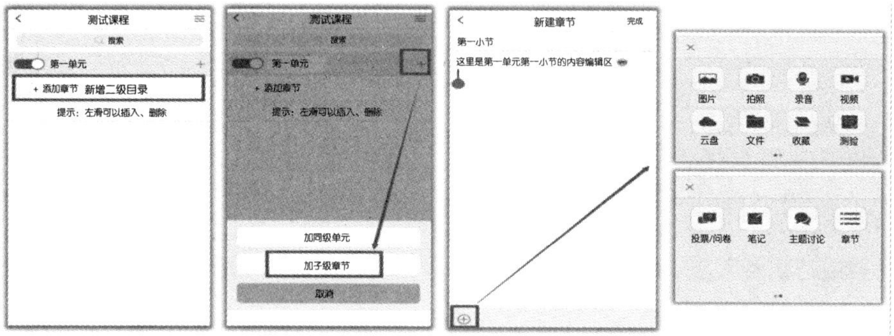

图 2-23　二级目录

也可以单击右上角的三横线菜单，直接调用已有的专题章节、课程资源库或者笔记，作为章节内容，如图 2-24 所示。

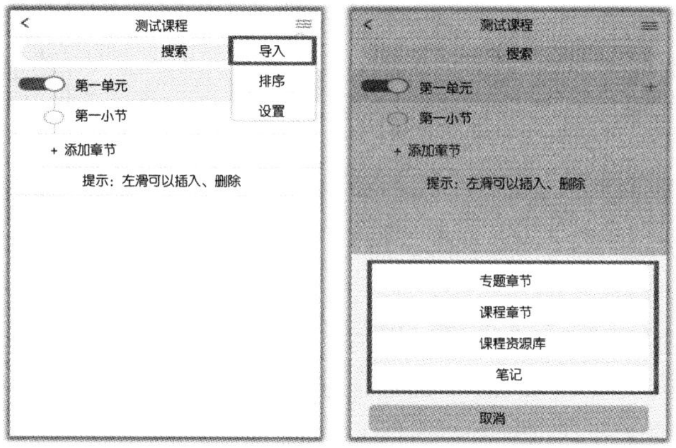

图 2-24　调用资源

添加课程资料时，在课程页面单击“添加资料”，可以将自己收藏的资源导入。当然，也可以添加教师设备本地的图片、文件以及自己撰写的学习通笔记等，如图 2-25 所示。

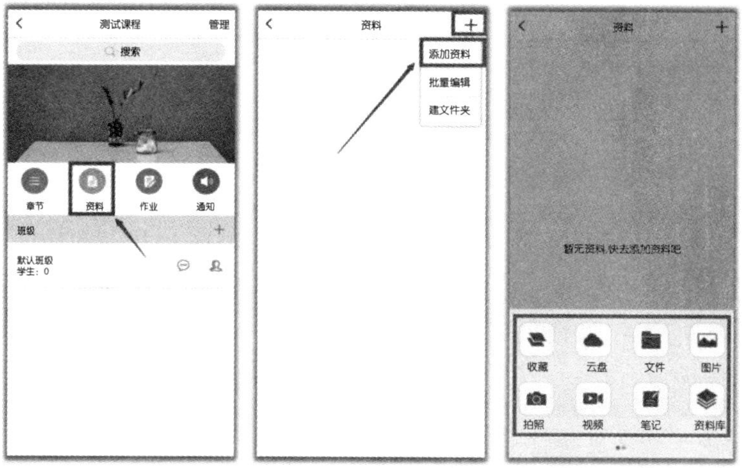

图 2-25　添加学习资料

课程建设完成后，需要添加学生才能进行教学。新建好一门课程的时候，系统会自动生成一个默认的班级，单击“班级”右边的“+”，输入班级名称，可以创建更多的班级。班级创建好之后，学生用手机扫码或者在学习通首页输入邀请码即可加入班级，如图 2-26 所示。

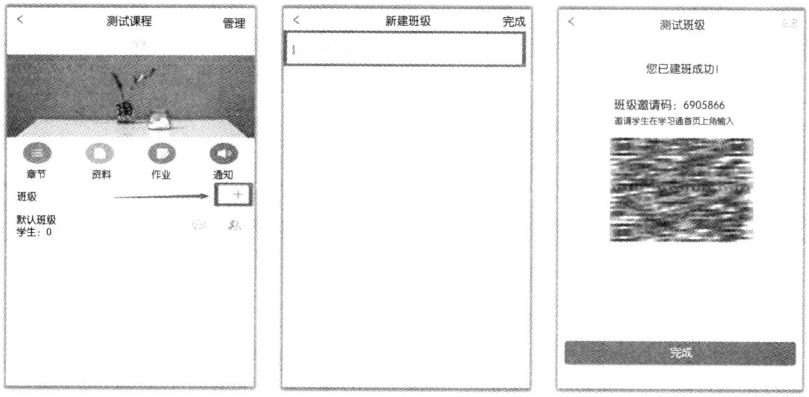

图 2-26　新建班级

下一步就是添加学生。在课程首页，选择要添加学生的班级，单击右下角的“班级”。可以单击右上方的“+”手动添加学生；也可以将班级二维码发放给学生，让学生扫码加入，如图 2-27 所示。

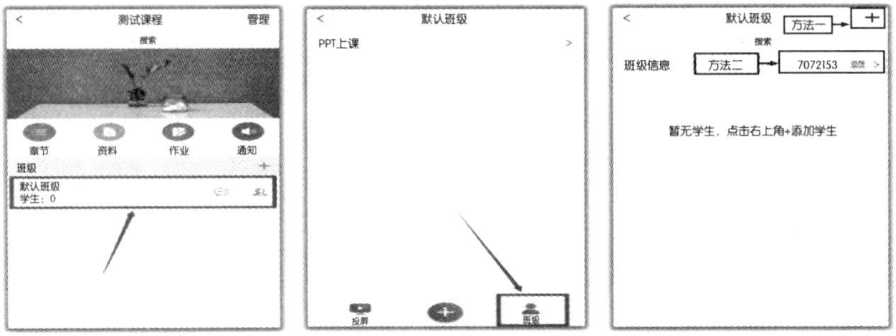

图 2-27　添加学生

学生扫码加入班级，在学习通首页单击右上角的“邀请码”图标可以扫码或输入邀请码加入对应班级。注意：每个班级的邀请码和二维码都不一样，务必要让对应班级的学生扫描正确的二维码或输入正确的邀请码，如图 2-28 所示。

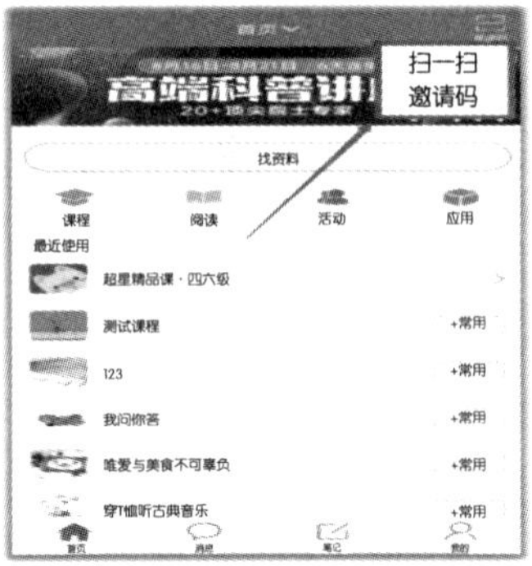

图 2-28　邀请码

建立班级且组织课堂之后，学习通还可以对学生布置作业，组织结业考试。在电脑端平台编辑好的作业也可以在学习通进行发布。单击课程界面的“作业”按钮，可以手动编辑，或者直接选择作业库里的作业进行发布，如图 2-29 所示。

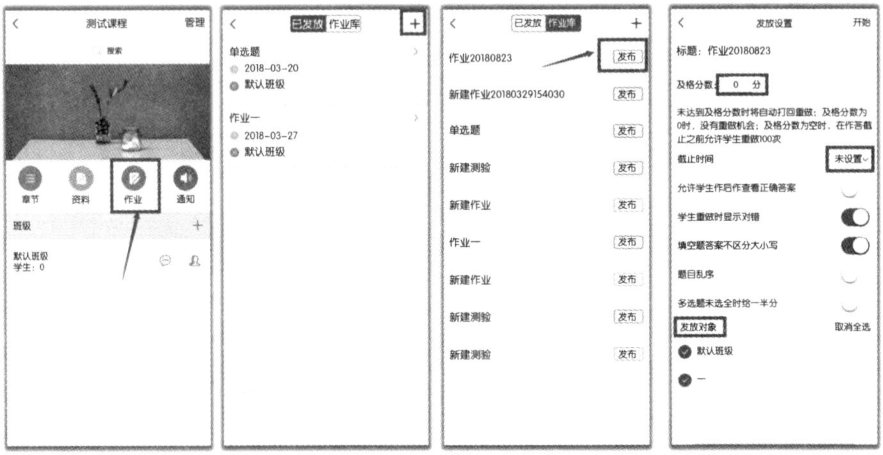

图 2-29　发布作业

至于考试功能，在电脑端编辑好的试卷可以通过电脑端发布，也可以通过学习通发布。单击课程界面右上角的“管理”按钮可以进入考试。可以手动编辑，或者直接选择试卷库里的试卷进行发布，如图 2-30 所示。

图 2-30　试卷库界面

在试卷库中找到创建好的试卷，单击“发布”，设置相关参数即可，如图 2-31 所示。

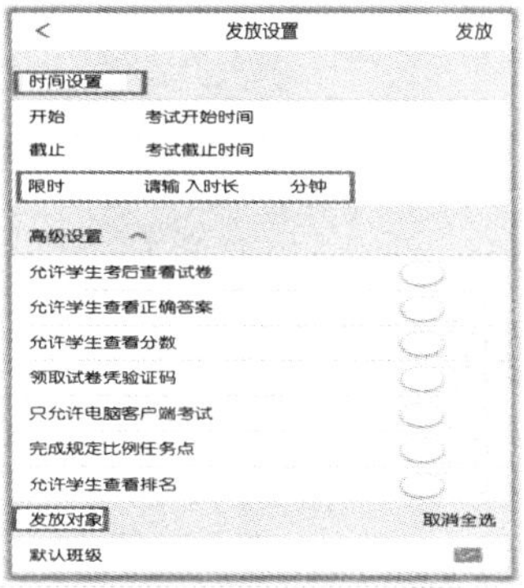

图 2-31　试卷发放设置

在“已发放”中找到要批阅的试卷，单击“批阅”即可，如图 2-32 所示。

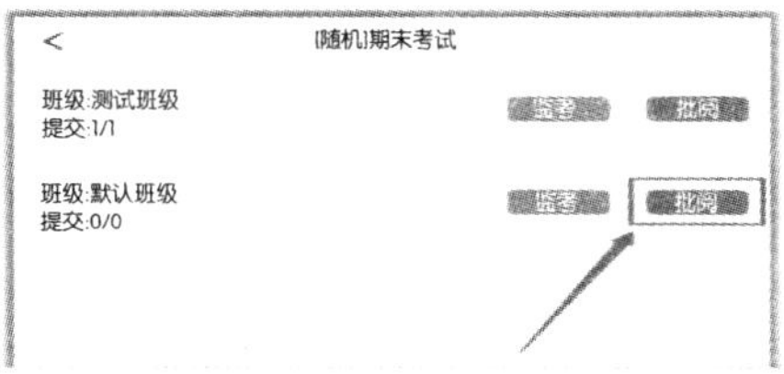

图 2-32　试卷批阅

在线学习虽然给予了学生极大的学习灵活度，让学生的学习不受时间、地点的限制，但也容易让人产生惰性，对主动性、自制能力差的学生而言更是如此。少了教师面对面的监督，学生有可能随时将在线学习的时间变成玩游戏和

"追剧"的时间,单纯的在线教学可能会让有些学生在学习上更加懈怠。因此建议,现代高校教育应当是将课堂教学与在线教学结合在一起,以课堂教学为主、视频公开课为辅的方式进行线上线下混合式教学。

复习思考题

1. 结合当前的教学环境,谈谈你对信息化教学环境的认识。
2. 描述多媒体教室的基本构成。
3. 阐述各类多媒体教室的特征。
4. 三种典型的"智慧教室"类型分别适用于哪些教学模式?请给出适当的教学设计案例。
5. 阐述虚拟演播室的功能。
6. 利用虚拟演播室制作一节网络课程。
7. 选择一种在线教学平台,注册并尝试使用,熟练其所包含的各种操作。

主要参考文献

一、专著

[1]田慧生著. 教学环境论[M]. 南昌:江西教育出版社,1996.

[2]游泽清,梁祥丰主编. 信息化教学环境的建设与应用[M]. 北京:人民教育出版社,2005.

[3]陈晓慧主编. 现代教育技术[M]. 北京:北京邮电大学出版社,2009.

[4]周红春主编. 数字媒体技术与教育应用(应用篇)[M]. 北京:北京理工大学出版社,2013.

[5]周恕义,曹茜,金蕾等著. 高校教育信息技术应用[M]. 北京:北京工业大学出版社,2014.

[6]宋光辉,郭红霞主编. 现代教育技术[M]. 成都:电子科技大学出版社,2015.

[7]雷体南,汪家宝主编. 现代教育技术教程第 3 版[M]. 武汉:华中科技大学出版社,2016.

[8]刘峰主编. 电视摄像[M]. 苏州:苏州大学出版社,2017.

[9]马池珠主编. 现代教育技术[M]. 北京:高等教育出版社,2017.

[10]殷旭彪著. 当代教育信息化理论与实践研究[M]. 北京:中国书籍出版社,2018.

[11]赵洪利主编. 在线教育理论与实践[M]. 北京:北京理工大学出版社,2018.

二、期刊论文

[1]刘贵富,秦艳友.大学信息化教学环境建设研究[J].江苏高教,2005,6:91-93.

[2]朱永海,王传旭.教育信息化人文环境建设现状、问题与策略[J].中国电化教育,2010,1:23-24.

[3]苏福根,覃家君,陈高润,等.构建信息化教学环境,推进教育信息化[J].实验技术与管理,2010,11:279-282.

[4]高东怀,沈霞娟,宁玉文,等.高校信息化教学环境层次模型的设计与应用[J].现代教育技术,2011,2:52-56.

[5]陈卫东,叶新东,张际平.智能教室研究现状与未来展望[J].远程教育杂志,2011,4:39-45.

[6]黄荣怀,胡永斌,杨俊锋,等.智慧教室的概念及特征[J].开放教育研究,2012,2:22-27.

[7]何泰伯.论高校虚拟演播室建设[J].渭南师范学院学报,2013,2:81-84.

[8]聂风华,钟晓流,宋述强.智慧教室:概念特征、系统模型与建设案例[J].现代教育技术,2013,7:5-8.

[9]叶新东,陈卫东,张际平.未来课堂环境的设计与实现[J].中国电化教育,2014,1:82-87.

[10]张亚珍,张宝辉,韩云霞.国内外智慧教室研究评论及展望[J].开放教育研究,2014,1:81-91.

[11]祝智庭.以智慧教育引领教育信息化创新发展[J].中国教育信息化,2014,9:4-8.

[12]程敏.智慧教室的设计与构建[J].实验室研究与探索,2015,6:248-252.

[13]何克抗.智慧教室+课堂教学结构变革——实现教育信息化宏伟目标的根本途径[J].教育研究,2015,11:76-81.

[14]谢斌.虚拟演播室的应用技术[J].科技传播,2016,1:180-181.

[15]程敏.信息化环境中智慧教室的构建[J].现代教育技术,2016,2:101-107.

[16]李天立,初万江,王红娜,等.高校虚拟演播室建设探究[J].互联网+安全,2019,3:155.

[17]陈利,李洁.融媒体时代高校虚拟演播室的建设与应用[J].中国教育信息化,2020,9:89-91.

三、其他类

[1]袁兆辉.虚拟演播室技术与应用研究[D].东北师范大学硕士学位论文,2004.

第三章　信息化教学设计理论与实践

学习目标

1.理解教学设计基本模式的内涵。

2.领悟教学设计模式中所蕴含的教学设计思想的转变规律。

3.掌握教学设计的基本原理与方法。

4.理解信息化教学模式的特征。

5.选择一个适合自己所教学科的信息化教学模式搜集资料，开展深度阅读，以发展新的教学理念。

6.掌握信息化教学设计的典型模式。

7.学会将信息化教学设计原理和方法应用于具体的教学设计实践活动。

8.学会对教学中的关键要素进行设计的技能，并能把这些技能迁移到信息化教学设计的实践活动之中。

学习要点与结构

本章详细叙述了教学设计模式的内涵，分析了教学设计的基本方法，带领教师全面领略信息化教学模式的特征，并在此基础上帮助教师理解信息化教学设计的方法，旨在提高学习者的教学设计技能。

第一节定义了教学设计的内涵与基本模式，分析了教学设计理念发展的趋向，详解介绍了以行为主义、认知主义和建构主义等学习理论为核心所发展起来的教学设计模式。第二节依据“迪克和凯瑞的教学设计系统化方法模式”的基本结构与要素，详细叙述了教学设计的基本步骤与方法。第三节系统梳理了信息化教学模式的类型，阐释了信息化教学设计的发展特征，并依据信息化教学设计的典型模式，提出了信息化教学设计中关键要素的设计方法。第四节给出了两个典型的多媒体教学环境下的教学设计样例,供读者学习参考。

本章的学习重点是深入理解教学设计模式的观念以及信息化教学模式的特征,全面掌握教学设计的基本原理与方法,并能把这些思想、观念和方法应用于信息化学习情境的教学设计之中。通过本单元的学习,希望教师能够提高教学设计的理论修养,掌握教学设计的基本技能,能根据信息化学习情境的特点,创新教学设计理念,发展出适应高校学生学习特点的教学范式。

知识导学图

本章的知识导学图如图 3-1 所示。

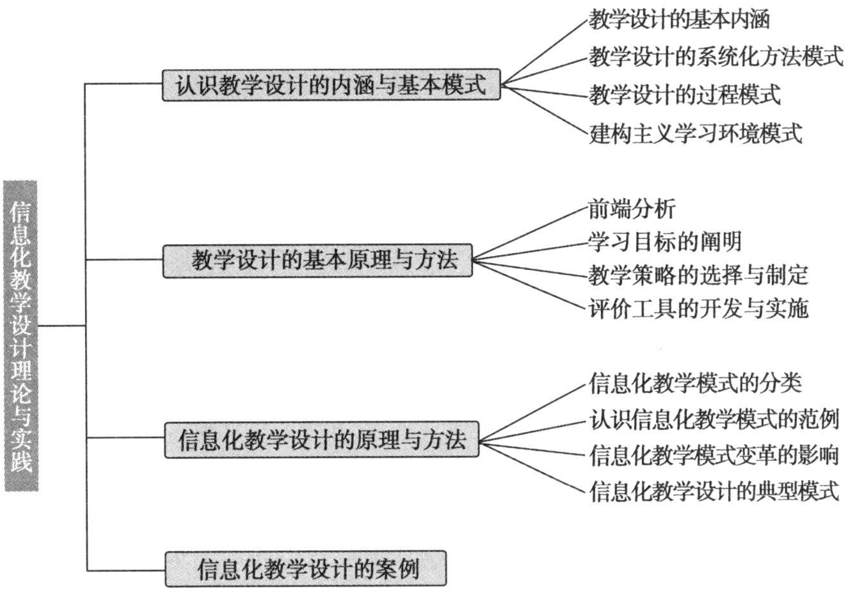

图 3-1 信息化教学设计理论与实践的知识导学图

美国学者伊利(D. P. Ely)在阐述教育技术的发展历史进程时,曾勾勒出了教育技术发展的三条历史线索,其中之一即为教学设计。20 世纪中期,随着系统方法的引入和一大批才华横溢的心理学家投身于教育技术的研究,为教育技术学开辟了一个新的研究领域——系统化设计教学,并逐渐发展成为教育技术理论的核心。教学设计理论发展到今天,已经与信息技术、学习理论的最新进展紧密联系在一起,其发展也体现着中小学、大学教育教学改革的方方面面。

第一节　理解教学设计的内涵与基本模式

美国学者伊利(D. P. Ely)在阐述教育技术的发展历史进程时,曾勾勒出了教育技术发展的三条历史线索,其中之一即为教学设计。20世纪中期,随着系统方法的引入和一大批心理学家投身于教育技术的研究,逐渐发展出了教学设计的理论体系,为当今智慧教育与教学理论的发展奠定了思想基础。

一、教学设计的内涵与基本认识

(一)教学设计的内涵

教学设计(instructional design)通常又称为"教学系统设计"(instructional systems design)。教学设计成为独立的研究领域尽管已经有了几十年的历史,但人们在对教学设计内涵的理解上还存在不同的观点。

美国教学设计理论家赖格卢斯(C. M. Reigeluth)指出,尽管不同的人对"教学设计"的概念有不同的理解,但主要呈现两种倾向:一种是把它看作过程,另一种是把它看作结果。将教学设计看成过程的人重点关注的是如何指导教学设计者和教师制定教学计划,逐步达到教学目标;将教学设计看成结果的人重点关注的是教学设计要形成的产品或实现的任务。例如,美国学者史密斯(P. L. Smith)和雷根(T. J. Regan)认为,教学设计是指运用系统方法,将学习理论与教学理论的原理转换成对教学资料、教学活动、信息资源和评价的具体计划的系统化过程;梅里尔(M. D. Merril)认为,教学的目的是使学生获得知识技能,教学设计的目的是创设和开发促进学生掌握这些知识技能的学习经验和学习环境。

实际上,无论将教学设计看成过程还是将其看作结果,都需要根据具体的情境来确定"教学设计"的含义。教学设计的最终目的都是搭建教学理论与教学实践的桥梁,其根本任务都是改进教学实践,提升教学质量。

我国学者借鉴国内外学界关于教学设计含义的理解,根据国内教学实践的经验,将教学设计定义为:教学设计是以教学系统为研究对象,以获得最优化的教学效果为目的,以学习理论、教学理论和传播理论为基础,运用系统方法,分析教学问题和确定教学目标,建立解决教学问题的策略方案、试行解决方案、评价试行结果和修改方案的过程。从一定意义上可以这样说,教学设计是连接教学理论、学习理论与教学实践的桥梁。

(二)教学设计的发展轨迹

国内学者基本上都把教学设计的发展分为四个不同的阶段,但因他们参照的影响教学设计发展的因素不同而表现出一些差异,如有人是以媒体技术、学习理论、社会历史背景等单一因素或综合因素来描述教学设计的发展轨迹;还有人从学习理论视角观察教学设计的发展，能使教师清楚地认识教学设计思想演进和变化的规律。现将笔者认为的教学设计的发展轨迹简述如下：

1. 20 世纪初期：教学设计思想的萌芽

教学设计的思想起源于 20 世纪初期教育和心理学家试图把心理科学运用于教育的努力。美国教育学家杜威(J. Dewey)和心理学家桑代克(E. L. Thorndike)等对教学设计的科学化做出了重要贡献。

杜威早在 1910 年出版的《我们怎样思维——经验与教育》一书中就曾设想发展一门连接学习理论和教育实践的“桥梁科学”，其目的是建立起与设计教学活动有关的理论和知识体系，以达到优化教学的目的。桑代克运用联结主义学习理论于教学过程之中，建立了一套包括任务分析、教学方法、教学评价、教学测量等在内的教学设计体系的雏形。两人在研究内容和研究方法上都为教学设计的发展奠定了基础。

2. 20 世纪 40～60 年代：行为主义教学设计兴起

教学设计作为一个独立的实践和研究领域，可追溯到第二次世界大战时期的军事培训项目，以及其后的传播理论、学习理论和系统科学等学科理论综合应用于教学问题的解决。

第二次世界大战中，成千上万的士兵和平民要接受快速的训练，大量心理学和教学研究专家进入军队开展培训，他们将学习心理的研究应用于教学过程和视听教学材料的开发，逐步形成了一整套进行教学系统分析的方法，这是将学习理论应用于设计教学实践的最初尝试，也成了教学设计理论的最初发展。

20 世纪 50 年代中期，斯金纳(B. F. Skinner)改进和发展了教学机制，以其新行为主义的强化理论为基础创立了程序教学法。斯金纳提出的“小步子”“循序渐进”“序列化”“学习者参与”“强化”“自定步调”六个教学设计原则确立了行为主义教学设计的理论基石。根据行为主义原则，教学设计主要是进行任务分析和确立行为目标，以便确定学生需要具备的学习能力和完成学习任务的教学程序步骤等。

在这个时期，行为主义教学设计理论蓬勃发展，并建立了教学设计上的一些核心范畴，尤其是系统科学理论的引入，正式提出了“教学系统设计”的概念。

3. 20 世纪 70～80 年代末：认知主义主导教学设计

20 世纪 70 年代，认知主义学习理论逐渐取代行为主义学习理论，成为教学设计的主导思想。认知主义对学习的研究深入到学生的内部思维活动层面，强调学生的内部认知、认知倾向和认知结构在学习中的作用。

认知主义教学设计理论关注学生学习的内部过程和内外条件的结合，强调学生个体差异的需要评估与分析，以及有关知识生成的研究，据此将认知学习理论与教学设计活动相联系。例如，加涅(R. M. Gagné)认为，教学设计的目的就是为不同学习结果(或能力)的产生提供有效的学习材料;梅里尔(M. D. Merrill)的成分显示理论和赖格卢斯(C. M. Reigeluth)的细化理论一起构成了一套完整的用于组织知识内容的教学设计方法。

4.20世纪80年代以后:走向整合化的教学设计

进入20世纪80年代以后,教学设计开始倾向于以建构主义学习理论为核心,试图将各种教学理论和教学策略综合成一个行之有效的总体,显现出了一种整合化的设计趋势。

根据建构主义的学习观点,学生具有积极的自我控制、自我导向和反思性特点,他们在与学习情境的交互中经过发现和精加工行为来建构自己的知识。在建构主义理论的指导下,整体化的设计强调从学生发展的整体思路出发进行教学设计,学生学习的内容应该是知识与技能的整合体,教学设计关注的是学习内容与特定教学情境相联系的学生整体知识的获得与运用。

在整合化的教学设计中,强调学生是教学情境设计的重要因素,那么学习的动机、情感、意识等非理性因素也应该在教学设计中得到反映。另外,教学设计还应该重视教师的积极参与,以体现教师的能力特征和个性特征等因素对教学的影响作用。

(三)教学设计理念和实践活动发展的趋向

1.教学设计的应用范围由单一走向多样化的综合应用

教学设计实践最为典型的例子是第二次世界大战时期的军事培训项目,心理学家为接受训练的士兵和平民开发了有效的训练材料,自此,教学设计作为教育技术的重要研究领域,一直与学习材料的开发相伴成长与发展。这让人们产生了教学设计理论仅用于指导教育电影和电视、多媒体课件、学习网站、学生练习册或其他教学辅助材料等学习产品开发的印象。其实,教学设计理论发展的过程中形成了一系列用于不同教育情境的设计思想和方法,既可用于教学产品设计,又可用于课堂教学活动的设计,以及“系统”的教学设计,如个别化学习系统、一个学校或一门专业的课程设置、职业教育中的职工培训方案或一门课程的大纲和实施计划等。

近年来,教学设计理论在国内的迅速传播和发展的事实表明,不仅专职教学设计者在学习教学设计理论,广大中小学和大学教师也开始接受教学设计理论,用于指导教学实践活动。尤其是随着信息技术的发展,大学教师逐渐将教学设计的理念融入教学实践的各个领域,如在精品课程和“金课”设计中,他们不仅要进行课堂教学活动的设计,还要设计教学课件,甚至要参与网络教学系统如“线上金课”的设计与开发,实施教学大纲和实施计划等的重构等。教师和专职教学设计者要在具体的设计实践中按照面临的教学问题,选择和使用相应的设计模式进行教学设计,综合运用教学设计理论。

2.教学设计理念由以“教”为中心转向以“学”为中心

综观教学设计的发展历程，我们可以发现，人们把教学设计依据的学习理论基础从早期的行为主义、认知主义逐渐转向建构主义，所持的学习理念逐渐由以“教”为中心转到以“学”为中心，这种教学设计理念转变的原动力均来自人们对学习活动的认识差异。

为使教师简单、清晰地理解教学设计理念的转变，可从哲学层次的认识论维度对此进行审视。与教育密切相关的认识论有两种：客观主义与建构主义，由此可以把以行为主义、认知主义、建构主义等学习理论为基础发展起来的教学设计理念分成两种相互对立的学习观：客观主义学习观和建构主义学习观。

信奉行为主义的人们认为，人类的心理行为是内隐的，不可直接观察和测量，可观察的是个体的外显行为，学习就是建立一种刺激与反应之间的联结并予以强化的过程；坚持认知主义信息加工观念的人们认为，学习的本质是一个复杂的个体信息加工过程，这个过程包括感知觉、记忆、提取、鉴别、比较、分析和综合等心理操作。虽然行为主义学习理论和认知学习理论之间对个体心理活动的认识存在一些冲突，但它们都倾向于客观主义的知识观和认识论，即认为知识是客观存在于学生之外的，要通过教学来激发和支持学生的内部加工过程，从而使学生更容易获得知识、累积智慧。因此，教学设计的重点是强调行为的刺激与强化，以及知识结构的剖析与呈现，学习条件的分析与创设，关注的是如何将知识精确地传授给学生。

建构主义学习观强调知识不是他人传授的，而是自己建构的；不是独自形成的，而是在与外部环境的交互过程中形成的。因此，建构主义者在教学设计中强调学生的主观体验、知识的建构机制和学习情境的真实性，教学设计的主要任务是设计学生的学习环境，强调“情境”对意义建构的重要作用，强调“协作学习”对意义建构的关键作用，强调利用各种信息资源对“学”的支持，强调学习过程的最终目的是完成意义建构。

3.教学设计取向由理性设计观转向融理性与创造性为一体的设计观

教师在学习和认识教学设计理论的过程中，一直存在教学设计“技术观”与“艺术观”的争论。在教学论领域，一直强调教师的教学设计活动具有艺术性，反对教学设计所具有的“简单、机械”的技术主义理性设计观。其实，这是对教学设计的一种误解。

早期的教学设计理论采用行为主义为指导，又深受机械传播主义的影响，在教学设计中确实曾存在技术理性的教学设计观。持这种设计观者特别强调用系统方法指导教学设计过程的优化，突出教学设计过程的可预测性，强调遵循规则与程序的重要性，将教学设计描述为一系列的技术过程，这是一种简单地将科学主义思维方法应用于社会科学的思想。同时，也有学者把教学设计描述为一种创造性的过程，持这种设计观者在承认定向于目标的逻辑思维与高水平认知于设计的前提下，认为任何一个教学设计过程都依赖独特、复杂、变化的情境，要求教师在教学设计中发挥其直觉性、悟性、思想丰富性的特点，追求新颖的教学解决方案，这种观点强调了教学设计过程的创造性、艺术性。

事实上，随着有关人类学习的真实性、自然性以及相应的教学设计复杂性、多样性、不确定性的研究不断深化，多数教学设计研究者开始摆脱极端的理性观与创造观，注意将理性与创造性、科学性与艺术性融合起来，形成了反映设计的本质特点，采用突显教学设计特点的融理性与创造性为一体的设计观。

二、教学设计的基本模式

教学设计模式是在一定的教育教学理论的指导下，对教学活动各要素进行组织、协调和规划，从而形成的相对稳定、系统化和理论化的教学设计简化形式。教学设计模式既是教学设计理论的具体化，又是教学设计实践的升华，是联系教学设计理论和实践的桥梁。

教学设计专家开发了大量教学设计模式，用以指导教学设计活动，有一些已经发展得非常成熟。这些模式对许多教学活动都有一定的指导作用。笔者在此选取了三个典型的教学设计模式进行介绍，它们基本上体现了教学设计理念和方法转变的全貌，以使教师对教学设计理论有一个全面的认识。

(一)迪克和凯瑞的教学设计系统化方法模式

美国教育心理学家迪克(W. Dick)和凯瑞(L. Carry)所提出的“教学设计系统化方法模式”被公认为是当代最完整、最具系统性的模式。由于该模式强调以教学目标为基点对教学活动进行系统设计，以达成教学目标为基本目的，所以被称为“目标模式”。

“迪克-凯瑞”模式包括九个相互联系的教学设计步骤和一个反馈调整环节，每个步骤都会从前一步骤接收输入，并对下一步骤产生输出，所有这些组件一起工作，以帮助教师产生有效的教学，如图 3-2 所示。

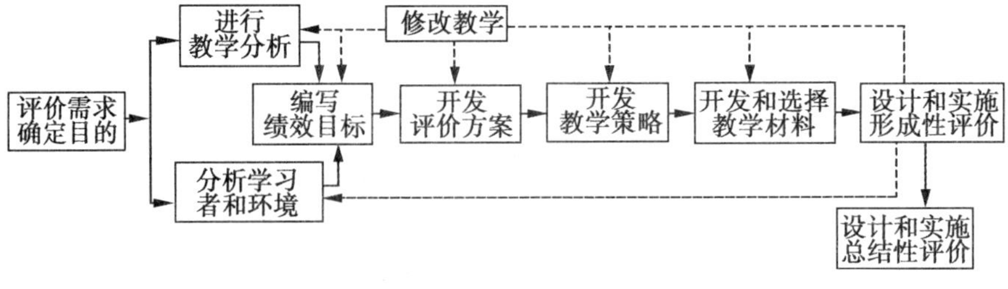

图 3-2　迪克和凯瑞的教学设计系统化方法模式

“迪克-凯瑞”模式的基本观点是强调教师建立学习目标和创建教学策略去

实现教学目的，用评价工具去测量学生达到的学习目标，再与预先设计的教育目标相比较，反馈环用形成性评价方式为校正教学设计活动提供控制机制。

（二）史密斯和雷根的教学设计过程模式

史密斯（P. L. Smith）和雷根（T. J. Regan）的教学设计过程模式是在“迪克-凯瑞”模式的基础上，吸取加涅对学生内部心理过程进行认知分析的优点，进一步考虑认知学习理论对教学内容组织的重要影响而发展起来的。

“史密斯-雷根”模式与“迪克-凯瑞”模式的区别非常明显：“迪克-凯瑞”模式有关教学策略部分只是笼统地提到要“开发教学策略”，而史密斯和雷根则把赖格卢斯（C. M. Reigeluth）的教学策略分类思想融入自己的教学设计模式中，这一点是体现“联结-认知”学习理论的关键所在，如图 3-3 所示。

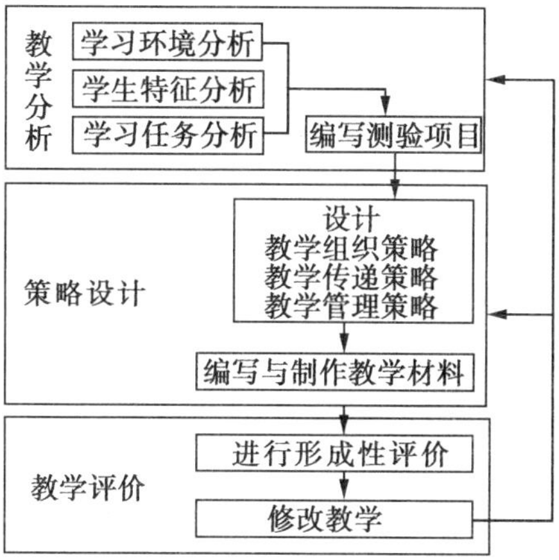

图 3-3　史密斯和雷根的教学设计过程模式

在图 3-3 中，教学组织策略是指有关教学内容应按何种方式组织、次序应如何排列，以及具体教学活动应如何安排的策略；教学传递策略是指为实现教学内容由教师向学生的有效传递，应仔细考虑教学媒体的选用和教学的交互方式，它是有关教学媒体的选择、使用及学生如何分组的策略；教学管理策略是指在上面两种策略已经确定的前提下，如何对教学资源进行计划与分配的策略。

（三）乔纳森的建构主义学习环境模式

乔纳森（D. H. Jonassen）以问题解决为主线，提出了一种设计建构性学习环境的框架，这就是“建构主义学习环境模式”（CLEM）。乔纳森认为，建构主义环境是一种以技术为支持的学习环境，学生从中可以展开有意义的学习活动。在学习过程中，技术作为学生探索、实验、建构和反思学习的工具，以使学生从经验中学习。

乔纳森的建构主义学习环境模式包含六个基本要素（问题/项目、相关案例、信息资源、认知工具、交流/协作工具、社会/情境的支持）和三种教学策略（示范、指导、搭建脚手架），如图 3-4 所示。

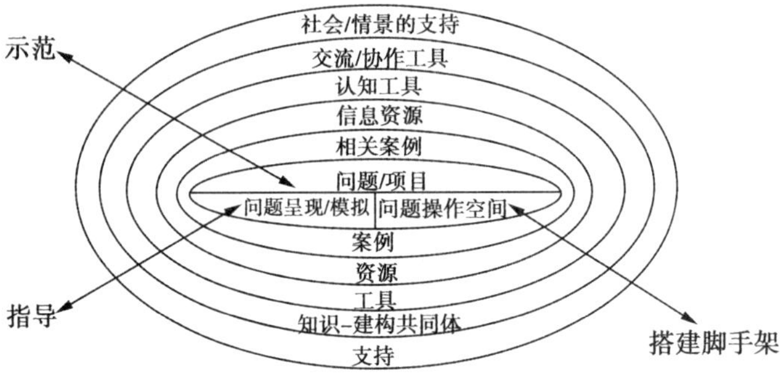

图 3-4　乔纳森的建构主义学习环境模式

建构主义学习环境模式最主要的目的是促进学生对问题的解决和概念的发展，并让他们以领域内实践共同体成员的学习方式学习某一领域的知识。该模式将目标知识和技能都融入问题的解决之中，学生要做的是解释、解决问题或完成一个项目，而不是学习去境脉化的抽象知识。

以上三种教学设计模式基本反映了教学设计理论发展的轨迹，体现了行为主义、认知主义和建构主义等学习理论对教学设计的影响。

“迪克-凯瑞”模式、“史密斯-雷根”模式是以客观主义认识论作为教学设计的基础，它们把复杂的任务分解为简单的成分，关注某个特定的学习领域，如认知领域、动作技能领域或情感领域的教学设计。

乔纳森的建构主义学习环境模式以问题解决为核心，注重对不同类型学习过程、心智模型和影响要素的整体设计，围绕着核心概念，在知识点之间形成丰富的联结，有较高的融通性和整合性，以使学生对知识产生深层次的理解。

“迪克-凯瑞”模式深受行为主义学习理论的影响，特别强调用系统方法指导教学设计过程的优化，以达到预期效果理念的影响，该模式秉持技术理性的设计观。

“史密斯-雷根”模式充分体现了“联结-认知”学习理论的思想，也继承了技术理性的设计观，以教学设计模式突出教学设计的基本过程，这与史密斯、雷根对教学设计模式的基本认识密切相关。他们认为，教学设计模式就是教学设计过程的一种形象表征，由此突出了各个要素及其相互关系。

以乔纳森为代表的新一代教学设计专家不再强调理性化的直线方式设计过程，而是强调教师在教学设计过程中的积极创造性。从乔纳森的教学设计模式中，只能看到教学设计的一系列结果，看不出从哪里执行到哪里结束的设计过程，其教学设计模式中也没有形成性、总结性评价要素。教师利用乔纳森的模式进行设计时，也要表现出分析、设计、开发、实施和评价的一系列步骤和技术。

教师在进行教学设计时，要科学认识理性设计观。“迪克-凯瑞”模式的理性设计观要求教师要不断地从教育情境中提取标准的信息，清晰地界定目标和对象，以获得最优的设计，重视教学设计的效率、目标和控制。用它来指导教学设计活动虽然缺少对教学灵活性的认识，但对一些需要对课程内容和教学策略等进行严密控制的教学设计来说，却具有明显的指导意义，如网络精品课程和线上金课的设计等，课程资源制作完成要上传到网络上供大量学生使用，其设计的质量与学生的学习动机和满意程度密切相关，并且网站内的一些资源（如课程录像资料）一旦上传就难以进行修改，这就需要对教学的每一个要素和环节进行细致的设计和实施。所以，教师在精品课程和线上金课设计的过程中不仅要充分发挥自己的聪明才智，以实现创造性的设计，而且要细致策划，精心组织和调整学习材料。

第二节　教学设计的基本原理与方法

迪克和凯瑞所提出的教学设计系统化方法模式具有教学设计的一般性能和特征，全面体现了教师教学设计中分析、设计、开发、实施和评价的一系列步骤和技术，对各种教学系统的设计活动具有普遍的指导意义。该模式被视作经典教学设计模式的代表，经常被人们用来说明教学设计中的重要步骤和要素，以帮助教师理解教学设计的基本原理。教师在利用“迪克-凯瑞”模式指导教学设计时要灵活运用，不需要按照经典模式的所有步骤去做。

一、教学设计的前端分析

前端分析是美国学者哈里斯(J. Harless)于 1968 年提出的一项技术，即在教学设计过程的开端分析教学中存在的问题，以使设计工作有的放矢，有效地利用人力、物力。教学设计的前端分析主要包括学习需要分析、学习内容分析和学生特征分析。

(一)学习需要分析

教师在教学设计过程中，最为关键的工作就是确定教学目标。确定教学目标有两种方法：一种是领域专家方法，另一种是绩效技术方法。采用绩效技术分析，就是根据要解决的问题或学生要面对的机遇，经过学习需要分析来确立教学的目标。大学教师的教学是一个创造性的活动，无论是创建网络精品课程、线上金课还是课堂教学，都不会简单照搬教材内容或重复过去的教学方法，一般都会根据学科领域的发展、社会的进步和教学对象的不同，进行学习需要分析来确立教学的目的，以此分析具体的教学目标和内容，设计合适的教学策略等。

一般来说，“需要”一词被表述为事物的目前状态与希望达到的状态之间的差距，而“学习需要”则是教学设计中的一个特定概念，是指学生学习方面的目前状况与所期望达到的状况之间的差距，也就是学生目前的水平与期望学生达到的水平之间的差距。这个差距揭示了学生学习中存在的问题，问题的存在也说明了教师教学的必要性。

学习需要分析是一个系统化的调查研究过程，这个过程的目的就是要揭示学习需要，发现问题，通过分析问题产生的原因确定问题的性质，并判断教学是否是解决这个问题的合适途径；同时，它还分析现有的资源及约束条件，以论证解决该问题的可能性。所以，学习需要分析的实质就是分析教学设计的必要性和可行性。学习需要分析的结果是提供“差距”的有效资料和数据，从而帮助形成教学设计项目的教学目标。

以不同的期望值作参照系分析学习需要，便形成了两种不同的确定学习需要的方法，即内部参照需要分析法和外部参照需要分析法。内部参照需要分析法是由学生所在的组织机构内部已经确定的教学目标，对学生的期望与学生的学习现状作比较，找出二者之间存在的差距，从而鉴别学习需要的一种分析方法。外部参照需要分析法是根据社会（或职业）的要求来确定对学生的期望值，以此为标准来衡量学生学习的现状，找出差距，从而确定学习需要的一种分析方法。在实际应用过程中，通常是将内部参照需要分析法和外部参照需要分析法结合起来使用，即根据外部社会的要求调整修改已有的教学目标，并以修改后目标提出的期望值与学生现状相比，找出差距。

（二）学习内容分析

学习内容是指为实现教学目标，要求学生系统学习的知识、技能和行为经验的总和。学习内容分析是以总的教学目标为基础，用于规定学习内容的范围、深度和揭示学习内容各组成部分的联系，以及用于后续为学生特征分析中确定起点能力提供分析的依据。

为了全面、有效地分析教学目标包含的学习内容，教育技术专家提出了一系列的技术和方法用于分析学生的学习内容。乔纳森等人至少总结了 25 种以上适用于学习内容分析的方法，但每一种方法都有其自身的优势和局限，有些也只适应于特定类型的学习内容。比较常用的方法或者得到大家认可的学习内容分析方法有归类分析法、层级分析法、信息加工分析法等。教师根据前面学习需要分析所确定的教学目标，利用归类分析法、层级分析法、信息加工分析法等，分析学生要实现教学目标需要掌握哪些知识、技能或形成什么态度。图 3-5 是迪克和凯瑞针对“将高尔夫球击入洞内”教学目的所进行内容分析的示意图。

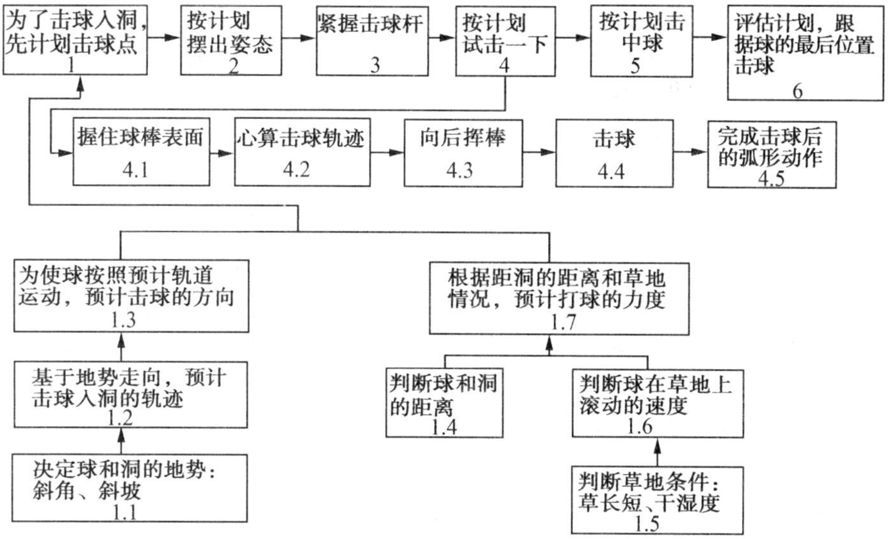

图 3-5 对打高尔夫球心智运动技能的学习内容分析

按照教学目标的分类理论，教学目标“将高尔夫球击入洞内”属于动作技能类目标。辛普森(E. J. Simpson)等人认为，动作技能包括认知和动作两种成分，有的学者就把动作技能称为“心智运动技能”。在实践中，首先采用信息加工法分析了学生为完成教学目标需要执行的六个主要步骤，其中，第一步是认知技能的学习，可运用层级法来分析“学生需要做到哪些才能学会计划击球”的学习内容；第四步是一个完全的动作过程学习，采用了信息加工法对包含的子步骤进行分析。有的学者认为对学习内容分析法要灵活运用，不必拘泥于特定的类型。

（三）学生特征分析

教学设计的目的是有效促进学生的学习。学生具有的认知、情感、社会等特征都将对学习的信息加工活动产生影响，因此，学生特征分析的结果能为学习内容的选择和组织、学习目标的阐明、教学活动的设计、教学方法与媒体的选用等教学外因条件适合于学生的内因条件提供依据。

学生特征的分析对象非常繁杂，包含认知因素、动力因素、调节和监控因素以及学生的认知水平等。为了让教师在分析这些因素时建立清晰的分析框架，有学者建议，教师可考虑将学习者的特征分为三个方面：一般特征、学习风格和起点水平。

1. 一般特征

一般特征是指对学习者从事学习活动产生影响的心理、生理和社会文化发展的一般特点，它涉及智力因素和非智力因素两个方面。与智力因素有关的特征包括知识基础、认知能力、认知结构特征，与非智力因素有关的特征则包括兴趣、动机、情感、意志和性格。学生的认知能力分析主要用于了解学生在不同的认知阶段所表现出的感知、记忆、思维、想象等方面的特征，心理学家皮亚杰所提出的认知发展阶段理论能够为分析学生的认知能力或认知水平提供一个清晰的框架。

2. 学习风格

学习风格是指学生感知不同刺激，并对刺激做出反应这两方面产生影响的所有心理特征。在各种学习情境中，每个学生都必须由自己来感知信息，对信息做出反应，处理、存储和提取信息。而学生之间存在着生理和心理的个体差异，不同学生获取信息的速度不同，对刺激的感知和反应等也不同。要实现真正意义上的个别化学习，必须为每位学生提供适合其学习风格的学习计划和材料。作为典型的个体学习方式或学习倾向的学习风格，其主要作用在于参与并调节学习活动的进程，其对教学设计的影响应该引起广大教师的注意。

3. 起点水平

起点水平是指学习者从事特定学科内容的学习时已经具备的有关知识与技能，以及对有关学习内容的认识与态度。对学生起点能力的分析一般从以下三个方面进行：

(1)对预备能力的分析，它主要了解学生是否具备了学习新知识所必须掌握的知识与技能，这是从事新的学习的基础。

(2)对目标能力的分析，它主要了解学生是否已经掌握了或部分掌握了教学目标中要求学会的知识与技能，如果已部分掌握了目标技能，说明这部分内容的教学没有必要进行，这有助于教学在确定内容方面做到详略得当。

(3)对学生对所学内容的态度的分析，如是否存在偏见或误解。

教师在教学设计时不可能考察学生的所有特征，一般要根据教学设计材料的类型、学习活动的特点选择对学习活动有重要影响的因素进行分析，如在学期开始、学习新的课程内容或面对新的学生时，教师一般要进行起点能力分析；而在日常的教学中，教师对学生的学习水平非常熟悉，就没有必要进行起点能力的分析。

二、学习目标的阐明

学习目标的阐明是指在教学设计前端分析的基础上，教师对学生通过教学后所要达到的结果性或过程性目标进行明确化和具体化的过程，即编写学习目标要依据学习目标理论，用行为目标的方式来界定出可观察的学习结果。

(一)教育目标的分类理论

关于学习目标的分类已经形成了成熟的理论体系，其中具有代表性的理论是布鲁姆(B. S. Bloom)的教育目标分类理论与加涅(R. M. Gagne)的学习结果分类理论。本书主要对布鲁姆的教育目标分类理论框架体系进行介绍。

布鲁姆的教育目标分类理论将教育目标分为三大类，即认知领域的目标、情感领域的目标和动作技能领域的目标。布鲁姆主要领导设计了认知领域的教育目标分类，另外两个领域是由其他教育心理学家设计和完善的。

1. 认知领域的目标分类

布鲁姆等人根据认知复杂性，设计了认知领域的目标分类法。他们根据认知的复杂性，把认知学习分成六个级别水平：识记、领会、应用、分析、综合、评价，这六个学习水平是等级式的，较高水平的目标包含并依赖于较低水平的认知技能。

研究者根据布鲁姆教育目标分类学的六层分类结构，将日常教学中使用的动词组成集合，便得到了基于布鲁姆教育目标分类学进行教学设计的词汇校验表，教师可以根据校验表来检查自己的教学设计是否恰当地考虑了学生的不同思维层次的学习活动，如表 3-1 所示。

表 3-1　　认知领域学习目标分类与学习动词校验表

	解释	学习结果描述动词的举例
识记	回忆先前学习过的知识材料，如事实、方法、过程、理论等	定义 排列 回忆 叙述 匹配 朗诵 界定 命名 选择 标明 概括 陈述
领会	把握知识材料意义的能力，可以借助转换、解释、推断来表明对材料的领会	转换 估计 推理 辩护 解释 释义 辨别 延伸 预测 判断 概括 总结
应用	能把学到的知识如概念、规则、方法等应用于适当的情境，解决实际问题的能力	改变 修改 叙述 计算 操作 解决 演示 组织 转换 发展 准备 使用
分析	把复杂的知识整体分解为组成部分，并理解各部分之间联系的能力	分解 区分 指出 演绎 说明 叙述 图解 推理 分离 区别 概括 细分
综合	将所学知识各个部分重新组合，形成新的知识整体的能力	分类 创造 制定 编写 设计 预测 创作 发明 产生
评价	根据标准对材料作出价值判断的能力，包括按照材料的内在或外在标准进行价值判断	评价 批判 证明 比较 辩护 支持 对比 判断 证实

2. 情感领域的目标分类

克拉斯沃尔(D. R. Krathwohl)等人设计了情感领域的目标分类法，这种方法描述了五种水平的情感行为：接受、反应、价值化、组织、价值或价值体系的性格化。就像认知领域一样，这些不同的水平被认为是有等级的，较高水平的目标包含并依赖于较低水平的情感技能，沿着从接受到性格化这个等级越往上，个体就会越用心，越投入，越依靠自己，逐渐让自己的情感、态度和价值观不再受他人的支配。表 3-2 描述了情感领域各层次学习结果的基本释义和描述学习结果的行为动词。

表 3-2　　情感领域学习目标分类与学习动词检验表

	解释	学习结果描述动词的举例
接受	学生觉察或积极注意某些现象和刺激	注意　识别　觉察　听到　注视　控制　分担
反应	学生主动参与，积极反应，表示出较高的兴趣。学习的结果包括默认、愿意反应和满意的反应	鼓掌　遵从　讨论　跟随　服从　参与　扮演　练习　志愿
价值化	学生用一定的价值标准对特定的对象、行为或事物进行评判	行动　争论　说服　辩论　展示　表达　帮助　组织　偏好
组织	学生将多种价值观组织成一个体系，对各种价值观加以比较，形成个人的价值观体系	抽象　平衡　比较　决定　限定　制定　选择　系统化　理论化
性格化	学生通过对价值观体系的组织，逐渐形成个人的品性	避免　展示　内化　处理　要求　抗拒　解决　设计　修改

3. 动作技能领域的目标分类

1956 年，布鲁姆等人在创立教育目标分类理论时就意识到了动作技能领域的存在，但未能制定出具体的目标体系。哈罗(A. J. Harrow)等人于 1972 年提出了动作技能的分类系统。哈罗的分类方法描述了六种水平的动作技能，从低级到高级分别为反射动作、基础动作、感知能力、体能、技巧动作和有意沟通。因反射动作和基础动作是随着身体发育而自然形成的，不是习得的技能，因此在教学中不设定这两个低层次的学习目标。表 3-3 描述了动机技能领域学习结果的基本释义和描述学习结果的行为动词。

表 3-3　　动作技能领域学习目标分类与学习动词校验表

	解释	学习结果描述动词的举例
感知能力	学生对所处环境中的刺激进行观察和理解，并对动作做出相应调节的能力	旋转　屈身　接住　移动　保持　平衡　踢
体能	学生的身体器官所具有的活力特征，包括动作的耐力、力量、柔韧性和敏捷性	提高耐力　迅速反应　举重
技巧动作	学生从事复杂动作任务时达到有效程度的结果，包括复杂水平和熟练性水平两个连续体	演奏　使用　装配　操作　调节
有意沟通	学生传递感情的体态动作，包括表情动作和解释动作	用动作、手势、眼神或脸色表达……感情 用一段舞蹈表达……思想感情

人们对教学目标分类的反思和研究从未停止，既有一些学者重构了新的分类理论，如加涅的学习结果分类学、马扎诺(R. Marzano)的教育目标分类学，也有一些学者对原有的分类理论进行了修订，如布鲁姆的认知领域目标分类理论在教育实践中得到了广泛传播，也遭到了一些批评。安德森(L. W. Anderson)和克拉斯沃尔(D. R. Krathwohl)等人根据心理学有关思维本质以及它与学习的关系的最新认识，将布鲁姆认知领域的教育目标分类修订成了识记、理解、应用、分析、评价、创建六个层次。

(二)学习目标的编写

学习目标的编写是在教育目标分类理论的指导下，以学生的行为方式进行陈述，教学设计的关注点就从关注教师的行为转向了对学生学习行为的关注，即用分类理论的目标行为描述学生能够学到什么东西，便于教师根据分类理论所描述的学习层次，从学生的外显行为对预期的学习结果进行教学设计和评价。

学习目标编写的方法有很多种，这些方法有着共同的特点，都强调用可以测量的术语来详细规定预期的学习结果，采用这些方法编写的目标也称为“行为目标”。

马杰(R. F. Mager)提出的“马杰样式教学目标”在国内介绍最为广泛，也最容易为教师所掌握，它包括三个基本要素：行为(Behavior)、条件(Condition)和标准(Degree)。后来的学者在三要素的基础上增加了对象(Audience)，于是形成了编写教学目标的ABCD模式。

A：对象——指需要完成行为的学生、学习者或教学对象。

B：行为——指通过学习以后，学生应能做什么。描述行为及其结果的基本方法是使用一个动宾结构的短语，其中表述行为的动词说明学习的类型，宾语则用来说明学生的行为结果或学生所做的事情。教师可以根据教学目标要实现的学习水平，在前面的表格中选择合适的行为动词，它规定了将来学生学习的行为表现，也为教学策略和评价方法的制定与选择提供了参照。

C：条件——指上述行为是在什么条件下产生的。行为产生的条件一般包括以下因素：环境因素(气温、光线、地点、噪音等)、人的因素(在教师指导下进行，小组合作进行，学生独自完成等)、设备因素(设备、工具、图纸、计算器、说明书等)、信息因素(教科书、笔记、资料、图表、词典等)。

D：标准——指行为完成质量的可接受的最低衡量依据。为了使教学目标具有可测量性，应该对学生行为的标准进行具体的描述。

现举例如下：

初中二年级学生（A），在观察各种云的图片时（C），应能将卷云、层云和雨云分别标记出来（B），准确率达90%（D）。

需要指出的是，在实际运用中，往往不需要、也不可能完全机械地按照上述要求编写学习目标。在一个学习目标中，行为的表述是基本部分，不能省略。

用行为主义观点编写学习目标的方法虽然能明确地描述学习目标，克服了传统方法的含糊性和笼统性，但它也存在一些缺点，比如只注重学生外在行为的变化，而忽略其内在能力和情感的变化。由于学生因学习而产生的比较持久的变化除行为的变化以外，还包括认识、能力和心理倾向方面的变化，并且认识、能力和心理倾向方面的变化又很难行为化，因此，为全面、准确地编写学习目标，描述学生内部心理操作的术语就不可完全避免，于是，采用内部过程和外显行为相结合编写学习目标的方法便应运而生。

教育目标的分类理论和学习目标的编写方法还有很多不足，也一直在完善，但不妨碍用它来指导教师的教学设计活动。例如，随着知识时代的来临和建构主义教学理念的兴起，教学设计转向了"以学习者为中心"，它采用基于问题导向的方法，以促进学生的高阶思维能力发展，教师可采用布鲁姆的教育目标分类理论指导设计课程的教学问题，它既能帮助教师认清设计问题所属的认知层次，又能让教师直接采用高阶层次目标的行为动词编写问题，使编写的问题符合培养学生高阶思维技能的要求，并能让学生明确学习的基本方法。

三、教学策略的选择与制定

教学策略是对完成特定的教学目标而采取的教学顺序、教学活动程序、教学媒体、教学组织形式等因素的总体考虑，也就是在不同教学条件下达到不同教学结果所采用的不同方式、方法和媒体等。

目前，适合我国学校教育的教学策略体系的要素主要包括教学活动程序的建立、教学组织形式的设计和教学媒体的选择。

（一）教学活动程序的建立

教学活动程序即某个教学策略所展开的步骤序列，它能使教师明确执行此策略时先做什么，后做什么，再做什么。当然，教学活动程序是相对稳定的，但也不是一成不变的，教师要随着教学条件的变化和教学进程的变化，及时调整前后顺序。

教学活动程序的科学探索是随着班级授课制的形成而发展起来的，直观化教学是教学活动程序研究的开端，从此，人们对教学活动程序进行了大量的探索，提出了各种观点。

1. 传递-接受式的教学活动程序

最为经典的“传递-接受式”教学程序是赫尔巴特学派发展起来的五阶段教学程序。19 世纪初，德国教育家赫尔巴特(J. F. Herbart)深化了对教学程序的研究，他把心理学中的统觉作用应用到教学上，该理论认为学生是利用已有的观念吸收新的观念，并构成“统觉团”，以增强吸收新知识的能力，由此他把教学过程分成四个阶段：清楚、联想、系统、方法，这就是所谓的“教学形式阶段”。其后，赫尔巴特的学生将这四个阶段加以改造，发展为五阶段教学法，即预备、提示、联系、统合、应用，如表 3-4 所示。

表 3-4　传递-接受式的五阶段教学活动程序

教学步骤	解释
预备	唤起学生原有的有关观念和吸引学生的注意
提示	提出若干事例，供学生观察和了解
联系	让学生比较和分析所提到的事例，使新旧知识形成联系
统合	帮助学生进行抽象和概括，形成新的“统觉团”
应用	提出习题、作业，让学生使用已学过的规则或原理解答问题

五段教学法在 19 世纪末 20 世纪初流行于欧美，20 世纪初传入中国，对全世界的课堂教学活动都产生了重要影响。苏联著名教育家凯洛夫(N. A. Kailrov)根据马克思主义认识论，对赫尔巴特学派提出的五阶段教学程序进行了改造，提出了一种新的五阶段教学程序，即激发学习动机、复习旧课、讲授新课、运用巩固、检查效果。凯洛夫提出的五阶段教学程序在中华人民共和国成立后传入我国，并成为我国各级各类学校在教学实践中所普遍采用的方法。

2. 问题解决的教学活动程序

所谓“问题解决”，是指人们为处理问题情境而产生的一系列认知加工活动，泛指有机体获得对问题情境的适当反应的过程。近代社会在教育中倡导问题解决学习的是 20 世纪初期著名的教育学家杜威，他是从实用主义、经验主义的立场出发，反对赫尔巴特学派形式阶段说的知识灌输而提出该观点的。20 世纪 60 年代，在医学教育领域开始建立起成熟的问题解决学习方法，其后被推广到商业、法律、工程等教育领域。20 世纪 80 年代初，建构主义理论的发展促使西方教育界提出了以“问题解决学习”为核心的教学改革思路，广泛应用于中小学和大学教育的各类课程之中。

问题解决学习是把教学/学习置于复杂的、有意义的问题情境中，通过让学生以小组合作的形式共同解决复杂的、实际的或真实的问题，来学习隐含于问题背后的科学知识，发展学生解决问题的能力。教师在教育实践中采用的经典教学活动流程包括创设情境、提出问题，界定问题、分析问题、组织分工，探究、解决问题，展示结果、成果汇总，评价、反馈，如表 3-5 所示。

表 3-5　　问题解决的教学活动程序

教学步骤	解释
创设情境、提出问题	教师利用信息技术等创设学习情境，学生在教师提出的引导性问题的基础上，针对问题情境提出更多的细化问题
界定问题、分析问题、组织分工	学生在分析问题情境的基础上，找到问题的本质；用自己的语言精辟地、清晰地阐述所要研究的问题，并提出可能的行动、建议或解决方案；根据学生的兴趣和能力等进行分组，分配学习任务
探究、解决问题	学生通过各种途径，收集与主题相关的信息；对所收集到的信息进行归类、整理、分析；相互交流，形成解决方案
展示结果、成果汇总	以适当的形式（如多媒体方式）来陈述、展示各个小组对解决问题的建议、预言、推论或其他的合适的解决办法
评价、反馈	小组之间共享他们所创建的解决方案，对方案进行评价，并评价各小组在整个问题解决过程中的表现

3. 项目学习的教学活动程序

美国巴克教育研究所的研究人员认为，项目学习是一套系统的教学方法，学生在这个过程中对真实复杂的问题进行探究，设计项目作品，制定项目完成计划，按照计划完成项目作品；学生在此过程中同时完成对所需知识和技能的掌握。

正式把教与学的方法称之为“项目学习”是源于 20 世纪中期以来的两个重大发展：一是关于学习理论的革命，在神经科学和心理学方面的研究拓展了学习的认知与行为模式，使人们认识到知识、思维、行动与学习环境密不可分，学习是在文化、社区及经验的环境中发生的；二是工业文明的进程推动了教学方法的变革，工业文明的发展使社会需要高素质劳动者的要求越来越迫切，这既要求劳动者能够计划、协作与沟通，也要求他们能够承担责任。

项目学习是以学习某种或多种学科的概念和原理为中心，以制作作品并将作品推销给客户为目的，在真实世界中借助多种资源开展探究活动，并在一定时间内解决一系列相互关联的问题。教师在教育实践中采用的经典教学活动流程包括设计项目、创设情境，分析问题、制定计划，协作探索、寻求新知，实施计划、制作作品，汇报交流、展示成果，自评互评、总结反思，如表 3-6 所示。

表 3-6 项目化学习的教学活动程序

教学步骤	解释
设计项目、创设情境	项目选定的根本依据是学生的兴趣、技能水平，也要考虑项目是否和学生的日常经历相关、内容是否丰富等
分析问题、制定计划	项目包括时间安排和活动计划。时间安排是学生对项目学习所需的时间制定一个总体规划，做出一个详细的时间流程安排；活动计划是指对项目学习所涉及的活动预先进行规划
协作探索、寻求新知	项目学习是复杂的，常常是通过小组合作完成的。学习小组直接深入实地调查研究，将活动内容以及自身对活动的看法/感想记录下来，提出解决问题的假设，借助一定的研究方法和技术工具收集信息，并对收集的信息进行加工处理，最终得出解决问题的方案或结果
实施计划、制作作品	作品制作是项目学习模式的典型特征，作品形式多样，如研究报告、实物模型、网页和戏剧表演等。学生在作品制作过程中会运用学习过程中获得的知识和技能来完成作品的制作，因此作品制作与探究活动是相互交融的
汇报交流、展示成果	成果交流的形式可以多种多样，如展览会、报告会、辩论会、小型比赛等。在成果交流（如展览会）中，参与的人员除本校的教师和学生之外，还可能包括校外来宾，如家长、其他学校的教师和学生，以及教育主管部门的领导和相关专家等
自评互评、总结反思	项目学习注重定量与定性、形成性与总结性、个人与小组、自我与他人评价的良好结合。评价的内容主要包括课题/项目的选择、学生在小组学习中的表现（活动中小组成员之间的合作状况）、计划、时间安排、结果表达和成果展示等方面

从上面实施的过程来看，项目学习也是以问题解决为导向组织学习活动的。其实，自 20 世纪 60 年代以来，发端于北美培养职业人员（如医学界）的、以问题为基础的学习和发端于北欧理工科教育改革的、以项目为基础的学习，引起的社会反响在很多国家的高等教育和中等教育机构中得到了诸多变通的应用，并于 20 世纪 90 年代逐步形成了以问题为导向、以项目为基础的学习，即著名的奥尔堡学习模式。因此，项目学习的精髓体现在交融互动的三个方面：学习方法——以问题为导向、项目为组织；学习内容——超越单一学科，鼓励学科交叉；学习的社会性——通过小组合作学习实现人与环境互动。

4. 促进理解的教学活动程序

威金斯（G. Wiggins）和麦克泰格（J. McTighe）于 1998 年提出了“追求理解

的教学设计"理论，受到了美国课程与视导学会的关注，并在美国的很多学校中试验推广。该理论将脑科学研究中关于人如何学习的成果应用到教育之中，强调在教学时运用"引导性问题"帮助学生从解释、释义、应用、洞察、移情、自知六个维度达到深入持久的理解。

追求理解的教学设计采用的课堂教学结构是以单元教学为主，主要包括明确教学目标、激发学习意愿、逐步探究主题、反思学习过程、展评学习所得五个步骤，如表 3-7 所示。

表 3-7　　促进理解的教学活动程序

教学步骤	解释
明确教学目标	学生要知道自己的学习目标和参与学习活动的目的，了解自己的知识水平和学习单元的绩效标准
激发学习意愿	在尊重学生学习风格、兴趣和能力差异的基础上，利用启发引导和迎接挑战等方法来激发和维持学生的兴趣
逐步探究主题	让教师和专家介绍关键的问题，或阅读相关的书籍，以使学生积累学习经验；通过讨论、设计作品等方法，让学生探寻重要的观点，发现问题的本质
反思学习过程	利用自我、同伴和教师评价，引导学生进行反省和重新思考，以更深入地挖掘核心概念
展评学习所得	学生展示学业表现和成果，以评价其对核心概念的理解程度

（二）教学组织形式的设计

所谓"教学组织形式"，是指根据教学的主观和客观条件，从时间、空间、人员组合等方面考虑安排教学活动的方式，它受现有人力、物力和管理体制等因素的限制。由于不同的教学组织形式对教学活动能产生不同的影响，这就要求教师要了解各种组织形式的特点，从而懂得如何扬长避短，取得现有条件下的教学最优化。

1. 集体授课

集体授课一般是以班级的形式进行，它是根据年龄或文化程度把学生编成有固定人数的班级，由教师按照教学计划统一规定的内容和时数进行教学的教学组织形式。集体授课主要是教师通过单纯口头讲授（包括介绍、解释、演示和表演等），也可以借助教学媒体（如录音、录像和投影等）配合讲授，把教学内容传递给一个班或几个班的学生。

集体授课适用的情况包括导入新课题的目标和要求，为学生指明方向；介绍教学内容的一般背景知识或必要的预备技能;系统讲解课题范围内的观点和材料;介绍专业领域新近的发展情况;邀请外来专家演讲或放电影、录像等。

2.个别化教学

个别化教学是指教学方法的个别化。当同一教材、教法不能覆盖班级及教学中学生的程度差异时,为顾及个别能力、兴趣、需要及可能遭遇的困难,教师必须在教学过程中特别设计不同的教学计划。这种形式体现了学生的主体性,当代学习理论给予了它强有力的支持。学习主要是一种内部操作,必须由学生自己来完成,当学生按照自己的进度来学习,积极主动地完成目标并体验到成功的快乐时,就能获得最大的学习成果。

针对学生已有的认知水平和能力所存在的差异,个别化教学的设计方法不尽相同。最简单的是为所有的学生设计同样的学习途径,让不同学习能力的学生都达到同样的目标,只是花费的时间多少不等;较为高级的设计是以配合教学目标的大量学习材料为基础,构成一系列不同的学习程序,有些学生可能通过快速程序,有些学生可能通过慢速程序,完善的设计准备了含有许多媒体材料的教学,允许学生自行选择学习程序。

3.小组教学

小组教学指的是将两人以上的学生编成一个小组,以各小组为单位共同学习的教学组织形式。这种形式给了教师与学生、学生与学生面对面密切接触和相互了解的机会,它符合当代教学理论中对教学中人际交互作用重视的思想,是培养学生健全人格,促使个体社会化的有效途径。

小组教学关注学习中个人之间的社会互动过程,目的是通过学生之间的共同学习和榜样的激励,让他们学会使用一系列的符号表现形式、论述形式以及掌握相应的认知过程,理解知识的结构和发展,获得一些有效的认知策略,掌握自己再学习的能力。

国际互联网的发展和使用,培养了世界范围内的信息流动,促使学生建立网上虚拟学习共同体。学生对虚拟学习共同体的感觉是通过网络上信息的流动来维持的,而不是通过地理上的接近发生联系的。用虚拟学习共同体来组织教师、学生之间的学习讨论,支持网上人际关系的“自然发展”,使学生成为“学徒式的学习者”,在帮助别人和别人的帮助下达到个人或小组的目标。

上述三种主要教学组织形式没有十分明显的界限,如正规的班级讲授可以结合提问、讨论,个别化学习中可以辅之以小组交互作用等,所以在制定教学策略时,三种形式之间要有某种程度的平衡,以便扬长避短,相互弥补和促进。

(三)教学媒体的选择和设计

教学设计的兴起与媒体的发展密切相关。事实上,教学设计发展之初的主要任务就是关注媒体选用的效果。在媒体技术应用的初期,因媒体知识的贫乏，人们常把它仅仅看作是一种可替代的工具或手段，教师使用媒体不是为了追求应用的效果，而只是为了自我劳动的解脱。自 20 世纪 60 年代开始，媒体技术的迅速发展，导致了媒体研究的热潮。

在教育技术领域，对媒体应用的研究主要包括两个方面：一是媒体功能和特性的研究，它形成了一系列的媒体观，使人们基本认清了媒体对教学和学习活动的影响；二是研究者在媒体应用实践中总结出了一些用来指导教师如何选择媒体的方法、程式或模型，如问题表、流程图、矩阵式和表格式等模型。

信息技术的迅速发展，使得教师在教学情境中面对的媒体技术越来越丰富多彩。媒体设计的具体方法有很大的区别，教师直接根据媒体特征来选择和设计太过复杂。对此，研究者根据媒体特性研究结果提出了一些基本依据，它既能体现教学媒体应用的基本旨趣，也为教师选择媒体和设计学习材料的呈现方式提供了直接参照。

1. 依据教学目标

艾伦(W. Allen)提出的“教学设计取决于具体的教学目标，教学媒体的功能高低是相对于一定的学习目标而言”的观点，代表着人们认识媒体特性的重要思路，深深影响着媒体研究的取向，这种观察和研究视角延续至今。根据教学目标判断媒体效能是教师选择媒体的关键依据。

为了达到预期的教学目标，媒体是以完成不同的功能来实现教学目标的，也就是说，同一种媒体在完成不同层次的目标时表现出的效能高低不同，教师为实现不同的教学目标需要选择不同的媒体去传递教学信息。艾伦、加涅等人都根据上述思想提出了教学目标与媒体种类的关系矩阵表，帮助教师根据要实现的教学目标选择媒体；美国教育专家费希尔(M. Fisher)根据新版的布鲁姆教育目标分类学中“识记、理解、应用、分析、评价、创建”六个目标层次，提出了“数字布鲁姆”的图示；陈丹和祝智庭推荐由中国本土开发的对应性、替代性网站或软件工具于“数字布鲁姆”之中，建构出了中国版的“数字布鲁姆”，可有效引导教师选择和使用信息化工具。

2. 依据教学内容

每位教师面对的各门课程的性质不同，适用的教学媒体也要有所区别；同一课程各章节内容不同，对教学媒体也有不同的要求。

根据我国教育部教学信息化办公室组织开展的调查结果显示，高等学校普遍采用信息技术改革教学方法，如采用多媒体教学，教室中少了教师挥汗如雨、奋笔疾书的辛劳景象，多了教师潇洒飘逸、侃侃而谈的身影。教育行政部门和学校在欢呼教学改革取得辉煌成果的时候，很多学生似乎并不高兴，他们有时不喜欢教师用多媒体的方式上课，曾有学生给上海交通大学熊丙奇教授去信称：“真想把学校的多媒体教室砸了！”这是因为，一些高校教师患上了“PPT 依赖症”，他们不管课程的性质和教学内容的特点，上课就放多媒体演示文稿，对着演示文稿照本宣科，降低了课程的教学质量。

教师是否选择利用多媒体技术上课，要依据课程的性质和内容的特点来设计。如在语文教学中，讲读那些带有文艺性的记叙文，最好配合再造形象，所以应通过能提供某些情景的媒体，使学生有亲临其境的感受，以唤起他们对课文中人物、景象和情节的想象，使之加深理解和体会；数学、物理等学科的概念和原理比较抽象，需要经过分析、比较和综合等一系列复杂的思维过程才能理解，教师可以多媒体来呈现电路图、例题等，用黑板的板书来推导公式，这样有利于引导学生进行积极的思维。

3. 依据教学对象

每个学生使用媒体的习惯和能力，以及对媒体呈现信息方式的接受能力都不一样，甚至他们所处的环境、群体的规模等因素，都影响着媒体的选择与运用。

在学生的特征中，成熟度是影响媒体选择和应用的重要影响因素。从夸美纽斯(Y. A. Comenius)提出媒体运用的“直观化教学原则”开始，一直到戴尔(E. Dale)的“经验之塔”模型，都体现了教学媒体所提供信息的具体与抽象程度必须与学生年龄与认知水平相适应的观点，他们都强调不同年龄阶段学生的形象和抽象思维能力不一样，媒体的选择和使用应该有差别。比如，小学生的认知特点是偏重于直观形象思维，注意力不容易持久保持，为此，对他们可以较多地使用动画课件、视频录像，这些资源要生动形象、重点突出、色彩鲜艳；随着年级的增长，学生的概括和抽象能力发展了，感知的经验也逐渐丰富起来，注意力持续集中的时间延长，为他们选用的媒体就可以广泛一些，如交互仿真、微世界等，可以让学生使用这些媒体展开探究性学习活动，对知识进行分析、综合、抽象、概括，增加理性认识的分量，重点应放在揭示事物的内在规律上。

学生的个性特征(如学习风格)对教学媒体的使用习惯和能力都有影响，在媒体设计时，要根据学生的个性特征来设计。一些学者根据多媒体信息具有的非线性、联想式结构类似人类长时记忆或认知结构的特性，认为按照超文本方式管理信息更符合人类的思维特点和阅读习惯，能促进人类对信息的解释和理解。其实，大量实证研究的结果显示，不同学习风格的学生在非线性学习路径选择的能力、超媒体空间导航的能力等方面表现出了很大的差异，场依存性的学生不喜欢自由选择学习路径，对超媒体空间导航的控制能力表现得也较差。

4. 依据教学条件

教学中能否选用某种教学媒体，还要看当时当地的具体条件，其中包括资源状况、经济能力、师生技能、使用环境及管理水平等因素。视频录像教学具有视听结合、文理皆宜的优点，但符合特定课题需要的录像片是不是随手可得呢？

语言实验室是一种极其有效的外语教学媒体，但并非每个学校都有能力配备，因陋就简采用录音机代替也是可以的。使用计算机辅助教学前景看好，但除了需要资金购买计算机外，还得培训使用人员。若教室不具备遮光设备，连“物美价廉”的投影仪、幻灯仪都使用不上。有的单位管理混乱，结果使不少已经配备的现代化教学媒体也无法使用。

显然，影响媒体选择的因素十分复杂，而忽略其中任何一种都可能影响教学设计的效果。但每次选择时，如对所有因素都面面俱到地加以考虑，不仅会耗费大量的时间，事实上也是很难做到的，因为制约媒体选择的各种因素间关系有时是相互抵触的，很难统一在同一个选择目标上。我们一般采用先考虑重要因素后考虑次要因素的方法，必要的时候，有些次要因素甚至可以忽略。通常认为，学习任务和学生是最重要的因素，在条件允许的情况下要优先考虑。

四、评价工具的开发与实施

在教学设计发展的初期，人们是直接将开发的教学材料当作成品发给目标人群。由于未经修改的教学材料不能够很好地支持教与学，因此在使用过程中总是会出现很多问题；尤其是大型课程开发项目的出现，这种未经测试的教学材料所引起的问题更加突出，人们经常发现使用新材料和教学方法的学生成绩有时比使用原有教学材料和方法的学生都低。研究者在对这种情况进行了研究之后，建议教师在教学材料的开发过程中实施形成性评价活动，搜集用于改善教学效果的数据和信息，改善教学设计的教学材料。这种评价的思想后来被用于各种类型的教学设计之中。

（一）教学设计的评价类型

在教学设计中，对学生的评价是采用标准参照评测的方法，它由教学目的及其派生的绩效目标规定评价的标准，这种评价不仅能评价学生的进步状况，还能评价教学的质量，以此来判断哪些内容和教学策略需要修改。教学设计要开发的标准参照评测有四种类型：入门技能测试、前测、练习测试和后测，这四种测试在教学设计的评价阶段和传递教学的过程中有不同的作用。

1. 入门技能测试

入门技能测试是在开始教学前对学生进行的评测，它评价学生在学习新的知识和技能前必须具备技能的掌握情况。如果一个教学单元需要入门技能，那么就要设计考试题，在形成性评价时让学生使用。

2. 前测

前测是在教学开始之前实施的测试，目的是确定学生是否已经掌握将要讲授知识和技能中的部分或全部，从而提高教学效率。对于学生已经全部掌握的技能，就没有必要进行此种技能的教学，应考虑下一环节的教学；对于已部分掌握的教学技能,可对其进行简单的提醒或复习,将教学重点转移到其他技能的训练上。对于学生来说,全新的教学内容就没有必要设计前测。

在教学设计中,经常将入门技能测试和前测合二为一,在对考试结果进行统计与评估时分别处理和解释。

3.练习测试

练习测试是在教学实施过程中进行的测试,它能够让学生练习所学的新知识和新技能,自我判断自己的理解程度和技能水平,目的既是在教学中提供学生主动参与的机会,又可用来有效地控制教学进度。一般来说,练习测试所包含的技能少于前测和后测,主要是针对每节课的内容,而不是整个单元的内容。

4.后测

后测是从教学目标分析中选取要评测的技能,在教学之后进行测试,其初始目的是帮助教师确定教学中的不足。如果一个学生没有完成预期目标,教师就要能够找出在学习过程中学生从哪个知识点开始出现问题,准确地发现学生学习过程中存在的问题。

在教学设计过程中会用到这四类测试,而在教学的形成性评价结束后,部分或全部的入门技能测试和前测也就完成了使命,后测也可能会修改为测试学期目标,在将来的教学过程中使用。

(二)教学设计的评价工具

标准参照评价的实施是要能真实地测出学生的各种表现,在设计标准参照评测时一个主要的考虑是确定学习目标所属的教育目标领域,以此为参照,选择和开发合适的测试工具。学习目标中所说明的绩效行为为确定评测该行为的评价工具类型提供了线索。

1.试题

言语信息领域的目标一般是采用客观题,如简答题、选择题、匹配题和多项选择题等试题类型。教师评判学生的言语信息类回答相对比较容易,不论这种回答是手写的还是口头陈述的,因此也就容易判断学生是否掌握了言语信息目标:学生要么能想起答案,要么就什么也答不出来。

2.量表

高阶认知技能、动作技能和情感领域的目标都比较复杂,如它们要求制作作品(音乐成绩、研究报告、手工制品等)或给出某种类型的现场表演(指挥乐队、演戏或召开业务会议),这就不能采用客观题来评价,而需要建立一套标准来判断学生完成的质量,并且还要将这些标准转变成核查表或等级量表,或者直接用频度计数表记录学生的某种行为出现的次数,以此判断学生学习的质量或态度的倾向。

(1)核查表。核查表是在每个要被观察的已经表述好的评价要素旁边增加两列，一列用来在每个要素出现时标记“是”，另一列标记“否”，表示要素没有出现或者表现不充分。核查表的好处是包含了许多不同的要素，这些要素可以在给定的时间内由教师以尽可能快的速度完成观察，保证所作评价的一致性或可靠性，便于获得整个行为的分数。

(2)等级量表。等级量表由一系列对学生不同表现质量的描述及其不同的等级组成，它至少使用三个等级来为一个元素计分，如“差”“中”“好”或“差”“一般”“好”“优秀”。等级量表有好的一面也有不好的一面。从好的一面来看，等级量表比核查表提供了更多关于学生行为质量方面的信息；从不好的一面来看，等级量表使用时要对所评价的每个要素的质量做得更细，区分起来比较费时间，并且它所提供分数的可靠性也不如核查表，特别是当包含了较多的质量级别时，教师可能没有时间进行区分，很难保证评分的一致性。

(3)频度计数表。如果要观察的要素在行为表现期间或在作品中会重复多次，那么不管是好是坏，都需要用频度计数表来统计。频度计数量表可以简单地在每个要素旁边加一空白区域来创建，在此空白区域记录出现的次数。与核查表类似，构造频度计数量表最大的难处在于确定要被观察的要素和安排它们的顺序。

3.学习档案袋

学习档案是反映学生学习成效的标准参照评测样品的汇集，这些评测既包括展示学生从前测到后测进步情况的客观题型的考试，也包括学生在教学中制作的作品或现场表演。学习档案还可以包括有关学生对所学内容和教学情况态度方面的评定。

用学习档案袋对学生的成长评价分多级完成。第一级是学生的自我评价，即学习者审查自己的材料，包括考试分数、作品、行为表现和评分标准，写下自己对材料中的优点和问题的看法，还要说明应该怎么做来改进材料；然后是教师先不看学生的评价，自己审查档案袋内的材料，并记录评判的结果；在教师完成评价之后，教师和学生一起比较两者所做的评价，讨论两者之间的区别。面谈结束的成果之一就是要一起计划下面学生该怎么做才能提高学习的质量。

(三)形成性评价的典型过程

形成性评价主要分为三个阶段：第一个阶段是一对一评价，第二个阶段是小群体评价，第三个阶段是实地试验。

1.一对一评价

一对一评价是形成性评价的第一个阶段，其目的是从单个学生那里获得对教学内容的最初使用数据和反馈，并修正教学材料中存在的明显错误。

教师进行一对一评价时，要用前测挑选三名或者三名以上具有代表性的学生共同完成。教师要挑选能够代表目标人群的学生，可以挑选一个能力高的、一个处于中等水平的和一个能力低的。能力高的学生定位于已经了解部分教学内容的学习者；中等水平的学生具有入门能力，但是不了解要学的知识和技能；能力低的学生缺乏部分或全部入门技能。

一对一评价的过程是通过教师和单个学生的直接交流来完成的。教师先向学生说明评价的须知，如告知学生试用教学材料的目的是了解教学设计成果的质量，而非评估学生的能力，以消除焦虑和紧张等；教师要和学生一起阅读教学材料，评价教学材料的教学清晰度、对学生的影响力和教学可行性，然后在预定设计好的时机，和学生讨论材料中呈现的内容；教师需要将学生的建议和意见都记录下来，并总结评价的过程。学生在学习结束后要及时进行后测，评价使用学习材料后取得的成绩，以发现学习中存在的问题和产生这些问题的原因。

2.小群体评价

小群体评价是形成性评价的第二个阶段，其主要目的是确定一对一评价后所行的改动是否有效，如果是自主学习材料还要确定学生是否可以不与教师交流能独立地使用教学材料。

根据小群评价的特点，要挑选 8～20 名学生组成评价小组，这样所得到的数据既具有代表性，又不会在数据的收集和处理上给教师带来不便。仔细挑选参加小群体评价的学生非常重要，一般情况下应尽可能确保从目标人群的每种类型中至少选取一个学生作为代表。划分目标人群类别的方法有很多种，如学习成绩分别为高、中、低的学生；熟悉某种学习方式（如网络教学）的学生和不熟悉这种学习方式的学生；年轻、没有什么经验的学生和相对更成熟的学生等。

在小群体评价过程中，教师先向学生解释参加评价的主要目的是向他们获取改进教学材料的意见，激励学生积极提供如何改进教学材料的建议。教师安排学生按照教学材料所设计的实际使用方式，组织学生参加教学和学习活动。

小群体评价主要评估教学的有效性，这要经常使用学生在前测和后测的成绩。前测一般包括入门技能和教学目标，后测测定学生在各类学期目标上的表现。除了评估学生的成绩水平之外，还要利用态度问卷和后续访谈了解他们对于教学的态度。所收集的有关教学可行性方面的信息包括以下几个方面：学生完成教学和所要求的绩效评测所需要的时间；以预定的形式在设定的环境下传递教学的费用和可行性；教师在实施教学或管理中所表现的态度。

3.实地试验

实地试验要求教师在一个与教学材料最终使用环境尽可能相像的学习环境中进行评价，其目的是确定在小群体评价之后所做出的改动是不是有效，以及要看在预设的使用环境下实施该教学的可能性。

实地试验阶段需要大约 30 名学生，确保这些学生为教学材料所针对的目标人群的代表。理想状态下，应挑选几个不同的群体来参加实地试验，以确保收集所有目标环境下的数据的可能性，如开放教室、传统教学以及远程学习中心。

实地试验的过程和小群体评价的过程类似，教学由一位典型的教师实施和传递，主要的变化是考试题的使用减少了。这个阶段是基于小群体评价的经验进行的，要对前测和后测进行修改，仅仅测试最重要的入门技能和最重要的将要教授的技能，这个阶段主要关心的是教学在预期的学习环境下的可行性。

上述是形成性评价的典型过程，而在实际教学设计中，由于教学设计的类型和结果不同，不一定完全按照上述过程来进行，如选编现有教学材料、教师引导型的教学等，就不需要进行一对一评价和小群体评价，而是直接进入实地试验，这并不是说前两个阶段的评价对教学没有帮助，而是因为在教学评价实践中，选用现有材料进行教学或教师引导型教学的教师很少有时间和资源来进行这两个阶段的评价。

第三节 信息化教学设计的原理与方法

信息技术的迅速发展促使教育进入了一个教育信息化的时代，它要求在教育领域全面、深入地运用信息技术来促进教育改革和教育发展，教师要适应教育信息化对教育发展的要求，必须学会信息化教学设计的基本原理与方法。信息化教学设计是以优化教学为目的，利用信息技术和信息资源对教学过程的各个环节和要素进行科学的计划和安排，为学生提供良好的学习环境。

一、信息技术对教学模式发展的影响

信息技术在教育中的广泛应用对教育理论和实践产生了巨大影响，它促使研究者和教师在借鉴以往教学模式的基础上，结合现实教学条件开发了一系列信息化教学模式，以使之契合现实的教学情境，适应人类社会发展对教育教学提出的要求。

（一）信息技术发展与教学模式的演进

祝智庭教授根据国际上教育技术的发展进程考察了信息技术对教育模式的影响后，描述了20世纪50年代以后信息技术进步与教学模式发展之间变化的规律，如图3-6所示。当无线广播和电视技术开始应用于教育时，教学模式研究的重点是大面积的众体教学（mass teaching）；当个人计算机进入教育领域后，教学模式研究的重点转向个别化教学（individual instruction）；当计算机网络（主要是局域网）开始应用于教育领域后，教学模式研究的重点转向合作性小组学习（group learning）；随着国际互联网技术融入教育领域，交互性远程教学

方式逐渐兴起，教学模式转向对虚拟教育（virtual education）的研究，出现了虚拟教室、虚拟学校、数字博物馆等新概念。

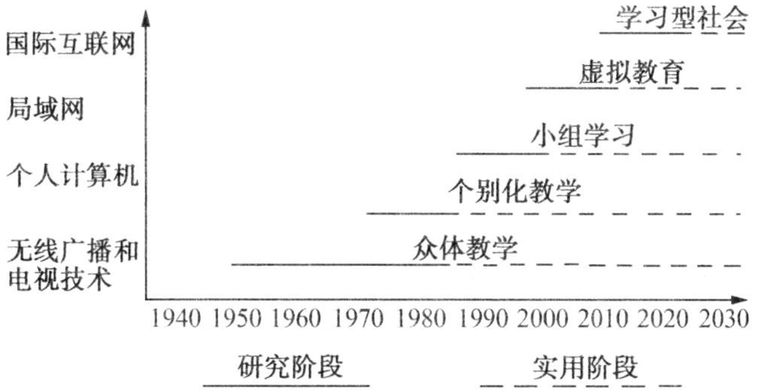

图 3-6　信息技术发展与教学模式发展之间的关系

（二）信息化教学模式的分类

在信息技术的发展过程中，人们开发了种类繁多的信息化教学模式，它们体现了各种教育思想和教学经验。教师要在教育实践中根据具体的教学条件和教学场景应用这些教学模式，就需要对教学模式的特征有一个清楚的认识。教育技术领域的学者从不同视角对信息化教学模式进行了分类，教师从他们的分析中能较容易地辨析这些教学模式的基本特征，以选择合适的教学模式灵活运用。

国外学者乔纳森等人虽然没有明确提出信息化教学模式的分类，但他们从建构主义学习观和用技术学习的角度出发，描述了用技术支持学习的六大方式，国内学者有时也把它们称为“教学模式”。这六大方式分别是：用技术支持探究性学习、用技术支持视觉化学习、用超媒体支持建构现实的学习、创建以技术为支持的学习共同体、用技术支持反思性学习、用技术支持“做中学”的建构主义学习环境。乔伊斯（B. Joyce）和威尔斯（M. Weils）依据学习理论根源，将教学模式分为四个族类：行为修整模式，如模拟、程序教本；社会互动模式，如合作学习、角色扮演；个人模式，如头脑风暴；信息加工模式，如探究学习。

国内学者祝智庭教授从文化与认识论两个维度对教学模式进行了分类，如图3-7 所示。这一分类将信息化教学模式划分为四个区域：Ⅰ区侧重于以教为中心的个别化教学，一些传统的计算机辅助模式主要集中在这个区域中；Ⅱ区侧重于以学生为中心的个别化学习，它描述了 20 世纪 80 年代以后，因建构主义学习理论与多媒体技术融合而发展起来的教学模式；Ⅲ区的教学模式则是从传统的电化教室发展而来，只不过增加了多媒体教学应用，而虚拟教室的出现则大大拓展了其概念；Ⅳ区侧重于以合作学习为中心的多种虚拟学习环境，它描述了 20 世纪 90 年代后，建构主义学习理论与网络虚拟合作融合而发展起来的教学模式；中心区域表征的是综合了多种信息化教学模式的集成化教育系统。

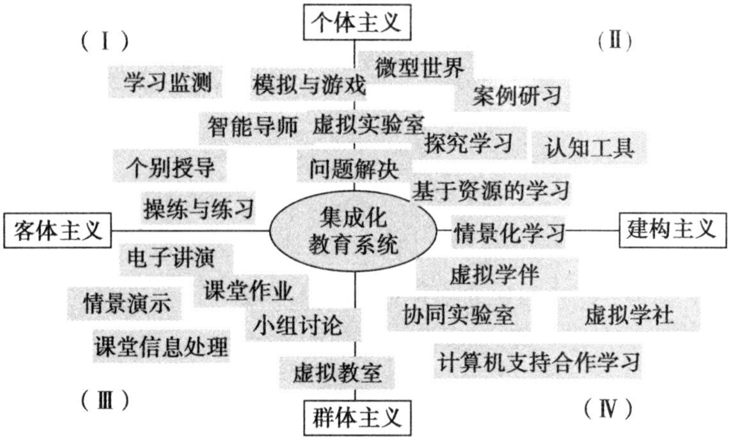

图 3-7 信息化教学模式的分类

教师对上述分类框架中的一些信息化教学模式可能不太熟悉，这需要有一个渐进认识的过程。随着信息技术的发展和学校办学条件的成熟，教师会逐渐把更多的信息化教学模式应用于教学实践。有些信息化教学模式因与自己的教育思想接近，教师接受的速度就很快，如计算机支持的课堂讲授；有些信息化教学模式与自己的教育思想有冲突，教师接受起来就有困难，甚至遭到教师的怀疑和抵制，但经过实践证明有效后，教师就会接受这些教学模式，使教育活动充满新的生机和活力。

(三)信息化教学模式范例简介

为使教师对信息化教学模式有一个初步认识，能清晰辨别信息化教学模式分类框架四个区域中各种模式的基本特征，在此对分类框架的每个区域中选择一种模式进行简要介绍。

1.个别授导

20 世纪 50 年后期，美国 IBM 公司研制了世界上第一个计算机辅助教学系统，宣告人类开始进入计算机教育应用的时代。个别授导就是这个时代开发的经典计算机辅助教学模式之一，它延续了程序教学设计的基本思想，此模式企图利用计算机来实现教师的指导性教学行为，对学生实施个别化教学。个别授导模式的基本教学过程为：计算机呈示教学内容、相关事例——提问——学生应答——计算机判别应答并提供反馈。现在，教师进行个别授导类课件设计时，多采用多媒体方式呈现教学内容，它使学生的学习活动更为生动活泼。

2.微型世界

20 世纪 60 年代后期，美国教育心理学家佩珀特(S. Papert)提出了“微型世界”的计算机教育应用观点。“微型世界”最初是利用 LOGO 语言所建立的学习环境，它所提供的“图龟世界”允许学生进行操纵，并观察其反应。现在，微型世界一般是指利用计算机构造一种可供学生自由探索的学习环境，这个学习环境是按照现实生活中的某些规律建立起来的，大多数“微型世界”是借助计算机建模技术来构造的。“微型世界”的基本特点是学生对模拟的环境可操纵、可建构。

随着网络和通信技术的应用发展，网络支持的“微型世界”也应运而生。例如，由美国科学探索网站开发的“pH 酸碱度”，就是一个网上“微型世界”的典型案例，它为学生学习化学酸碱度知识提供了一个丰富的网络学习环境，其中文版如图 3-8 所示。在这个“微型世界”中，学习被划分为 7 个步骤，简称为“7E 模式”，即趣味（excite）、探索（explore）、解释（explain）、扩充（expand）、延伸（extend）、交流（exchange）及测验（examine）。这些学习步骤既可以按顺序进行，也可以各自独立进行。

图 3-8　“pH 酸碱度”教学微型世界

3. 计算机支持讲授

计算机支持讲授是在学校班级课堂教学中引入计算机多媒体技术而发展起来的一种教学模式。计算机支持讲授最为普遍采用的方式是多媒体演示模式，教师在课堂讲授时用数码投影仪在屏幕上呈现演示文稿的内容，或用教学模拟软件演示事物发展的基本原理，帮助学生加深对原理的理解。

计算机支持讲授的教学模式在延续传统班级课堂教学优势的基础上，充分发挥了信息技术支持教学的作用，它是大学教师最经常采用的教学模式。计算机支持讲授还可采用网络化学习平台实施远程课堂演示、示范性练习等。

4. 计算机支持合作学习

计算机支持合作学习是通过计算机网络进行的，以小组合作为主要形式的教学方式。计算机支持合作学习是在计算机支持的协同工作和协作学习相融合的基础上发展起来的，学生可以进行独自的学习，或者与其他学生进行小组之间的学习。例如,美国西北大学和伊利诺伊州大学的大气科学系联合开发的“科学教育可视化合作”学习平台就是一个采用计算机支持合作学习的典型案例,这个合作学习平台为学生营造了一个气象领域专家工作的环境,包括气象领域专家研究的真实问题、使用的逼真工具以及类似于专家使用的记事簿等,学生在这个学习环境中可通过个人探究和同伴合作共同尝试解决问题。

前面介绍的这四种信息化教学模式在2020年春季疫情期间得到了教师的广泛应用,全国高等学校的教师基本上都采用了腾讯课堂、钉钉等平台开展了网络教学。这些学习平台广泛地支持教师开展远程讲授式教学,同时多数学习平台提供了一整套的群件技术(如屏幕共享等),支持教师与学生、学生与学生之间建立学习共同体,教师、学生之间也开展了大量网上合作学习。一些学校为了弥补实验课程的缺失,还启动了交互仿真等具有微世界特征的学习情境,支持学生的探究性学习活动。

二、信息化教学模式变革的取向

教师在教学中采用何种信息化教学模式实施教学,既要受到学生特征、技术发展、学习理论的影响,也要适应社会发展对教育提出的要求。在知识经济时代,为实现国家培养高素质专门人才和创新人才的要求,教师在教学设计中如何构建以学生为中心的信息化教学模式将成为未来教学设计发展的方向。

(一)高等教育信息化的核心价值

人类社会在经历了数千年的农业经济阶段和近三个世纪的工业经济发展阶段之后,迎来了知识经济的曙光。所谓“知识经济”,按国际经济合作与发展组织《以知识为基础的经济》的报告中的定义,是“建立在知识和信息的生产、分配和使用之上的经济”。知识经济是以知识和信息的生产、分配和使用为基础,以创造性的人力资源为依托,以高科技产业及智力资源为支柱的新经济形态。在知识经济时代,创新是生存与发展的生命线,是一个国家和民族进步的灵魂,而具有创新能力人才的培养将取决于教育,特别是高等教育的发展。

从国际视野来看,面对知识经济发展的潮流,世界各国的大学正在经历着前所未有的严峻挑战,同时也面临着各种发展的历史机遇,这表现在他们把信息技术的运用作为高校人才培养质量和科学研究创新的关键因素之一。信息技术的应用已渗透到高等院校教学、研究和管理的各个方面,并以惊人的速度改变着人们的生存方式和工作、学习方式,促使教育系统走向网络化、虚拟化、个性化、国际化。

2000年以来,欧美一些国家的高等教育先后提出了信息技术与学科课程整合的思路,其主要的目标就是运用信息技术发展学生的高阶能力与思维,这直接表现在一系列的信息化教育行动计划中。如美国的EDUCAUSE,这是一个由高等院校、高等教育研究机构和信息技术企业组成的全球规模最大的高等教育信息化专业组织，以合理利用信息技术、促进高等教育发展为使命，现有2000多所高等教育机构和250多家信息技术企业加盟，它每年发布的“EDUCAUSE高等教育信息化重大课题”已成为美国高等教育信息化的“风向标”和“指挥棒”。EDUCAUSE在2009年发布的研究报告认为，高等教育信息化专业共同体在教学和学习上面临着一系列具体挑战，其中包括要创设能够促进积极主动学习、批判性思考、协同学习和知识创建的学习环境。

我国高等教育规模在近十几年来得到了快速发展，这为国家经济社会的高速、健康和可持续发展作出了巨大贡献，但高等教育质量还不能完全适应经济社会发展的需要，主要表现为学生的实践能力和创新精神不足。因此，提高教育质量既是高等教育自身发展规律的需要，也是办好让人民满意的高等教育的需要，更是建设创新型国家、构建社会主义和谐社会的需要。我国教育部曾多次就高等教育的教学改革提出了一系列的实施意见，如在2007年我国教育部、财政部联合颁布了《关于实施高等学校本科教学质量与教学改革工程的意见》，决定实施“高等学校本科教学质量与教学改革工程”。该工程的目的是提高高等学校的教学质量，以推进改革和实现优质资源共享为手段，按照“分类指导、鼓励特色、重在改革”的原则，加强内涵建设，提升我国高等教育的质量和整体实力。

我国教育部在该工程中提出了人才培养模式改革创新的基本思想，这就是推进高等学校在教学内容、课程体系、实践环节等方面进行人才培养模式的综合改革，以倡导启发式教学和研究性学习为核心，探索教学理念、培养模式和管理机制的全方位创新。

国外和国内教育信息化发展的目的都是服务于大学使命与目标的实现，高等教育信息化发展必须与高校发展目标相一致，这是高等教育信息化发展的起点，也是终点。不管信息技术给大学带来了哪些变革，大学某些古老的价值和传统应该被传承和保护下来，如学术自由、理性的探究精神、自由的学习。因此，从该工程提出的人才培养模式改革创新的基本思想来看，我国高等教育信息化的核心价值是利用信息技术支持高等教育的教学变革与创新，服务于知识经济对高等教育提出的要求，培养学生的创新能力与精神，以实现高等教育质量的提升。

（二）信息化教学模式变革的取向

知识经济时代是一个与农业时代、工业时代不同的社会发展形态，它表现出了一系列显著的特征，如信息技术的发展与应用是最为显性的特点；智力资本是最为重要的生产要素；适应变化与创新是生命线等。这些显著特征映射到教育和教学研究领域，必然引发价值观、人才观和教学观等方面的变革。

围绕适应知识时代需求的人才素质结构变化，国内外不少学者和研究机构进行了深入的思考和研究，钟志贤教授根据这些研究的结果，经过整合，构建了一个“高阶能力结构模型”，如图 3-9 所示。

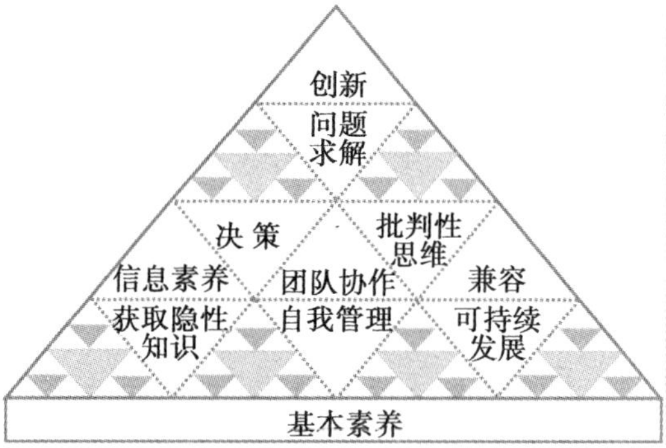

图 3-9 高阶能力结构模型

高阶能力结构模型表明，知识时代对人才结构的要求有相对的偏重，教学设计要注重发展学生的高阶能力，但是高阶能力并不是孤立的、弥散的，而是以创新、问题求解、决策、批判性思维等高阶思维为核心的能力整体，它们是促进学生走向自主创新的重要因素，教学要围绕着培养学生的高阶思维能力的发展进行设计。

高阶思维是指一种以高层次认知水平为主的综合性能力。它是超越既定信息的能力、问题解决的能力、元认知能力和评价能力，是批判性的态度，也是对事物或现象进行合理判断的能力。日常思维就像我们普通的行走能力一样，是每个人与生俱来的，但是，高阶思维能力就像百米赛跑一样，是一种技术或者说技巧上的训练结果。赛跑选手需要训练才能掌握百米冲刺技巧，同样，高阶思维能力需要相应的教学支持。

国内外的研究表明，学生的高阶思维能力发展是可以培养和训练的。从国外的文献来看，学者主要是对批判性思维和问题解决能力的教学方法和模式进行了全面的研究，其研究成果在教学中也得到了教师的广泛支持。

自从 20 世纪 40 年代以来，批判性思维就成了以美国为代表的西方国家教育改革的核心，西方国家在学校教育的各阶段都注重批判性思维的培养，尤其在大学教育阶段有更明显的体现。多数研究者认为，批判性思维技能是可以教育的，长期的训练计划表明可以改变人的思维技能。经过几十年的发展，批判性思维的教学方法层出不穷，概括起来可以发现，其经历了设置专门课程训练批判性思维方法和原理的一般方法、在日常学科教学内容中讲授批判性思维一般原理的灌输方法，到 20 世纪 80 年代转向了在具体学科中利用问题解决教学培养批判性思维的沉浸方法。持沉浸方法观点的研究者通常认为，认知情境对于特定领域中的思维是至关重要的，因为在不同情境中构成信念正当理由的东西是不同的，并且在一个领域中进行批判性思维培养需要能理解该领域中的问题也要情境的支持。

国内外问题解决教学的起源可以追溯到古代，如中国孔子的“叩竭法”和西方学者苏格拉底的“产婆术”，而真正对目前问题解决学习活动产生重要影响的教学方法是从20世纪的心理学研究领域开始的。行为主义的问题解决理论只能解释低级的、简单的问题解决行为；基于认知信息加工理论所发展起来的问题解决教学模式强调与学科教学进行结合，但它是以知识贫乏领域中有明确结构的问题为学习对象，主要以问题解决的过程和步骤作为学习结果，缺乏高阶思维能力的培养。进入20世纪80年代以来，问题解决教学研究在强调信息加工内在心理机制的基础上，吸收了建构主义的观点，强调利用真实世界的问题，以培养学生解决问题的能力。

随着建构主义理论的勃兴，批判性思维能力培养的教学方法与问题解决的教学方法渐渐地融为一体，西方教育界提出了以“问题解决学习”为核心的改革思路，强调用具体学科内容创建学习情境，运用探究、发现和研究型学习方法，实现培养学生高阶思维能力的目的。尤其是一些教育技术领域的教学设计专家也开始从教学设计角度来研究问题解决的教学模式，拓展了问题解决教学研究的视角，提出了诸如基于项目的教学模式、基于案例的教学模式、WebQuest教学模式、基于问题的教学模式等。EDUCAUSE提出的以高等教育信息化促进学生积极主动学习、批判性思考、协同学习和创建学习环境，以及我国教育部在“本科教学质量工程”中提出的人才培养模式改革创新的基本思想，都与世界教育教学改革、发展的潮流相一致。

现有的理论和实践证明，以建构主义学习理论为支持的教学模式在培养学生高阶思维能力方面，比基于客观主义学习理论的教学模式有更显著的作用。高阶思维能力的发展需要运用探究、发现和研究型学习等高阶学习活动予以支持和培养，它标志着学习与教学中心的转移，这也体现着高等教育信息化深入发展条件下学习范式的重大转变。钟志贤教授借用祝智庭教授提出的信息化教学模式分类框架描述了信息化教学模式变革与发展的取向，如图3-10所示。

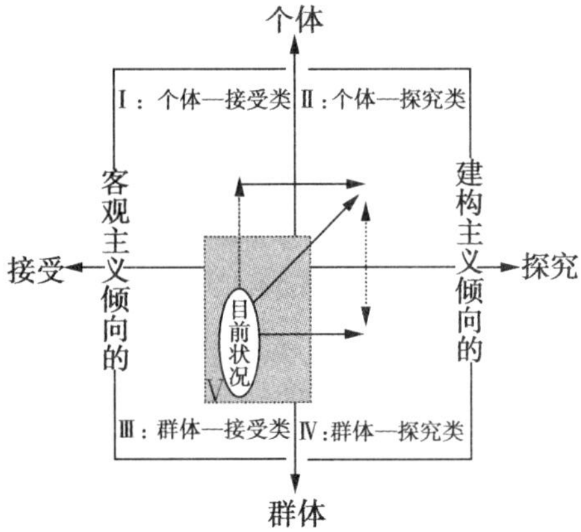

图 3-10　信息化教学模式的变革取向

从图 3-10 可以看出，目前人们开发的信息化教学模式主要分为个体—接受类、群体—接受类、个体—探究类、群体—探究类四大基本类型。前两种类型是客观主义倾向的教学模式，它们采用的是接受型的学习方法，关注的是知识继承、占有和低层次的思维能力培养；后两种类型是建构主义倾向的教学模式，它们采用的是探究型的方法，关注的是知识创新、超越和高阶思维能力的培养。钟志贤教授认为，目前模式应用的比例现状如“Ⅴ”区所示，亦即在大多数情况下，教学是群体—接受类的，即以教师为中心的讲授式教学；少量运用个体—接受类，而个体—探究类和群体—探究类则占极少的比例。

根据知识时代对人才素质的要求可以看出，高等教育教学改革就是针对群体—接受类模式进行变革，其总体的变革走向就是从接受类型向探究类型模式变革，化低投入型、低阶思维能力的学习为高投入型、高阶思维能力的学习，亦即从客观主义倾向的教学模式向建构主义倾向的教学模式转变。

（三）信息化教学设计的基本特征

根据国内外教育理论研究和实践的经验，能否构建适应时代的信息化教学模式，关键就在于成功地探索和推广建构主义倾向的信息化教学模式。建构主义理论是构建促进学生高阶思维能力发展的信息化教学模式的关键理论基础。

建构主义理论是一个非常庞杂的理论体系，它基本囊括了 20 世纪 80 年代以来认知心理学方面的所有最新研究，拥有众多观点各异的思想，有些观点差异很大，有时甚至是相互冲突的；让教师直接用这些理论指导教学设计活动是极其困难的，况且有些观点也不符合学科教学论的思想。综合建构主义的众多思想，一些学者认为，它们的交汇点是强调开展“以学习者为中心”的教育，美国教育心理学协会以 14 条原则的形式对此加以确认（见表 3-8），得到了广泛的认同。这些原则反映了信息化教学设计的基本理念。

表 3-8　　美国心理学协会以学习者为中心的心理学原则

心理学原则	具体内容
学习过程的性质	当对复杂教学内容的学习是一个有目的地从信息和经验中构建意义的过程时，这种学习活动最为有效
学习过程的目标	成功的学习者一旦获得了时间、学习支持和教学指导，就能够产生有意义的、连贯的知识表象
知识建构	成功的学习者能够以有意义的方法建立起新知识与原有知识之间的联系
策略性思考	成功的学生可以创造和使用所有的思考与推理策略，以达到复杂的学习目标
关于思维的思考	更高层次的选择和监控思维活动的策略能够促进创造性思维和批判性思维
学习的背景	学习受到包括文化、技术和教学实践在内的环境因素的影响
学习动机与情感对学习的影响	学什么和学多少都受学习者动机的影响，学习的动机反过来又受学习者个体的情绪状态、信仰、兴趣、目的以及思维习惯的影响
学习的内在动机	学习者的创新能力、高级思维和自然好奇心对学习动机都有影响，内在动机受学习任务中最大限度的新颖性和困难程度的刺激，它与个人兴趣有关，能提供个性化选择和控制
努力学习动机的效果	获取复杂的知识与技能需要学习者加倍的努力和有指导的实践，学习者如果没有动机就没有压力，也就未必会有全力投入的意愿
发展对于学习的影响	随着学习者个体的发展，学习中会有不同的机会和限制性因素。学习者在体力、智力、情感和社会地位等方面有很大的差异性，当这一点被考虑进来的时候，学习最为有效
学习的社会影响	学习受到社会交往、人际关系以及他人交流等因素的影响
学习的个体差异	学习者拥有不同的策略、方法和学习能力，而这受其先前经历及遗传的影响
学习和多样性	当学习者在语言、文化和社会背景方面的差异被考虑进来时，学习最为有效
标准与评估	确定合适的、具有挑战性的标准，以及评估学习者及其学习进步——包括评估诊断、过程性和结果等因素——是学习过程中的有机组成部分

基于建构主义理论提出的以学习者为中心的心理学原则，试图从有关学习过程的研究中获得一些教学活动的启示。钟志贤教授以建构主义理论为基础提出的“促进学生高阶思维能力发展”的教学设计所具备的基本特征，就能全面反映以“学习者为中心”的心理学原则，对这些特征的剖析为教师开发促进学生高阶思维能力发展的教学设计模式提供了直接和清晰的指导思想。

1. 以高阶学习目标为引领

在教学设计中，发展高阶思维能力最有效的方法就是将高阶思维与课程和教学整合起来，形成预期的教学目标和结果。在教学目标定位和学习结果预期方面，国内外的研究者普遍认为对实施高阶思维教学影响较大的理论是布鲁姆等人提出的认知目标分类学说。

布鲁姆的认知领域目标分类中，把认知学习描述成六个级别水平：识记、领会、应用、分析、综合和评价，这六个级别水平中的分析、综合和评价等认知活动就需采用高阶思维活动，如图 3-11 所示。

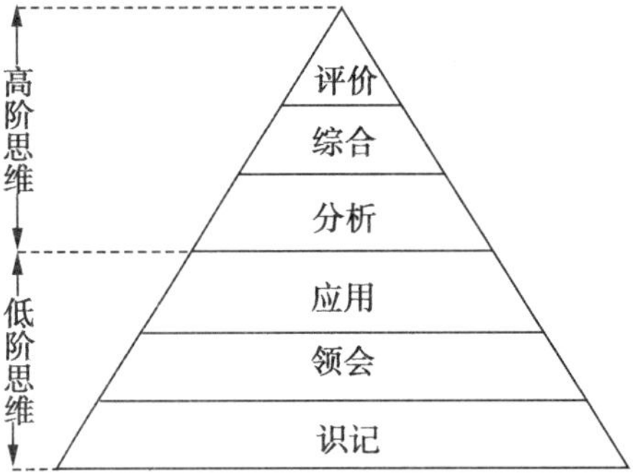

图 3-11　布鲁姆认知目标分类与思维等级的关系

教学设计要精心设计教学目标，发展以分析、综合、评价这些层级的认知水平，就是重视高阶思维能力的发展。

2. 以真实的问题/任务为驱动

从国外教学设计的研究文献来看，基于建构主义理论的学习环境设计核心就是用问题的学习来促进学生高阶思维能力的发展。国外在医学等领域的教学中采用复杂而真实的环境教学已有几十年的历史了，尤其是在信息化教学的理论与实践中重视通过问题设计来培养学生高阶思维能力的发展，呈现出了把问题解决作为信息化教学发展的方向。

在信息化教学设计模式（如微型世界）中，就是将学生置于问题情境之中，这种沉浸式环境强调的是学生直接参与和控制复杂的问题情境，学生通过问题的解决来完成特定的学习任务，实现培养学生高阶思维能力的教学目标。因此，问题是高阶思维能力教学的抓手或着力点。

教师对促进学生高阶思维能力发展的任务设计应突出问题的真实性、趣味性、挑战性和开放性等特征，其中，开放性最为重要，它决定了能否实现培养学生高阶思维能力的目的。从问题的结构特性出发，一般可以把问题分为封闭性问题和开放性问题两类。封闭性问题的答案唯一，多是一些虚拟的情境；开放性问题不求答案唯一，强调方法的多样化，展现的是一个广阔的求知空间。开放性问题能激发学生多种多样的回答，它鼓励学生进行分析、综合、评价等思维活动，能积极地训练学生的思维能力，形成抽象概括。

3. 信息技术作为学习工具

运用信息技术促进学生高级思维能力的发展，是教学设计领域研究的核心话题。信息技术作为学习工具有多样化的角色和功能，教师要认识各种工具的特征，才能在教学设计中发挥它们的优势。从信息技术工具的角色和功能定位来看，相关工具可以分成六类：效能工具、信息工具、情景工具、交流工具、认知工具、评价工具，如图 3-12 所示。

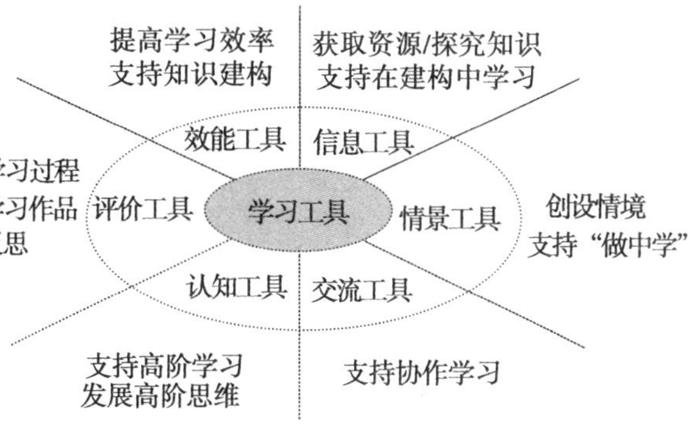

图 3-12 信息技术作为学习工具的角色和功能

效能工具是指能帮助学生提高学习效率、支持知识建构的工具，如文字处理软件、作图工具、数据处理工具、桌面出版系统等；信息工具是指能帮助学生从网络化信息资源中获取所需信息的工具，既包括各种搜索引擎、搜索工具，也包括一系列的搜索策略、方法等；情景工具是指帮助学生创设学习情境，支持“做中学”的工具，如微型世界等；交流工具包括各种同步（如视频会议、网络聊天）通信和异步（如 E-mail）通信技术；认知工具是指帮助学生发展批判性思维、创造性思维和综合思维能力的软件系统，包括数据库、电子报表、语义网络工具、专家系统等；评价工具是指记录学习过程、展示学习作品、促进反思的工具，如电子学档等。

教师在用信息技术支持学生学习的过程中，尤其要注意对认知工具的运用。乔纳森等人认为，信息技术作为认知工具，能有效促进学生高阶思维能力的发展。以信息技术促进学生高阶思维能力的发展是当前高阶思维教学研究的新视角。教师不仅要在教学设计中进行恰当的设计，帮助学生超越心智的局限，如记忆、思维或问题解决的局限，以帮助和促进学生的认知发展，而且有的教师已开始尝试开发适合自己教学活动的认知工具，以支持和扩充学生的思维，如有的软件是以参数地图、树状结构的网络图形引导学生的推理活动。

4.走向有意义的学习方式

学习方式是指学生在完成学习任务过程时基本的行为和认知取向，它不是指具体的学习策略和方法，而是在自主性、探究性和合作性方面的基本特征。

高阶思维能力的发展需要学生进行有意义的学习，亦即高阶学习活动的支持。所谓“有意义的学习”，也称为“投入型学习”“主动型学习”“交互型学习”和“建构型学习”等。有意义的学习主要包括主动的、建构的、意图的、真实的、合作的五个相互联系的特性。

主动的特性是强调学习环境要提供能使学生感到需要，对学习过程和结果负责，有主人翁感和积极参与的学习活动；建构的特性是指为了生成意义或解决矛盾、满足好奇心和消解困惑，学生将新经验与先前的相关知识整合成新观点，这种整合就是建构；意图的特性是指所有的人类活动都是目标导向的，当学生积极地、执着地要实现某种高阶的、复杂的认知目标时，他们会做更多的思考，做更多的学习努力；真实的特性是指学习任务应当是复杂的和情境化的，知识和技能的教学要基于现实的生活和有益的情境之中，这能为学生提供新颖的情境，以便让学生练习运用所学的知识和技能；合作的特性是指学生从人类所具有的本性出发，习惯于在学习共同体和知识共同体中学习，可以模仿和观察共同体成员的行为，获得社会性的支持与帮助，从中相互发挥和利用各自的技能。

5.与具体的教学相融合

国内外教学研究的理论和实践表明，最有效的高阶思维能力发展应当是融于具体的学科教学活动之中，它能让学生在完成课程学习内容的同时，实现发展高阶思维能力的目的。

基于建构主义理论的教学设计强调学生的高阶能力发展，是包含高阶学习的多层次目标，而不是单一方面的内容或目标。高阶能力的学习依赖于低阶能力目标的实现，这些要依靠课程与技术整合的学习环境设计，为学生提供综合学习和活动的机会。

6.创设以学生为中心的学习环境

学习环境是指学生在学习过程中可能与之发生相互作用的各种因素及其组合，包括学生可能要利用的学习内容资源、技术工具，以及会发生交往关系的人(如教师、同学等)，也包括作为学习活动的一般背景的物理情境和社会心理情境。学习环境作为教学设计重心的直接推力来自建构主义学习理念的兴起、信息技术的发展,以及对传统教学与社会需求矛盾的反思。

学习环境的设计要求积极运用信息技术支持学生高阶思维能力的发展。在学习环境设计中,教师要积极运用信息技术与课程整合,创建多感官刺激的丰富情境,为学生提供大量查询、使用信息与资源的机会,用以支持、强化和保持学生的高阶认知、元认知和非策略知识的参与,并且也能激发学生的情感因素。

最有效的学习环境设计是在把传统学习方法与新方法结合起来促进相关内容学习的同时,还能满足学生个性化的学习需求。一些教师把信息技术支持的学习环境建构理解为仅使用网络资源支持学生的探究活动,这有失偏颇,因为用计算机和网络等技术支持学生的探究活动不仅可以提供信息资源的检索,还可提供示范/模拟、解释、数据处理与分析、交流与协作、成果展示等,所以在设计学习资源时,要把实验、调查等活动获取的信息与网络资源整合起来。

7.以评价促发展

在有意义的学习环境中,研究者强调用评价收集有关学生学习绩效的信息,由此反思学习质量,为进一步提高学习绩效提供行动依据。评价与教学之间的关系状态是融合的,评价是教学中的一个重要组成部分。

评价工具的设计要紧扣课程目标,体现评估学生的学习过程和自主知识建构的能力,把重要的知识、能力、内容和学习主题结合起来。

支持有意义学习的评价要反映学习结果的复杂性,所以评价的对象是一切能反映学生学习绩效的全面材料,包括调查报告、学习日志、图解方式、口头陈述、演示、模型、学习档案袋和其他反映学习绩效的人工制品。

三、信息化教学设计的典型模式

为指导教师把上述建构主义教学设计的基本理念应用于教学实践,创建促进学生高阶思维能力发展的教学,研究者整合了诸如 WebQuest 教学模式、基于问题的教学模式、基于项目的教学模式的基本原理,开发了一个能为学科教师理解的典型模式,可直接应用于教师的教学设计活动。

为促进学生的高阶思维能力发展,一些学者在建构主义理论的指导下,利用信息技术,为支持条件开发了大量的信息化教学模式,诸如 WebQuest 教学模式、基于问题的教学模式、基于项目的教学模式等。这些模式虽然侧重点各不相同,但它们都具有建构主义教学设计理念的共性,如反映了"以学习者为中心"的心理学原则,让学生带着任务进行探索性的学习等。

祝智庭教授认为,这些教学设计理论与传统教学理论相比尚不成熟,不能被教师普遍接受。他对这些模式进行归纳总结后提出了所谓的"信息教学设计典型模式"。在该模式中,信息化教学设计过程一般由单元教学目标分析、学习任务与问题设计、学习资源与技术工具设计、教学过程与活动设计、学习案例与作品范例设计、学习评价量规设计、单元教学计划实施、评价与反思等主要操作模块构成。刘成新等认为，信息化教学设计的操作步骤并不是僵化的格式，教师在教学设计时不需要从单元教学目标分析到单元教学计划实施连续执行，所以取消了连接单元教学目标分析到单元教学计划实施各步骤之间的箭头，强调教学设计过程的动态性和创造性，把信息化教学设计的典型模型修改成了如图3-13所示的结构。

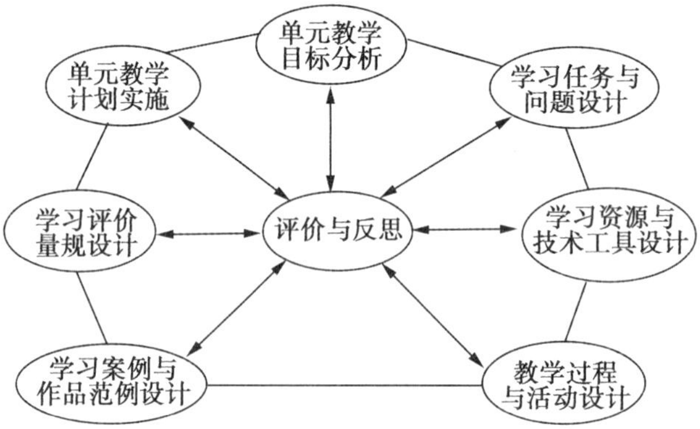

图3-13　信息化教学设计典型模式

该模式被称为“经典模式”，这是因为其融合了建构主义教学设计的基本理念、系统化的设计方法和结构化的评价手段，体现了信息化教学设计的基本特征，并具有在不同学科的教学中复制应用的可能。

目前，高等学校开展的混合式学习就是把传统学习方式的优势和网络化学习的优势结合起来的教学模式。混合式学习有转换模式、弹性模式、菜单模式和增强型虚拟模式等，许多教师是采用转换模式中的“翻转课堂”方法来实施教学的，他们经常把学生开展的自主、协作等探究性任务设计成问题或项目，因此可以采用前面的信息化教学设计典型模式来指导教学设计活动。

祝智庭教授提出的信息化教学设计典型模式整合了以问题、项目驱动的教学模式的教学设计要求和核心设计要素，教师必须明确和掌握如何设计下面这些核心因素才能实施信息化教学。

(一)主题单元的组织

问题解决的学习和项目学习是以主题单元组织的。所谓“主题单元”，是指围绕某个主题所进行的单元化课程组织。教师通过主题单元，可以把各种资源、工具、媒体和教学方式进行多样化、弹性化的整合，形成以主题为黏合点、以单元为设计范畴的课程系统，它能够在不同内容和技能领域之间建立起有意义的连接，为学习提供一个富有价值的认知焦点。

布鲁纳认为，在学习特定主题或技能之前，没能在一个更大的基础性框架背景下认清这些主题或技能所处的情境，这样的教学是不经济的。所以，主题单元的认知焦点就是来自课程中的“大概念”“核心概念”。据此，有人在促进理解的教学设计中提出，用“大概念”引导问题的设计，他们认为“大概念”就是一张“思想知网”，包含了课程学习的核心概念、主题、辩论、悖论、问题、理论或者原则等，是能够将多种知识有意义地联结起来的、在不同环境中应用的概念。“大概念”“核心概念”是抽象的、难以理解的，所以教师要经过教学设计转化成特定主题中情境化的问题才能引导学习者进行有效的探索性学习活动。

（二）单元教学目标的分析

教学目标是材料选择、内容规划、教学程序开发、测试以及考试准备等过程所依据的指标。虽然有的教学设计模式（如乔纳森的建构主义学习环境模式）中没有明确要求教师分析和设计教学目标，但是，教师在教育实践中还是应该对教学目标进行详细的分析和设计。最好的教学设计应该“以始为终”，是从学习结果开始的逆向思考。

教师需要根据课程标准分析学生的特征和课程学习的特点，在此基础上确定单元主题的学习目标，明确将要在教学活动中解决的问题或项目。

信息化教学设计强调的是促进高阶思维技能的发展，而有些教师在教学中未能有效地定位和发挥信息技术的作用，他们基本上是把信息化教学“嫁接”在传统教学的基础上，所设计的教学目标局限于低阶思维能力的训练和低阶知识的学习，这造成学生在大多数情况下忙于在网上寻找信息和简单地粘贴、组合资料，未能深入思考和做出自己的独立见解。专家对这种应用信息技术的方式影响学生的智力发展表示担忧，将之称为“低认知水平，简单技术操作”。

布鲁姆等人的教育目标分类学说能为教师开发促进学生高阶思维能力的教学设计提供一个便利的参照图式。在采用行为化方法明确表述教学目标时，教师可用表3-1来校验所描述的行为是否采用了分析、综合、评价等层次内的动词，这些行为明确规定了学生应参加活动的方法，这种教学目标的设计方法对创设促进学生高阶思维能力发展的条件或学习环境设计来说，具有直接的指导作用。

（三）问题的设计与组织

所谓“问题设计”，是指围绕学科核心概念而进行的学习任务设计，它通常采用问题的形式来重新组织课程内容，给学生创设一种真实的、复杂的、具有挑战性和吸引力的学习任务。

教师在信息化教学设计中面临的最大困难是问题的设计，在教学问题的设计与实施中，并非所有的教学问题设计都是有效的，更不是所有的教学问题都指向高阶思维技能。

从问题的结构特性出发，可将问题分为两大类：具有清晰解决方法的问题称为“良构问题”，而那些不具有明确解决方法的问题称为“劣构问题”。劣构问题的主要特点是界定不明确，问题的构成存在未知或某种程度的不可知部分，可操控的参数度量很少；具有多种解决方法、途径或根本不存在解决方法；没有原型的案例可供参考；需要学习者对问题做出判断，说明理由；等等。认知心理学家认为，只有采用劣构问题引导探究活动，才能发展学生的高阶思维。

教师在设计项目学习活动时，常常表现出弱化问题设计的趋向，使学生的学习变成了类似“传统课堂中的基于活动的学习”。活动导向的学习表现为“只动手不动脑”，就算学生真的有所领悟和收获，也是伴随着有趣的体验偶然发生的。这是因为，学生在活动导向的学习中过于关注作品的完成过程，缺少引导性的智力目标，无法深入思考研究的主题，不能实现培养高阶思维的目的。表3-9中列出了两者的差异。

表3-9　基于活动的学习与基于项目的学习教学策略的案例差异比较

主题举例	基于活动的学习	基于项目的学习	两种教学策略的差异
美国内战	带学生实地参观考察葛底斯堡，让学生写一篇考察报告	就“如何使战争更加人道些？”进行调研，以葛底斯堡战役作为伤亡惨重的战役案例之一，与其他战役作比较。完成一组项目作品，包括评论或杂记，并要求学生组织一场辩论会	学生在项目学习中要对一个综合的、有挑战性的问题进行研究。单独的某项活动不足以应对挑战，因此要在有挑战性的背景环境中实施若干不同的活动，这是项目
几何学	观察并测量学校的各种建筑物，并记录数据	设计“未来的学校”，制作出按比例缩小的图纸和模型，考虑学校的选址和未来学校的功能要求。最终要向学校领导和社区的专家展示项目组的计划方案	这个复杂的项目已经不仅仅是让学生离开座位动动手，它要求学生考虑如何把概念转变成现实，也要能够为自己所选的设计方案阐明理由

研究者还开发了问题编写方法，以指导教师编写问题，并能对学生起到有效的引导作用。问题有三个构成要素：

(1)引导性词干，如“当你……”“……怎么样”“你怎样……”“什么导致……”“什么可能……”“什么也许……”“可以怎样……”“应该怎样……”。

(2)特定的认知操作。将问题按照不同的认知复杂性分类，最常见的就是前面描述的布鲁姆的认知领域目标分类法，该分类法包含了行为复杂性各不相同的六个层次，采用与“分析”“综合”“评价”水平层次相对应的行为动词进行提问，教师就可以设计出上述与认知水平相应的问题，形成分析类问题、综合类问题和评价类问题，这些问题就是趋向劣构性的问题。

(3)内外情境。对于内部情境可以问反应、感情、思想、情绪，对于外部情境可以问方案、其他同学、小组、事件、目标、功课。教师采用三要素方式描述问题，能具体描述出问题可操控方面的因素，有利于学生进入问题情境、拥有问题意识，并能意识到问题探究的合适方法。

为了引导学生深入开展研究学习，教师常常围绕核心概念编写一组问题，即问题集。要使问题集能起到有效的引导作用，这些问题就应该是结构化的，而不是碎片化的、弥散的，这就要求将问题按有意义的序列进行安排。胡小勇教授给出了几种常见的问题编列方式：

(1)平行型，即与同一内容相关的一系列同一类型的问题。

(2)收敛型，即以劣构性问题为始，然后逐步缩小聚焦到与课程内容最直接相关的问题。

(3)拓展型，即首先呈现与主题内容最直接相关的问题，再逐步过渡到劣构性的问题。

(4)提高型，即以呈现简单教学问题为始，继而跟随着一系列难度渐增的问题。

(5)下降型，即开始呈现难度最大的问题，然后渐次降低后继系列问题的难度。

(四)教学过程与活动的设计

教学活动是教学实施的根本途径和过程保证，是一系列教学事件中最具活力的动态因素。教学活动设计的目的就是让原本静态、固态的信息发生合理的流动，使学生在特定的情境中高效地获得知识，提高思维技能。研究者认为，问题解决学习和项目学习都是指向劣构性问题的解决，学生需要通过探究、研习、试验、头脑风暴来得到发散性的解答，这样才能有实现知识创新的可能。其实，专家为了指导教师规范化地开展教学活动，就将其整合成教学模式，如基于问题的教学模式、基于项目的教学模式等。笔者已在前面详细描述了这些模式在教学活动中的具体操作程序，教师可以参照表 3-5、表 3-6、表 3-7 来执行。

教师在设计教学过程时存在一个共同性的错误观念，这就是把建构主义者强调的学生用原有的知识建构新的知识，理解为教师无须直接教学生任何知识，而是要让学生自己建构知识，这种观点混淆了教学理论与学习理论的区别。对于学生的研究性学习，教师不仅要详细设计探究学习的过程、实验过程等，也要设计合适的传授学生知识的活动，这些可能在前面提到的操作程序中没有体现出来。

(五)学习案例与作品范例设计

对于高层次的教学目标,学生要利用在学习过程中所获得的知识和技能完成作品(如研究报告),以反映学习的复杂性,实现评价学习结果的目的。为了拓展学生的学习经验,教师需要为学生提供与学习任务有内在联系的学习案例或学生学习作品范例,这些学习案例或学习作品范例可以从各种资源中查找获取,如果没有现成的学习案例或作品范例可用,教师可以模仿学生来设计任务完成时的学习作品。

教师设计作品范例时要从学生的角度出发,以学生所能达到的水平进行开发,学生参照作品范例才能唤醒他们已有的知识经验,并与自己的知识经验相关联,以促进探究性学习活动的开展。作品范例必须描述问题性学习的复杂性,不能采用简单化的方式描述探究的过程,尤其不能仅抽象化地描述探究结论。

教师设计学生作品既可以给学生提供学习参考,也能使教师利用设计和制作学生作品的过程加深对教学内容的理解,体会学生可能遇到的学习问题和困难,以便及时调整或修改教学计划,使教学设计能够更好地符合学生的学习情况。

(六)评价工具的设计

评价方法或工具的选择要与教学目标的实现方式相匹配。问题解决学习和项目学习的教学目标不仅是知识的学习,更主要的是要求学生为一个确定的对象开发具体的产品或做出相应的表现,这是一些表现性任务。为了获得证据表明学生已真正理解,就需要评估方法能判断学生是否理智地运用知识和技能来真实地“表现”,而不是要看他们在线索的引导下仅凭回忆和填空就能轻松作答。因此,这就要求评估工具能够对学生的表现做出评价,包括评价学生的高级思维和必要技能,评价学生做出高品质项目作品的工作,还要评价学生所采用的规范的探究方法。

一般认为,能对学生完成表现性任务质量做出评估的工具是评价量规,并且要求提前告知学生,引导学生在真实的表现过程中自己做出判断。

所谓“量规”,是用于评价、指导、管控和改善学习行为而设计的某种标准或一套标准。一个量规是一套等级标准,每个被认为重要的元素都有一个等级指标,每一元素的等级指标由几个等级组成,用于描述绩效的不同水平。学习评价量规应当建立在教师和学生达成共识的基础上,教师根据教学目标制定评价量规中的评价要素,它应该符合学生预期的学习结果和形式,符合课程或单元学习目标、主题任务、学生心理特点的需求,关注学生的自主探究能力、学生间的交往过程等。

学习评价量规应该事先提供给学生，以便使每位学生都知道教学要求和学习结果。从这个意义上说，评价量规同时也是一个有效的教学工具，是连接教学与评价之间的一个重要桥梁，因为评价量规为学生的学习活动事先提供了一系列指导原则，使学生在自主学习过程中能自觉地运用量规来衡量自己的表现。

对于项目学习来说，还可以根据项目的过程文件来评价，项目的过程文件是学生制定计划、提出问题、解决问题过程的证据，这些过程文件可以用于评价学生的技能和思维习惯。常见的项目过程文件有笔记、日志、电子邮件、结构性访谈的记录、项目进展小结等。

对于问题解决学习和项目学习的教学目标中知识的学习，可以采用客观性试题来进行测试，如填空题、简答题、选择题等。

祝智庭教授提出的"信息化教学设计典型模式"是一个环形的结构，并没有明确提出评价工具的设计是在哪个步骤执行，许多教师都习惯于放在整个教学设计活动的最后。在"追求理解的教学设计"中有"逆向设计"的方法，即在确立教学目标后就开发评价工具再设计学习体验和教学策略。逆向设计方法鼓励教师在设计特定的单元和课程前，先要"像评估员一样思考"，思考如何确定学生是否已经达到了预期的理解。其实，迪克和凯瑞、史密斯和雷根的教学设计模型中都选择在制定完具体学习目标之后立即进行评估工具的设计，这样做的目的有两个：一是可以确保评估与目标相匹配，而且可以适当地放大和澄清这些目标；二是这些评测的反馈也会对教学策略的开发产生影响。

第四节　信息化教学设计的案例

信息化教学以信息技术为支撑，以现代教育教学理论为指导，强调信息化教学资源的应用与新型教学模式的构建。信息化教学设计要求运用系统方法，以学生为中心，充分利用现代信息技术和信息资源，科学合理地安排教学过程的要素和环节，以实现教学过程的整体优化。在实际的教学过程中，教师需要在教学设计原理的指导下，结合具体的教学内容，开展信息化教学设计实践工作。

一、多媒体教学环境下的教学设计案例一

（一）教案标题

人是如何学习的。

（二）课程概述

本单元是高等学校本科生跨专业的教育类公共课《学习科学与技术——信

息时代大学生学习能力培养》第三章的课程内容。在此之前，学生已经学习了信息时代学习方式的历史变革、学习究竟是什么、大学生研究性学习策略等理论知识，并初步掌握了网络环境下的信息检索、信息评价、信息加工与信息展示等学习技术。

本单元教学课内计划 6 学时，课外计划 12 学时，用 3 周时间完成。

本单元的教学内容围绕“人是如何学习的”这一学习科学的时代主题，探讨专家的学习智慧，专家与新手在认知与学习上的差异；选择当代学习科学成果中与大学生学习特点与需求关系密切的内容，重点介绍基于认知科学的信息加工学习理论及脑科学基础、信息技术支持下的当代建构主义学习理论、有助于提高学习者自我监控能力的元认知理论，探讨元认知能力培养的方法和策略。本单元教学采用教师启发引导、学生小组协作等教学策略，采用任务驱动的探究式学习方式，使学生系统地了解和掌握学习科学的基本概念、基本理论及其新进展，要求学生学会运用这些理论来分析和解释人是如何学习的，并以此指导和反思自己的学习过程，在大学学习的课堂中研究学习科学，在认知和学习上不断缩小与专家的差距，并帮助学生掌握制定学习计划、资料收集、成果展示的工具，逐步建立起与信息时代相适应的学习方式。通过学习，让学生找到信息时代打开成功学习之门的钥匙，使自己的学习行为发生质的飞跃。

（三）任务或问题

（1）人究竟是如何学习的？

（2）学习在你身上真的发生了吗？

（3）人与动物的学习有哪些区别？

（4）专家为什么会比新手有强得多的学习能力？

（5）怎样提高大学生的元认知能力？

（6）反思自己在学习中存在的问题，制定一个培养和提高自己学习能力的方案。

（7）查询有关心理学书籍，或通过搜索网络资源，以小组为单位制作学习科学网站。

（四）知识导学图

本部分的知识导学图如图 3-14 所示。

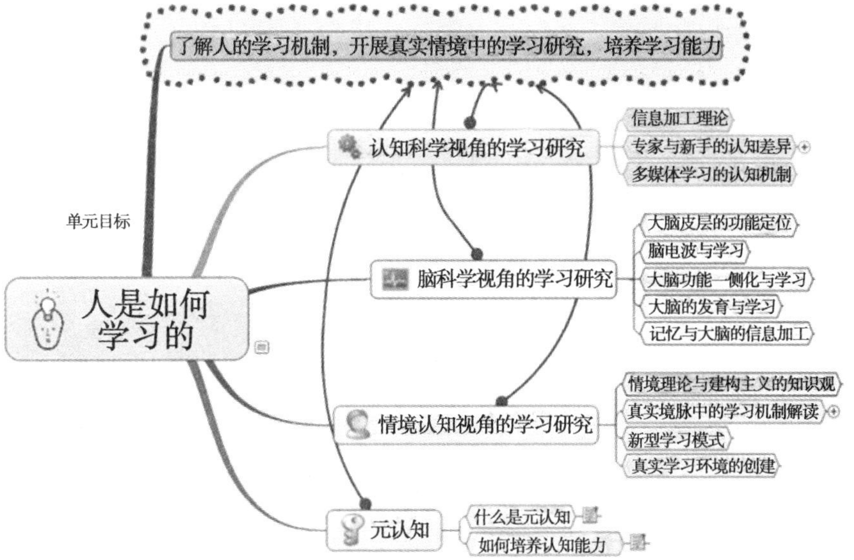

图 3-14　“人是如何学习的”章节知识导学图

(五)学习目标

(1)了解专家的学习智慧，联系实际分析专家与新手在认知与学习能力上的差异。

(2)掌握学习与记忆的信息加工理论的基本概念、基本理论。

(3)了解脑科学的基本知识，学会科学用脑的方法。

(4)理解建构主义的知识观，了解认知结构及其在学习中的作用，了解建构主义对学习科学的贡献，创建和体验建构主义所倡导的新型师生关系。

(5)理解元认知的含义，掌握培养元认知能力的方法。

(六)教学过程

1.课前准备

进行第二单元“学习究竟是什么”的课程总结时，提前在课堂上给学生布置本单元的研习任务：关于人是如何学习的，不同的学者、不同的专家给予了不同的解释；将有关“人是如何学习的”相关理论列举出来，请同学们开展研究性学习，对自己感兴趣的理论进行搜索、研讨、总结和建构。

有关“人是如何学习的”相关理论：

(1)行为主义。

(2)皮亚杰发展理论。

(3)学习风格理论。

(4)多元智能理论。

(5)左右半脑思维。

(6)观察学习。

(7)维果斯基和社会认知。

2.第一次课(课内2学时)

第一阶段:课程简介,约20分钟。

利用PPT课件展示本章的内容提要、学习目标和知识导学图,简要介绍本单元的研究性学习模式与基本要求。

第二阶段:组建研究性小组,约20分钟。

按照异质分组原则,每组6人,男女搭配,将演示文稿、网站制作技术好的同学分配到各组。填写研究性学习小组成员介绍信息表(教师在课前打印好,当场发给每个小组)。

第三阶段:布置任务,展示作业范例,约40分钟。

利用PPT布置课后阅读与研习任务,主要包括:

(1)课后阅读《学习科学与技术——信息时代大学生学习能力培养》教材中"人是如何学习的"一章的内容,结合课前搜索到的关于学习理论的资料,进行小组交流,对"人是如何学习的"有一个比较全面的了解。

(2)在网上搜索有关"学习科学"一词最早出现及学习科学最新进展的信息,将其加工成一篇短文。

(3)查阅、搜集和整理关于专家学习智慧的相关资料,了解人在感知觉模式识别、记忆表征、提取应用信息加工三阶段的原理,熟悉专家在三个阶段中的信息加工策略,逐步改进、提高自己学习和记忆的方法和技巧。寻找身边的专家学习者,与此进行比较和验证,并总结其学习的风格与特色。

(4)在网上搜索一张"人的大脑"的图片,使用软件在该图片上标上箭头和文字,大致说明每个部分的名称。

(5)查询有关心理学书籍或者通过搜索网络资源,写出一种关于"人是如何学习的"的解释,并尝试与加涅的解释比较一下,形成一篇100字左右的短文,处理成网页的形式,并插入适当的图片。

(6)反思自己的学习,找出自己学习与记忆策略中存在的问题,思考缩短与专家学习差距的途径和方法。

(7)查阅、搜集和整理关于元认知方面的研究成果,包括元认知理论、元认知能力培养的研究论文、元认知学习能力培养策略、供元认知训练用的问题表等。

(8)结合人们在接收信息阶段常见的缺陷,反思自己的学习生活,开展一次小组交流会,讨论在学习生活中如何有效地培养自己的元认知能力,制定一个培养和提高自己学习能力的方案。

为学生介绍作业范例(上届学生团队性学习的PPT课件和学生设计制作的学习科学网站),让学生课后的研究性学习有一个可以模仿和借鉴的样例模版。

3.课后活动(约4学时)

学生利用课后时间,个人自主阅读教材内容,观看教材《学习科学与技术——信息时代大学生学习能力培养》配套光盘中"信息时代大学生学习能力培养"部分。按课上划分的研究性学习小组,为自己的小组确定一个名字,并开展读书交流会,探讨交流学习心得。对研究性学习任务进行组内成员分工,初步策划小组的学习科学网站结构和内容。在整个研究阶段,教师、同学通过该课程的专题网站论坛和QQ群在网上进行讨论,保持联系。

4.第二次课(课内2学时)

讲授"人是如何学习的"相关理论,并进行案例分析。

第一阶段:课程讲授,约60分钟。

利用PPT课件展示,为学生梳理专家与新手在认知与学习上的差异、认知科学的信息加工理论、加涅的信息加工理论学习模型、大学生学习与记忆的策略、从记忆和复述信息到发现和使用信息——"求知"意义的时代转变、在反思性学习中发展元认知能力——提高学习的自我监控水平等内容。

通过图像、文本、视频等多媒体信息的呈现,配合教师的讲解,让学生学会运用这些理论来分析和解释人是如何学习的,并以此指导和反思自己的学习过程,在认知和学习上不断缩小与专家的差距。通过案例分析,帮助学生掌握制定学习计划、资料收集、成果展示的工具,逐步建立起与信息时代相适应的学习方式。

第二阶段:布置任务,约30分钟。

让学生对一周来的研究性学习进行总结,汇报上周的小组研究性学习计划和分工落实情况,展示小组研究性学习周志(在学习周志中,每位同学都需要对自己的研究性学习时间、研究性学习内容、所获得的知识和技能、心得体会及学习中遇到的困惑和疑问进行及时的记录。通过学习周志,可以帮助学生对自己在研究性学习中的所思、所想、所行有一个清楚的自我认识,也为团队协作、交流、共享提供了学习内容和评价依据)。

结合本次课所讲授的内容,给学生课后需要完成的学习任务提出具体要求,通过教学网站为学生展示学习评价标准,并布置下次课小组研究性学习的要求。

5.课后活动(约6学时)

学生利用课余时间,按课上分组和布置的任务,结合小组成员兴趣,制作多媒体演示文稿或学习科学网站,展示小组学习成果;观看研究性学习汇报视频资料，为下次课堂交流做准备。

6.第三次课(课内2学时)

对学生开展研究性学习活动的经验、成果进行展示、交流和评价。

第一阶段：研究性学习成果汇报，约60分钟。

各小组利用多媒体课件进行研究性学习成果汇报与展示。要求小组所有成员上台(强化学生的参与意识和表达能力)，介绍研究性学习过程及研究性学习成果、在研究性学习过程中遇到的困难以及对本次活动的感受，展示设计的网站，教师进行现场点评，其他小组成员根据评价标准，在评价表的各项中分项打分，并鼓励同学积极发表个人看法。

第二阶段：教师总结与布置任务，约20分钟。

教师对研究性学习的情况进行总结，利用演示文稿对教材重点内容再次进行强调，并引导和鼓励学生进行更深入的研究和思考。

要求学生根据自己的情况，进一步整合资料，丰富网站内容，尝试撰写关于学习能力培养的课程论文，所写论文将有机会在以后的课堂教学中和同学共享与交流。

7.课后活动(约2学时)

学生将小组研究性学习成果发布到网上，与同学共享。教师和学生继续在网上交流、讨论。

(七)所需要的材料和资源

1.印刷材料

桑新民：《学习科学与技术》，高等教育出版社2017年版。

施良方：《学习论》，人民教育出版社2001年版。

邵瑞珍：《学与教的心理学》，华东师范大学出版社1990年版。

梁建宁：《当代认知心理学》，上海教育出版社2003年版。

2.网络资源

《学习科学与技术》校际协作社区、学习科学研究中心。

关于学习科学的资料网络上非常多，教师应鼓励学生查找其他网站的相关信息，尤其是数据库中的文献资源，引导学生时注意信息的有效性和专业性。

(八)教学环境

多媒体教室、互联网、常用教学软件。

(九)学生网站的评价标准

学生网站的评价标准如表3-10所示。

表 3-10　学生网站的评价标准

评分标准				评分	
	优秀	良好	一般	小组评价	教师评价
网站内容	小组学习研究总目标明确，并细化成可操作的次级目标	总目标与次级目标较明确	目标一般		
	小组有全部会议记录，并能很好地反映会议所要解决的主要问题	有大部分会议记录，较好地反映了主要问题	会议记录很少，部分反映要解决的主要问题		
	对本组研究成果有详细的展示和体现	研究成果展示较详细	研究成果展示一般		
	和研究主题相关的资料丰富并且原创性强	资料较丰富并且原创性较强	虽有资料但无原创性		
版面设计	版面设计整体界面（包含构图、色彩、动画、超链接等）友好	界面较友好	界面设计一般		

二、多媒体教学环境下的教学设计案例二

（一）教案标题

半导体器件基础。

（二）课程概述

本单元是广电信息工程专业本科一年级教材《半导体器件基础》的第一章第一节，教学计划 2 学时。本章教学内容主要有物质的分类、半导体及其导电性能、本征半导体的结构及其导电性能、本征半导体的本征激发与复合现象、半导体的导电机理、杂质半导体的工作原理、电子及空穴以及多子和少子的概念。

（三）重难点

1. 重点

(1)空穴和电子对。

(2)多子和少子。

(3)半导体的导电机理。

2.难点

(1)半导体的导电机理——两种载流子参与导电。

(2)掺杂半导体中的多子和少子。

(四)学习目标

(1)让学生积极主动地查找相关资料,培养学生的自立能力,使学生掌握通过不同方式获得所需要知识的能力。

(2)通过让学生分组合作,培养学生协作交流的能力;让学生实际动手制作网站,培养学生的实际操作能力和创新能力。

(五)任务或问题

1.半导体及其导电性能

(1)电工材料有哪些分类?

(2)典型的半导体材料有哪些?

(3)如何才能改变半导体的导电能力?

2.本征半导体的结构及其导电性能

(1)什么是本征半导体?

(2)本征半导体有什么制作要求?

(3)本征半导体具有什么特征?

3.半导体的本征激发与复合现象

(1)什么是半导体的本征激发与复合?

(2)什么是电子空穴对?

(3)怎样才能达到本征激发和复合的平衡?

4.半导体的导电机理

半导体的导电机理是怎样的?

5.杂质半导体

(1)为什么要生产杂质半导体?

(2)不同类型的半导体,其各自的载流体有何特征?

(六)教学过程

1.课程讲解

采用多媒体课件辅助教学,用多媒体课件展示教学内容,同时进行讲解,过程如表 3-11 所示。

表 3-11　教学过程

	操作	讲解
1	用多媒体课件或PPT显示教学内容标题	首先让学生思考一下物质的分类。物质按导电性能可分为导体、绝缘体和半导体。物质的导电特性取决于原子结构。导体一般为低价元素，如铜、铁、铝等金属，其最外层电子受原子核的束缚力很小，因而极易挣脱原子核的束缚成为自由电子。因此，在外电场的作用下，这些电子产生定向运动(称为“漂移运动”)形成电流，呈现出较好的导电特性。高价元素(如惰性气体)和高分子物质(如橡胶、塑料)最外层电子受原子核的束缚力很强，极不易摆脱原子核的束缚成为自由电子，所以其导电性极差，可作为绝缘材料。半导体材料最外层电子既不像导体那样极易摆脱原子核的束缚，成为自由电子，也不像绝缘体那样被原子核束缚得那么紧，因此，半导体的导电特性介于导体与绝缘体之间。半导体是导电性能介于导体和绝缘体之间的物质，在一定条件下可导电。半导体具有以下特点：①在外界能源的作用下，导电性能显著变化。光敏元件、热敏元件属于此类。②在纯净半导体内掺入杂质，导电性能显著增加。二极管、三极管属于此类
2	用多媒体课件或PPT展示原子结构示意图	纯净晶体结构的半导体称为“本征半导体”。制造半导体器件的半导体材料的纯度要达到99.9999999%，即所谓的“9个9”。它在物理结构上呈单晶体形态。常用的半导体材料是硅和锗，它们都是四价元素，在原子结构中最外层轨道上有4个价电子。外层电子受原子核的束缚力最小，成为价电子。物质的化学性质是由价电子决定的
3	用多媒体课件或PPT展示硅晶体的空间排列和共价键结构示意图	本征半导体晶体中，各原子之间靠得很近，使原本属于各原子的4个价电子同时受到相邻原子的吸引，分别与周围的4个原子的价电子形成共价键。共价键中的价电子为这些原子所共有，并为它们所束缚，在空间形成排列有序的晶体

续表

	操作	讲解
4	用多媒体课件展示或单独播放热激发自由电子的演示动画	共价键上的两个电子是由相邻原子各用一个电子组成的，这两个电子被称为“束缚电子”。束缚电子同时受两个原子的约束，如果没有足够的能量，不易脱离轨道。因此，在绝对温度 $T=0$ K（-273 ℃）时，由于共价键中的电子被束缚着，因此本征半导体中没有自由电子，不导电。只有在激发状态下，本征半导体才能导电。当导体处于热力学温度 0 K 时，导体中没有自由电子。当温度升高或受到光的照射时，价电子能量增大，有的价电子可以挣脱原子核的束缚而参与导电，成为自由电子。自由电子产生的同时，在其原来的共价键中就出现了一个空位，原子的电中性被破坏，呈现出正电性，其正电量与电子的负电量相等，人们常称呈现正电性的这个空位为“空穴”
5	用多媒体课件展示或单独播放自由电子与空穴复合的演示动画	因热激发而出现的自由电子和空穴是同时成对出现的，称为“电子空穴对”。游离的部分（自由电子）也可能回到空穴中去，称为“复合”
6	用多媒体课件展示或单独播放自由电子与空穴复合的动态平衡演示动画	本征激发和复合在一定温度下会达到动态平衡
7	用多媒体课件展示或单独播放自由电子与空穴移动的演示动画	由于共价键中出现了空穴，因此在外加能源的激发下，邻近的价电子有可能挣脱束缚，补到这个空位上，而这个电子原来的位置上又出现了空穴，其他电子又有可能转移到该位置上。这样一来，在共价键中就出现了电荷迁移——电流。电流的方向与电子移动的方向相反，与空穴移动的方向相同
8	用多媒体课件或 PPT 展示掺杂半导体的原子结构示意图	本征半导体中，产生电流的根本原因是共价键中出现了空穴。由于空穴数量有限，所以其电阻率很大。在本征半导体中掺入某些微量元素作为杂质，可使半导体的导电性发生显著变化。掺入的杂质主要是 3 价或 5 价元素。掺入杂质的本征半导体称为“杂质半导体”

续表

	操作	讲解
9	用多媒体课件或PPT展示N型半导体中多数载流子和少数载流子的原子结构示意图	在本征半导体中掺入5价杂质元素(如磷)可形成N型半导体,也称“电子型半导体”。因为5价杂质原子中只有4个价电子能与周围4个半导体原子中的价电子形成共价键,而多余的1个价电子因无共价键束缚而很容易形成自由电子。在N型半导体中,自由电子是多数载流子,它主要由杂质原子提供;另外,硅晶体由于热激发会产生少量的电子空穴对,所以空穴是少数载流子。提供自由电子的5价杂质原子因失去1个电子,带单位正电荷而成为正离子,因此5价杂质原子也称为“施主杂质”。N型半导体中的导电粒子有两种:自由电子和空穴。前者是多数载流子,由两部分组成——晶体本身的电子和杂质电子;后者是少数载流子
10	用多媒体课件或PPT展示P型半导体中多数载流子和少数载流子的原子结构示意图	在本征半导体中掺入3价杂质元素(如硼、镓、铟等)可形成P型半导体,也称“空穴型半导体”。因3价杂质原子在与硅原子形成共价键时缺少1个价电子,而在共价键中留下1个空穴。当相邻共价键上的电子因受激发获得能量时,就可能填补这个空穴而产生新的空穴。空穴是其主要载流子。在P型半导体中,硼原子很容易由于俘获1个电子而成为1个带单位负电荷的负离子,因此3价杂质也称为“受主杂质”。硅原子的共价键由于失去1个电子而形成空穴

2. 复习巩固

教师总结:今天学习了关于半导体基础的知识,下面回忆一下今天讲课的内容。首先我们讲述了物质的分类,物质根据其导电性能分为导体、绝缘体和半导体。然后我们介绍了什么是本征半导体和杂质半导体,本征半导体就是指纯净的晶体结构的半导体,而在半导体中掺入杂质就形成了杂质半导体。接下来我们介绍了半导体的导电机理,介绍了空穴和电子对的概念,由于电子的激发和空穴的复合形成了电流;根据杂质半导体中掺入杂质的不同,半导体分为P型半导体和N型半导体,其各自的导电机理以及各自的多子和少子也是各不相同的。在N型半导体中,自由电子是多数载流子,它主要由杂质原子提供。另外,硅晶体由于热激发会产生少量的电子空穴对,所以空穴是少数载流子。P型半导体因3价杂质原子在与硅原子形成共价键时,缺少1个价电子而在共价键中留下1个空穴。当相邻共价键上的电子因受激发获得能量时,就可能填补这个空穴而产生新的空穴，空穴是其主要载流子。N 型半导体中的杂质称为“施主杂质”，P 型半导体中的杂质称为“受主杂质”。

3. 布置任务

将学生分为若干小组，以小组为单位，通过多方面搜集和整理材料，制作专题学习报告，介绍半导体的相关基本知识及应用。各小组将做好的网站打包发到教师的电子邮箱内，并附一份小组成员分工及其在网站制作中所做相关工作的说明文档。

（七）预计时间

2 学时。

（八）需要的材料和资源

教材、多媒体课件、视频、动画。

（九）教学媒体

多媒体教室。

（十）教学评价

对学生学习报告的评价标准如表 3-12 所示。

表 3-12　　对学生学习报告的评价标准

评分标准					评分	
		优秀	良好	一般	学生评价	教师评价
成果内容	资料的收集	研究任务明确，能围绕主题准确地搜集丰富资料，并完整地注明资料出处	研究任务较明确，能围绕主题搜集资料，并能注明资料出处	研究任务不够明确，搜集资料较少，资料出处不明确		
	资料的加工利用	能从自己的知识角度对收集的资料进行认真的研究、分析和整理	能从自己的知识角度对所收集的资料进行初步的研究、分析和整理	文稿中虽然有收集的资料，但缺少对资料的研究、分析和整理		
小组合作		分工明确，能调动所有成员积极投入，交流、协作效果好	小组分工比较明确，能调动成员的积极性，交流、协作效果比较好	小组分工不够明确，成员积极性不高，交流、协作少		

续表

评分标准				评分	
个人学习	个人学习主动积极，任务完成好，知识掌握全面，观点独到深刻	个人学习比较主动，任务完成较好，知识掌握比较全面，有自己的见解	个人学习不够积极，任务完成一般，知识不全面，没有自己的见解		
学习报告	学习报告重点突出，内容丰富条理，有设计特色或风格，技术规范，整体效果好	学习报告重点比较突出，内容比较丰富和条理，技术比较规范，整体效果一般	学习报告重点不够突出，内容欠丰富和条理，网站不能顺利运行，整体效果不好		
综合评价					

复习思考题

1. 简述教学设计的概念，并说明其内涵。
2. 阐述各种教学模式的特点。
3. 阐释学习需要的概念。
4. 用自己的体会阐述学习需要分析的现实意义。
5. 举例说明内部参照需要分析法和外部参照需要分析法的作用和区别。
6. 结合自己熟悉的具体实例进行学习目标编写与学习内容分析。
7. 常用的教学程序有哪些？
8. 教学媒体选择的依据有哪些？
9. 简述教学设计中标准参照评价的主要类型和常用工具。
10. 阐述形成性评价中各个阶段的实施过程。
11. 结合自己的教学或学习经历，阐述信息化教学模式变革的取向。
12. 阐述信息化教学设计的基本特征。
13. 描述信息化教学设计模式的基本结构。

主要参考文献

一、专著

[1][美]加涅著.学习的条件和教学论[M].皮连生,王映学,郑葳,等译.上海:华东师范大学出版社,1999.

[2][美]加里·鲍里奇著.有效教学方法[M].第4版,易东平译.南京:江苏教育出版社,2002.

[3]祝智庭主编.现代教育技术——走向信息技术教育[M].北京:教育科学出版社,2002.

[4][美]沃尔特·迪克,[美]劳·凯莉,[美]詹姆斯·卡里著.教学系统化设计[M].汪琼译.北京:高等教育出版社,2004.

[5]刘成新,李兴保主编.信息理论教学理论与方法[M].北京:电子工业出版社,2005.

[6]盛群力主编.教学设计[M].北京:高等教育出版社,2005.

[7]钟志贤著.信息化教学模式——理论建构与实践例说[M].北京:教育科学出版社,2005.

[8][美]亚瑟·科斯塔,[美]贝娜·卡利克著.思维习惯[M].李添译.北京:中国轻工业出版社,2006.

[9]何克抗,林君芬,张文兰主编.教学系统设计[M].北京:高等教育出版社,2006.

[10]钟志贤著.面向知识时代的教学设计框架——促进学习者发展[M].北京:中国社会科学出版社,2006.

[11][美]凯瑟琳·琴纳莫,[美]黛比·考克著.真实世界的教学设计[M].蔡敏译.北京:中国轻工业出版社,2007.

[12][荷]山尼·戴克斯特拉,[德]诺波特·西尔,[德]弗兰兹·肖特,等主编.教学设计的国际观:解决教学设计问题[M].任友群,郑太年主译.北京:教育科学出版社,2007.

[13]徐学福,宋乃庆主编.教学设计[M].重庆:重庆出版社,2008.

[14]杨九民,梁林梅主编.教学系统设计理论与实践[M].北京:北京大学出版社,2008.

[15]陈晓慧,李赫,陈晓军主编.教学设计[M].第2版.北京:电子工业出版社,2009.

[16][美]艾伦·贾纳斯泽乌斯基,[美]迈克尔·莫伦达主编.教育技术:定

义与评析[M]. 程东元，王小雪，刘雍潜译. 北京：北京大学出版社，2010.

[17]冯学斌，赵建民主编. 现代教育技术简明教程[M]. 济南：山东科学技术出版社，2010.

[18][美]格兰特·威金斯，[美]杰伊·麦克泰格著. 追求理解的教学设计[M]. 第2版. 闫寒冰，宋雪莲，赖平译. 上海：华东师范大学出版社，2017.

[19]季红旭主编. 单元教学探索——基于理解的逆向教学设计案例[M]. 上海：华东师范大学出版社，2019.

[20]JONASSEN D, PECK K, WILSON B. Learning with technology: a constructivist perspective[M]. Prentice Hall, 1999.

二、期刊论文

[1]黎加厚. 教育信息化环境中的学生高级思维能力培养[J]. 中国电化教育，2003，9：59-63.

[2]饶爱京，饶素琴. 有意义的学习：建构主义追求的学校教育目的[J]. 江西社会科学，2003，12：238-239.

[3]钟志贤，曹东云. 网络协作学习评价量规的开发[J]. 中国电化教育，2004，12：49-52.

[4]赵丽霞. 教师课堂提问中的有效问题设计探讨[J]. 天津市教科院学报，2007，6：36-37.

[5]刘永贵，郑旭东. 美国高等教育信息化的进展与趋势——EDUCASUE年度高等教育信息化十大战略议题解读[J]. 开放教育研究，2008，6：122-126.

[6]陈丹，祝智庭. "数字布鲁姆"中国版的建构[J]. 中国电化教育，2011，1：71-77.

三、其他类

[1]胡小勇. 问题化教学设计——信息技术促进教学变革[D]. 华东师范大学博士学位论文，2005.

[2]李妍. 乔纳森建构主义学习环境设计研究[D]. 华东师范大学博士学位论文，2007.

[3]高庆. 促进批判性思维发展的游戏化学习工具设计[D]. 山东师范大学硕士学位论文，2010.

[4]蒋江河. 问题解决式教育游戏的设计与应用[D]. 山东师范大学硕士学位论文，2011.

[5]教育部和财政部. 关于实施高等学校本科教学质量与教学改革工程的意见[EB/OL]，2020-11-13(2007-01-22)，http://www.zlgc.org/zcwj/index.aspx.

[6]钟志贤. 信息化环境下的教学设计宗旨：促进学习者高阶能力发展[EB/OL]，2020-11-13（2009-8-18），http://wenku. baidu. com/view/73684dbbfd0a79563c1e72a9. html.

[7]GELDER T V. How to improve critical thinking using educational technology[C]. Meeting at the crossroads. Proceedings of the 18th annual conference of the Australian society for computers in learning in tertiary education，2001.

第四章　信息化教学资源的开发

学习目标

1. 了解信息化教学资源的概念、特点和分类。
2. 掌握信息化教学资源的开发原则。
3. 掌握运用搜索引擎和学术数据库检索教学资源的方法。
4. 掌握运用专题网站和社会化工具检索教学资源的方法。
5. 掌握借助信息化工具管理在线资源的方法。
6. 了解多媒体课件的特点、种类和设计原则。
7. 掌握多媒体课件的设计和制作流程。
8. 掌握多媒体课件常用的制作工具。
9. 了解微课的特点、种类和脚本设计。
10. 掌握微课的设计方法和开发流程。
11. 掌握学习任务单的编写方法。
12. 了解 MOOC 课程的设计原则。
13. 掌握 MOOC 课程的搭建过程，设计和建设一门 MOOC 课程。

学习要点与结构

本章遵循“掌握技能—学会开发—侧重应用”的思路，对信息化教学资源的开发进行了介绍。本章首先介绍了信息化教学资源的理论知识和获取方法，然后较详细地阐述了多媒体课件和微课两种常见信息化资源的制作方法。在此基础上，从教学应用的角度，分析了学习任务单的编写方法和基于已有平台搭建 MOOC 课程的方法。

第一节介绍了信息化教学资源的相关理论，为多种类型教学资源的开发和应用作了铺垫。第二节介绍了检索和管理网络上已有资源的方法，让学习者树立“拿来主义”的资源应用理念。第三节和第四节分别介绍了多媒体课件和微课的设计和制作方法，让学习者学会进行个性化资源的设计和开发。第五节从资源应用的角度介绍了学习任务单的编写方法，旨在提高学习者基于信息化资源的教学设计能力。第六节介绍了搭建 MOOC 课程的方法，使学习者学会借助 MOOC 平台，集成资源，开展线上教学和线上线下混合式教学。

本章的重点是信息化资源的检索和多媒体课件及微课的开发，信息化资源的检索是对已有现成资源的借用，多媒体课件和微课的开发则是资源开发能力的升华和创新，两者都是信息时代专业教师的必备教学能力。通过对本章内容的学习，希望读者能牢固树立资源意识，深刻认识资源的功用，学会“借资源”“做资源”和“用资源”，以资源为媒介，更好地服务于学生学习与教师教学。

知识导学图

本章的知识导学图如图 4-1 所示。

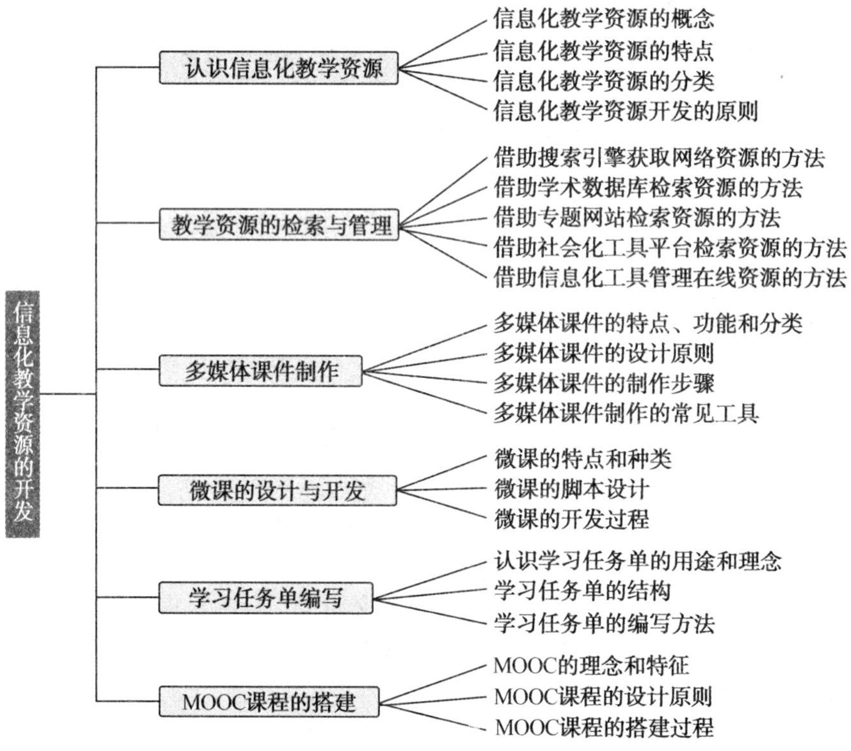

图 4-1 信息化教学资源的开发的知识导学图

教学资源是教师有效开展教学的前提条件。随着我国教育信息化工作的开展，教育资源基本实现了信息化存储、传递和提取，而且种类和数量有了海量的增加，这对教师进行教学设计、实施教学过程以及学生学习都产生了极大的促进作用。因此，在信息化教学中，选择和开发丰富而适切的教学资源是顺利开展教学的保证，也是学校实现教育信息化的重要内容。

第一节 认识信息化教学资源

信息时代的教育教学改革以信息技术在教育中的普及、渗透与应用为重要基础，以信息化教学资源在课程教学中的应用为突破口。要讨论信息化教学资源，必须把握信息化资源的相关概念，了解其分类和特点，并明确信息化教学资源开发的原则。

一、信息化教学资源的概念

（一）教学资源的概念

资源是一切可被人类开发和利用的物质、能量和信息的总称，它广泛地存在于自然界和人类社会中。过去，人们较多关注的是自然资源，处在知识经济时代和信息时代的人们则更加关注智力资源与信息资源。

教学资源是指在教育教学过程中，能够为教与学提供支持与帮助的所有资源，即一切可被师生开发和利用的、在教与学的过程中使用的物质、能量和信息的总称。按照表现形态，教学资源可分为硬件资源和软件资源，硬件资源是指教学实施过程中所需的机器、设备、场所等具体设施，软件资源是指各种媒体化的教学材料和支持教学活动的工具性软件。按照教学资源的本质属性，教学资源可分为人力资源和非人力资源，人力资源是指教学过程中用于促进学习者学习的个人或群体，非人力资源是指由教育信息、教学媒体以及教学场所构成的资源。

（二）信息化教学资源的概念

信息化教学资源主要指以信息技术为基础和核心，蕴含了大量教育信息，并能够为信息化教学提供支持和帮助的所有有价值、有作用的物质、能量和信息的总称。

信息化教学资源既包含物质资源，也包含信息资源，即硬件资源和软件资源。其中，硬件资源主要是指网络教室、多功能语音教室、电子书包、触控一体机、数字课桌、交互式电子白板等各种信息化硬件设备；软件资源包括多媒体素材、课件、网络课程、电子图书等教学材料和工具。

随着信息技术的普及和人们对信息的社会价值的普遍认可，信息化教学资源已经成为教学过程中的重要部分，而不仅仅是传统课堂教学的补充。师生共同成了教学资源的开发者、建设者，并且基于信息化资源的教与学要求，实现了教育教学观念、教学方式以及学习方式的转变。

2012年9月5日召开的全国教育信息化工作电视电话会议上指出，“十二五”期间要以建设好“三通两平台”为抓手，当前和今后一个时期，要大力推进“三通两平台”建设，即宽带网络校校通、优质资源班班通、网络学习空间人人通，建设教育资源公共服务平台、教育管理公共服务平台。不难看出，“三通两平台”主要是从基础设施建设和优质数字教育资源共建共享等方面来推进我国教育信息化的发展进程。同时，信息化教学资源建设也是一项需要长期坚持的系统工程，不可能在短期内完成，必须走“边建设、边开发、边应用”的道路。要在加强硬件资源建设的基础上，积极开发信息化教学资源，大力促进信息化教学资源的实际应用。

二、信息化教学资源的特点

信息化教学资源突破了传统教学资源的局限，具有其自身的特点。认识和把握这些特点有助于我们从本质上理解信息化教学资源。从总体上来讲，信息化教学资源具有如下一些特点：

（一）处理数字化

信息化教学资源的构成要素（如文本、图形、图像、动画、音频、视频等媒体信息）经转换器抽样量化，由模拟信号转化为数字信号，进而存储在信息技术设备中，从而实现信息传送、接收、共享、组织和存储。

（二）呈现多媒体化

信息化教学资源的表征方式呈现多媒体化的特点，即可利用多媒体技术将教学信息以声音、文本、图形、图像、动画等多种形式恰当地组织呈现，这与传统的单纯用文字或图片处理信息资源的方式相比要丰富得多。多媒体技术给学习者提供的外部刺激不是单一刺激，而是多种感官的综合刺激，这种刺激能激发学习者的学习兴趣，提高学习的积极性。

（三）传输网络化

信息化教学资源可通过网络终端和移动终端随时随地获取。教学信息传递的形式、速度、距离、范围等均发生了巨大变化，避免了其他媒体信息在查找时受到的时间、空间等因素的限制。信息化教学资源的网络特性有利于实现个性化学习、协作式学习以及跨时空的资源共享。

（四）组织超文本化

超文本是按照人的联想思维方式，以“去中心”为核心，非线性地组织、管理和利用信息的一种技术。由于超文本信息组织的联想式和非线性的特点符合人类的认知规律，所以便于学习者进行联想思维。另外，由于超文本信息结构的动态性特点，学习者可以按照自己的目的和认知特点重新组织信息，按照不同的学习路径进行学习。

信息化教学资源的特点还可以从不同的角度归纳出很多，如传播的时效性，设计的创新性以及更新的动态性等。

三、信息化教学资源的分类

依据不同的分类标准，可将信息化教学资源分为不同类型。参考我国教育部教育信息化技术标准委员会发布的《教育资源建设技术规范》，目前常见的信息化教学资源类型主要包括八类，分别是电子图书、媒体素材（包括文本、图形/图像、音频、视频和动画）、教学课件、教学案例、网络课程、认知工具、仿真系统和教育游戏，如表 4-1 所示。

表 4-1　信息化教学资源的类型

资源类型	解释
电子图书	电子图书是指借助数字化技术形成二进制编码，记录在以光、电、磁为介质的设备中，通过计算机、手机、电子阅读器等设备显示的图书
媒体素材	媒体素材是传播教学信息的基本材料单元，可分为五大类：文本类素材、图形/图像类素材、音频类素材、视频类素材和动画类素材
教学课件	教学课件是指用来对一个或几个知识点实施相对完整的教学的软件，根据运行平台的不同，可分为网络版课件和单机运行的课件
教学案例	教学案例是指记录教育教学过程中的教学活动，以及各种具有现实指导和教学意义的代表性事件
网络课程	网络课程是通过网络表现某门学科的教学内容及实施的教学活动的总和，包括按一定的教学目标、策略组织起来的教学内容和网络教学支撑环境
认知工具	认知工具是帮助学习者完成对信息的收集、整理、处理、创造和表达，且能有效促进学习者思考和认知的操作工具
仿真系统	仿真系统是指运用虚拟仿真技术开发的，用于特定技能训练的软件
教育游戏	教育游戏是根据教学需要，在一定的学习理论和游戏理论指导下开发的，兼顾教育特性和游戏特性，同时承担着一定教育和娱乐目的，能够实现寓教于乐功能的计算机软件

四、信息化教学资源开发的原则

(一)教育性原则

信息化教学资源的开发要符合教育教学规律,符合学生的认知水平,体现学生的认知特点,满足教学的需要,符合教学大纲的基本要求。因此,信息化教学资源在内容呈现上要脉络清晰、简明扼要,用合适的媒体元素恰当地表现教学的内容。

(二)科学性原则

信息化教学资源既要生动、活泼、有趣,又不能违背科学的基本原则,更不能迎合低级趣味。因此,信息化教学资源中的各种操作必须规范、准确;选用的材料、例证和逻辑推理必须是科学的、符合客观规律的;所表现的图像、声音、色彩都要符合科学的要求,不能为片面追求色彩的艳丽、声音的悦耳和画面的生动而破坏内容的真实性。

(三)技术性原则

信息化教学资源的开发要符合技术质量标准,即图像清晰、声音清楚、色彩逼真、声画同步、运行方便且交互性强、导航方便合理、容错性好。开发者要熟练掌握有关技术,力求精益求精。

(四)艺术性原则

信息化教学资源的内容力求反映自然和社会生活中真、善、美的事物;画面构图要清晰匀称、变换连贯、流程合理;音乐与声音要避免噪音,音乐要与景物动作相配合,声音要顿挫有致;光线与色彩要明暗适度、调配恰当,使学习者感到舒适。

(五)开放性原则

信息化教学资源的开放性主要体现在开发人员的开放性、资源内容的开放性和结构体系的开放性等方面。开发人员的开放性是指教学资源开发人员既可以是教师、教育专家、学科专家,也可以是学习者及各类愿意贡献智慧和力量的人员;资源内容的开放性是指既要着眼于学校教育、正式教育,又要兼顾非学校教育、非正式教育,要适应泛在学习的需要;结构体系的开放性是指建设的教学资源应该力求立体化、系统化,并能及时更新、补充,具有多样的交互性,实现开放式共享利用。

(六)创新性原则

信息化教学资源的开发一定要与时俱进,以紧贴时代的眼光开发建设教学资源。信息化教学资源的创新主要包括理念创新、理论创新、内容创新、技术创新、模式创新、形式创新等。

(七)经济性原则

信息化教学资源建设力求以较少的财力、物力和人力,开发出高质量、高水平的资源，切忌重复建设低水平的资源。要注意对现有资源的改造和利用，更不能“为建而建”。因此，信息化教学资源的开发要有周密的计划，避免浪费。

第二节　教学资源的检索与管理

网络为人们提供了丰富多彩的资源，无论是教师还是学生，都可以通过网络来浏览信息、发布信息、获取信息，为自己的学习和科研服务。随着信息化教育教学资源的日益丰富，如何快速准确地找到所需的教学资源非常重要。搜索引擎就是快速搜索网络信息资源的有效工具。

目前，多数信息化教学资源主要以网页、学术数据库、工具平台信息的形式存储在网络上，下面将按照教学资源的存放形式介绍其检索方法。

一、利用搜索引擎获取网络资源

搜索引擎是一种网络用户用于查询各种信息资源的网络应用程序，它以某种搜索算法在网上搜集、发现各种相关信息，对信息进行理解、提取、组织和处理，并为用户提供检索服务，从而起到信息导航的作用。搜索引擎提供的导航服务已经成为网上非常重要的网络服务，搜索引擎站点也被誉为“网络门户”。

（一）常用搜索引擎简介

目前，搜索引擎很多，有各种各样功能定位的搜索引擎。搜索引擎按其工作方式的不同，主要可以分为三种：全文搜索引擎、目录索引类搜索引擎和元搜索引擎。

1. 全文搜索引擎

全文搜索引擎是名副其实的搜索引擎，最具代表性的有谷歌、百度、360 等。它们都是通过从互联网上提取的各个网站的信息（以网页文字为主）建立的数据库中，检索与用户查询条件匹配的相关记录，然后按一定的排列顺序将结果返回给用户。其服务方式是面向网页的全文检索服务。该类搜索引擎的优点是信息量大，更新及时，无须人工干预；缺点是返回信息过多，有很多无关信息，用户必须从结果中进行筛选。

2. 目录索引类搜索引擎

目录索引是将网站分门别类地存放在相应的目录中，用户在查询信息时，可选择关键词搜索，也可按分类目录逐层查找。这类搜索引擎以人工方式或半自动方式搜集信息，由编辑员查看信息之后，人工形成信息摘要，并将信息置于事先确定的分类框架中。信息大多面向网站，提供目录浏览服务和直接检索服务。该类搜索引擎具有信息准确、导航质量高的优点，缺点是需要人工介入，维护量大，信息量少，信息更新不及时。目录索引中最具代表性的是雅虎，国内的搜狐、新浪、网易搜索也都属于这一类。

目前，全文搜索引擎与目录索引类搜索引擎有相互融合渗透的趋势，原来一些纯粹的全文搜索引擎现在也提供目录搜索服务，如谷歌借用"开放目录"(open directory)提供分类查询；而像雅虎这些老牌目录索引类搜索引擎则通过与谷歌等搜索引擎合作，扩大搜索范围。

3. 元搜索引擎

元搜索引擎是一种调用其他独立搜索引擎的引擎，亦称"搜索引擎之母"。元搜索引擎在接受用户的查询请求时，同时调用多个预先选定的独立搜索引擎进行搜索，然后将所有查询结果集中起来处理，再返回给用户。著名的元搜索引擎有 Metacrawler、InfoSpace、Dogpile 和 Vivisimo 等；中文元搜索引擎中，具有代表性的有比比猫搜索引擎和搜星搜索引擎，它们综合了百度、谷歌、搜狗、雅虎、中搜等的搜索结果。

(二)网页网站的搜索方法

搜索网页时常用的搜索引擎有百度、谷歌、搜狗等，这几个搜索引擎的使用方法相似。以百度为例，其首页默认为网页搜索，使用方法非常简单，只要在搜索框中输入关键词，然后单击"百度一下"按钮，或直接按回车键即可获得相关搜索结果。但是，百度网页总量巨大，如何快速准确地找到所需要的信息，需要掌握一定的搜索技巧。

1. 使用布尔逻辑操作符"AND""OR"和"NOT"

AND 表示逻辑"与"，也可用"&"或"*"表示，它表示查询的结果要同时满足用户给出的所有的关键词。例如，"教育 AND 技术"表示查找的资料中必须同时包括"教育"和"技术"的信息。

OR 表示逻辑"或"，也可用"|"或"+"表示，它表示查询结果只要包含关键词中的一个即可。例如，"教育 OR 技术"表示查找的资料中凡有"教育"或"技术"其中之一或者同时包括的资料都是符合搜索意图的信息。

NOT 表示逻辑"非"，也可用"!"或"-"表示，它表示搜索含有 NOT 之前的关键词资料，但是排除里面含有 NOT 之后的关键词的资料。例如"教育-技术"表示查找包含有"教育"，但没有"技术"的所有资料。注意："-"号应在英文状态下输入，使用时"-"前应有一个空格。

2. 使用通配符"*"

该符号表示可以由任意一个词代替。例如，输入"教育*"，则结果会显示"教育技术""教育信息"等相关内容。

3. 使用逗号","

该符号表示可以分隔多个查询条件，也可以使用冒号或空格。

4. 把搜索范围限定在网页标题中——intitle

网页标题通常是对网页内容提纲挈领式的归纳。把查询内容范围限定在网页标题中，有时能获得良好的效果。使用的方法是把查询内容中特别关键的部分用“intitle:”限定即可。例如，找关于一休的动画片，就可以这样查询：动画片 intitle:一休。注意：“intitle:”和后面的关键词之间不要有空格。

5. 把搜索范围限定在特定站点中——site

如果知道某个站点中有需要找的信息，就可以把搜索范围限定在这个站点中，提高查询效率。使用的方法是在查询内容的后面加上“site:站点域名”。例如，从天空网下载软件不错，要在本网站中查找 QQ 软件，就可以这样查询：QQ site:skycn.com。

6. 精确匹配——双引号和书名号

如果输入的查询词很长，百度经过分析后，给出的搜索结果中的查询词可能是拆分的。如果对这种情况不满意，可以让百度不拆分查询词，给查询词加上双引号就可以达到这种效果。

书名号是百度独有的一种特殊查询方法。在其他搜索引擎中，书名号会被忽略，而在百度中，中文书名号是可被查询的。加上书名号的查询词有两个特殊功能：一是书名号会出现在搜索结果中；二是被书名号括起来的内容不会被拆分。使用书名号在某些情况下特别有效果，如查找名字很通俗和常用的那些电影或小说。比如查电影“手机”，如果不加书名号，很多情况下查出来的是通信工具手机，而加上书名号后，《手机》查询结果就是关于电影《手机》的了。

7. 百度快照

如果无法打开某个搜索结果，或者打开速度特别慢怎么办？“百度快照”可解决这个问题。每个未被禁止搜索的网页，在百度上都会自动生成临时缓存页面，称为“百度快照”。当遇到网站服务器暂时故障或网络传输堵塞时，可以通过“百度快照”快速浏览页面文本的内容。百度快照只会临时缓存网页的文本内容，所以那些图片、音乐等非文本信息仍存储于原网页上。当原网页进行了修改、删除或者屏蔽后，百度搜索引擎会根据技术安排自动修改、删除或者屏蔽相应的网页快照。图 4-2 所示便是搜索“教育信息化”的一个百度快照。

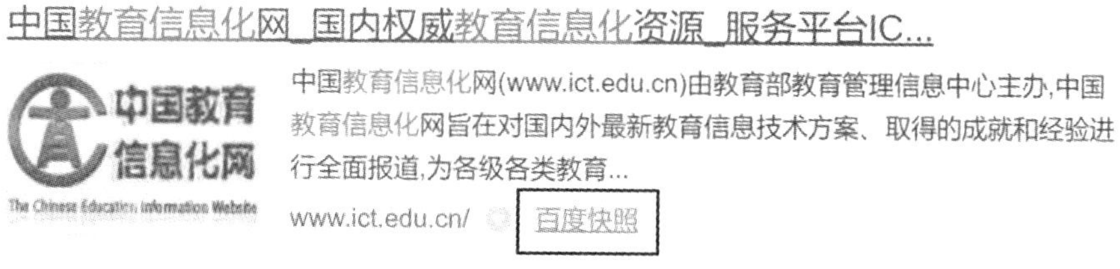

图 4-2　搜索“教育信息化”的一个百度快照

8. 百度百科

百度百科是百度公司推出的一部内容开放、自由的网络百科全书，旨在创造一个涵盖各领域知识的中文信息收集平台。百度百科的全部内容对所有互联网访问用户开放浏览。词条的创建和编辑由取得一定资质的百度用户或权威专家完成，具有相当的科学性。百度百科所含内容的基础分割单位是词条，一个词条包括百科名片、词条正文、参考资料、开放分类、相关词条、扩展阅读等。利用百度百科可以搜集教学中一些比较陌生的词义。例如，搜索“MOOC”，百度百科便会给出有关 MOOC 现象的学术解释等，如图 4-3 所示。

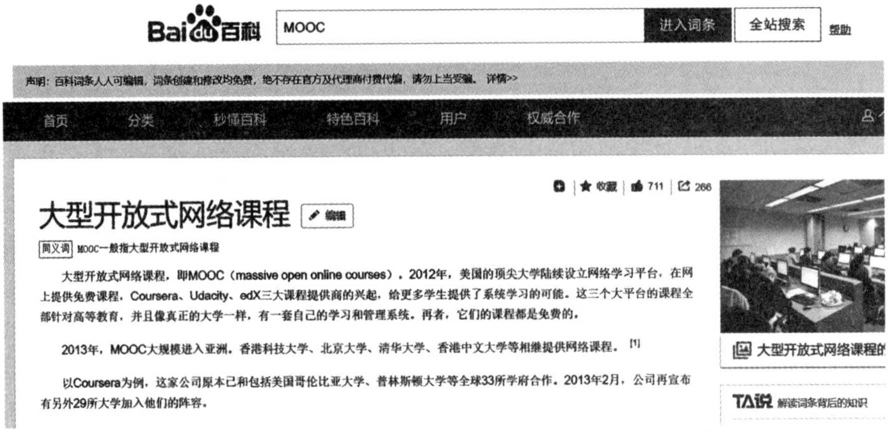

图 4-3 “MOOC”的百度百科截图

9. 相关搜索

搜索结果不佳，有时候是因为选择的查询词不是很妥当，这时可以通过参考别人是怎么搜索的来获得一些启发。百度的“相关搜索”功能就是和自己的搜索很相似的一系列查询词。百度相关搜索排布在搜索结果页的下方，按搜索热门度排序。图 4-4 所示是“信息化教学资源”的相关搜索。单击这些词，可以直接获得它们的搜索结果。

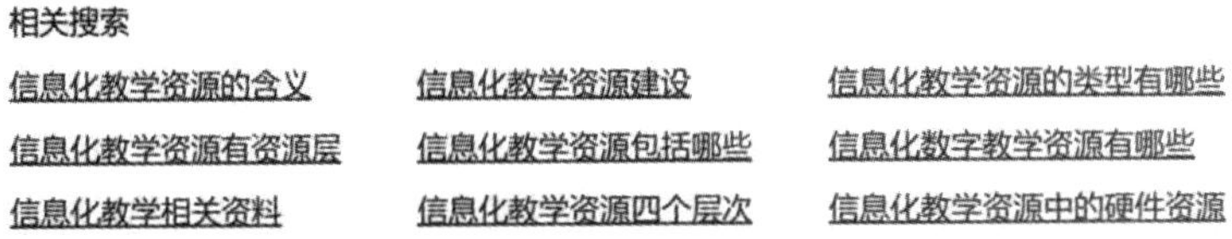

图 4-4 “信息化教学资源”的相关搜索

10. 英汉互译词典

百度网页搜索内嵌英汉互译词典功能。如果想查询英文单词或词组的解释，可以在搜索框中输入想查询的“英文单词或词组”+“是什么意思”，搜索结果第一条就是英汉词典的解释，如“give 是什么意思”。如果想查询某个汉字或词语的英文翻译，可以在搜索框中输入想查询的“汉字或词语”+“的英语”，搜索结果第一条就是汉英词典的解释，如“龙的英语”。另外，也可以通过单击百度首页“更多”，找到“词典”，到百度词典中查看想要的词典解释。

（三）多媒体素材的搜索方法

在日常学习和教学过程中，常用的多媒体素材主要有以下几种：图像、声音、Flash 动画、视频等。下面分别介绍这几种多媒体素材资料的网上搜索方法。

1. 图像的搜索

图像是在平时的学习和教学过程中不可缺少的素材之一，网络中包含了众多的图像素材。互联网中有许多搜索引擎提供了图像搜索功能，如百度的图像资料库、搜狗图片搜索等。用户进入这些图像搜索网站后，可按照图像的分类逐级搜索，选择自己需要的图像资料浏览或下载。图 4-5 所示是在百度图像搜索引擎中搜索“知识可视化”得到的结果，若要将需要的图片保存下来，只需选中图片，右击鼠标选择“图片另存为”，即可保存。

图 4-5　“知识可视化”的图片搜索结果

2. 声音的搜索

对于视听类课程而言，在日常的学习和教学中，声音是重要的学习和教学媒体，声音与画面的有效结合能够在很大程度上提高学生的认知能力。在互联网上有许多搜索网站也提供了声音搜索功能，如千千音乐、QQ 音乐搜索等。下面以千千音乐为例，介绍声音搜索的使用方法。

千千音乐是中国音乐门户之一，拥有正版高品质音乐、权威音乐榜单和新歌速递、契合用户需求的主题电台、人性化的歌曲搜索等功能。查找音乐时，打开千千音乐网站，然后输入搜索关键词，单击右侧的搜索符号，即可得到所需的音乐列表。图 4-6 所示是搜索“我的中国心”的结果列表，单击某个歌曲的试听链接,即可试听该歌曲。

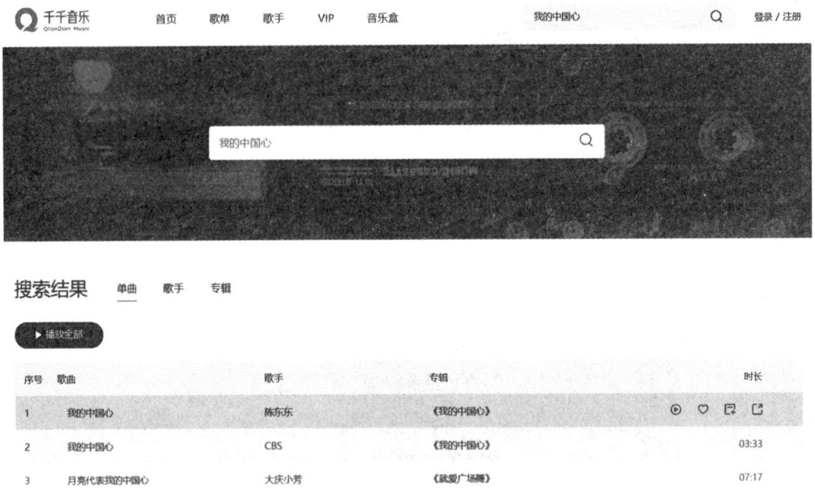

图 4-6 “我的中国心”音乐搜索列表

需要注意的是,目前网络上的音乐文件大多不再提供直接下载,而是有诸多限制,如安装客户端 APP 或收费等。

3. Flash 动画的搜索

在日常教学和学习中经常使用的动画主要有两种类型:一种是二维动画,另一种是三维动画。互联网上的二维动画主要以 Flash 软件生成的 swf 流媒体矢量动画格式为主,许多网站也提供了 Flash 动画的搜索和下载功能,如站长素材网、绘艺素材网、百度 Flash 搜索、我图网等。

4. 视频的搜索

在互联网上,视频资料比图像资料少得多,下载和搜索相比图片也不太方便,但搜索的方法和图像搜索基本相似。目前,网上的视频格式主要有 mp4、flv、rm、rmvb、wmv 等。在互联网上,有许多搜索网站提供了视频搜索功能,如百度视频搜索、搜狗视频搜索、酷网视频搜索、土豆网、优酷网等,可以搜索到大量视频资源。用户进入这些视频搜索网站后,可依据搜索条件输入关键词进行搜索。

目前多数视频网站都提供了视频浏览功能,但对视频下载也有限制,一般来说,要求用户注册登录后才能下载,并且下载的视频格式不是通用的格式,须通过格式转换工具才能将其转换为 mp4 等常用格式。

(四)软件与专业文档的搜索方法

1. 软件的搜索

搜索常用软件时,如果采用百度、谷歌的网页搜索方式,可能会出现很多不相关的搜索结果。如果从一些专用的软件网站搜索，可能会有意想不到的结果。常用的软件网站有华军软件园、天空软件站、太平洋下载等。

2. 专业文档搜索——filetype

在互联网上有许多非常有价值的文档，包括学术论文、数据资料、课件、简历等，它们不是以网页的形式存在的，而是以Word、PowerPoint、PDF等格式存在。这些文档质量都比较高、相关性强，并且垃圾内容少。百度、谷歌等搜索引擎都支持对Office文档（包括Word、Excel、PowerPoint）、Adobe PDF文档、RTF文档进行全文搜索。要搜索这类文档，在普通的查询词后面加一个“filetype:文档类型”限定就可以了。“filetype:”后可以跟以下文件格式：doc、xls、ppt、pdf、rtf、all，其中“all”表示搜索所有这些文件类型。

以百度为例，查找有关信息检索方面的PPT课件，可在百度搜索框中输入“十三五教育科学规划 filetype:pdf”，检索结果如图4-7所示。可以看出，查找到的都是与“十三五教育科学规划”有关的pdf文档。也可以通过百度文库搜索界面，直接使用专业文档搜索功能。

图4-7 使用filetype功能搜索“十三五教育科学规划”的结果

二、利用学术数据库检索资源

已经形成成果的资源通常以数据库的形式存储于网络上，包括期刊论文、学术论文、图书、报纸、年鉴、专利以及标准等。利用各平台的数据库检索技术，可轻松实现对这些资源的检索。下面就对国内外主要的专业学术数据库以及检索的方法进行介绍。

(一)国内主要专业学术数据库

目前,国内的专业学术数据库主要有中国知网、维普数据、超星电子图书馆、万方数据、中国高校科研网、读秀学术搜索、中国国家数字图书馆以及畅想之星全民阅读库等,这些数据库各具特点,相互补充,形成了数据检索的“百家争鸣”之势。下面主要对中国知网、维普数据、超星电子图书馆和中国国家数字图书馆进行介绍。

1. 中国知网

中国知网主要包括中国期刊全文数据库、中国优秀博士硕士论文全文数据库、中国重要报纸全文数据库、中国医院知识仓库、中国重要会议论文全文数据库。

2. 维普资讯网

维普资讯网是重庆维普资讯有限公司开发研制的中文电子期刊数据库,收录了 1989 年以来我国自然科学、工程技术、农业科学、医药卫生、经济管理、教学科学和图书情报等学科 1.2 万余种期刊的论文,并以每年 100 万篇的速度递增。在维普资讯网检索论文时,可通过首页中的搜索栏输入简单的检索条件进行查询,也可以同时输入多个检索条件进行高级检索。

3. 超星数字图书馆

超星数字图书馆为目前世界最大的中文在线数字图书馆,可提供大量的电子图书资源供用户阅读,其中包括文学、经济、医药卫生、计算机等五十余大类,数百万册电子图书,500 万篇论文,近 13 万集的学术视频,拥有超过 35 万授权作者,5300 位名师,1000 万注册用户,并且每天仍在不断增加与更新。

4. 中国国家数字图书馆

中国国家数字图书馆馆藏资料涵盖了图书、期刊、报纸、论文、古籍、工具书、音频、视频、数值事实、征集资源等多种类型的数字资源,可为用户提供丰富的在线资源查询服务,是目前中国最先进的信息网络服务基地。中国国家数字图书馆已在网络上发布了 80 余万册(件)电子书,各地图书馆发布的电子书超过 100 万册(件)。图 4-8 所示是中国国家数字图书馆的首页。

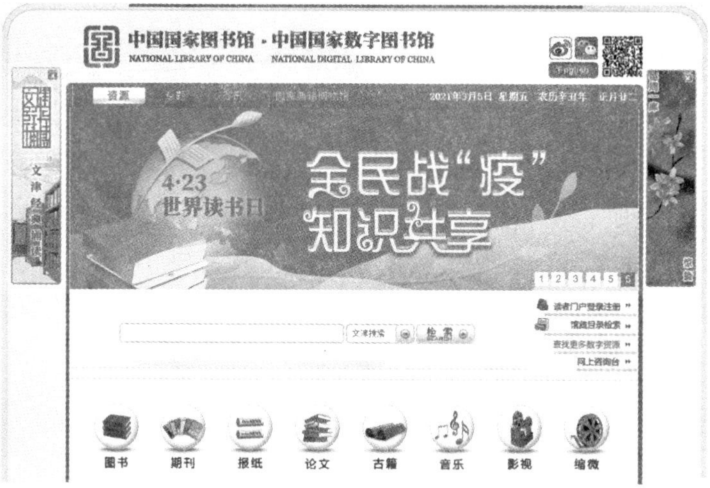

图 4-8　中国国家数字图书馆首页

（二）国外主要专业学术数据库

1. 美国

（1）Wiley InterScience 是 John Wiely & Sons 公司创建的动态在线内容服务，于 1997 年在网上开通。通过 InterScience，Wiley 公司以许可协议的形式向用户提供在线访问全文内容的服务。Wiley InterScience 收录了 360 多种科学、工程技术、医疗领域及相关专业期刊，30 多种大型专业参考书，13 种实验室手册的全文和 500 多个题目的 Wiley 学术图书的全文。

（2）IEEE/IEE 收录了美国电气与电子工程师学会（IEEE）和英国电气工程师学会（IEE）自 1988 年以来出版的全部 150 多种期刊、5670 余种会议录及 1350 余种标准的全文信息。IEEE 是电子信息领域最著名的跨国性学术团体，其会员分布在世界 150 多个国家和地区。

（3）EBSCO 公司从 1986 年开始出版电子出版物，共收集了 4000 多种索引和文摘期刊以及 2000 多种全文电子期刊。该公司拥有 BSP（商业资源电子文献库）、ASP（学术期刊全文数据库）等多个数据库。

（4）ProQuest 是博士论文全文数据库，是 UMI 公司的一个分库。它收录了 1861 年以来全世界 1000 多所著名大学理工科 160 万博士、硕士学位论文的摘要及索引，学科覆盖了数学、物理、化学、农业、生物、商业、经济、工程和计算机科学等，是学术研究中十分重要的参考信息源。

（5）OCLC 即"联机计算机图书馆中心"，是目前世界上最大的提供文献信息服务的机构之一。其数据库绝大多数由一些美国的国家机构、联合会、研究院、图书馆和大公司等单位提供，数据库的记录中有文献信息、馆藏信息、索引、名录、全文资料等内容,资料的类型有书籍、报纸、杂志、胶片、计算机软件、音频资料、视频资料和乐谱等。

(6)Netlibrary 位于美国科罗拉多州波尔德尔市,于 1999 年成立,是世界上向图书馆提供电子图书的主要供应商。Netlibrary 于 2002 年 1 月 25 日成为 OCLC 联机计算机图书馆中心的下属部门。目前,世界上 7000 多个图书馆通过 Netlibrary 存取电子图书,其中包括哥伦比亚大学图书馆、斯坦福大学图书馆、加州大学伯克利分校图书馆,以及世界上其他众多的大小图书馆。

(7)Springer 数据库包含化学、计算机科学、经济学、工程学、环境科学、地球科学、法律、生命科学、数学、医学、物理与天文学等 11 个学科,其中许多为核心期刊。

(8)Engineering Village 属于工程索引类电子文献数据库,是工程人员与相关研究者最佳、最权威的信息来源。

2. 英国

(1)Ingenta。Ingenta 网站是 Ingenta 公司于 1998 年建成的学术信息平台。在短短几年的发展中,该公司先后兼并了多家信息公司,合并了这些公司的数据库。

(2)Blackwell。Blackwell 出版公司是世界上最大的期刊出版商之一,总部设在英国伦敦的牛津,以出版国际性期刊为主,包含很多非英美地区出版的英文期刊。它所出版的学术期刊在科学技术、医学、社会科学以及人文科学等学科领域享有盛誉。

(三)学术数据库检索操作

学术数据库资源的查询都支持普通查询和高级检索功能,下面就以中国知网的学术期刊检索和超星的电子图书检索为例,来讲解学术数据库资源的检索操作。

1. 学术期刊检索

知网收录的资源包括期刊、硕士/博士论文、会议、报纸、图书和年鉴等多类电子资源。在进行学术期刊的检索时,首先在知网首页中的"文献检索"选项框中选择"学术期刊",然后在"主题"下拉列表中选择关键词的种类,如关键词、篇名、摘要、作者、单位等,再在关键词文本框中输入关键词,单击搜索图标即可搜索,如图 4-9 所示。

图 4-9　知网的普通搜索界面

如果对要检索的期刊资源不太确定，或者有多元的要求，可使用知网的高级检索功能。在首页中搜索框的右侧单击“高级检索”，即可进入高级检索的界面。如图 4-11 所示，在检索条件的输入框中，可对检索词的类别、检索内容、检索内容关系、作者、发表时间和期刊来源类别等多个条件进行设置。如从最近五年发表的核心期刊和 CSSCI 期刊中检索相应的学习资源或教学资源，可以以篇名为检索条件，检索内容分别输入“信息化”“数字”“教学资源”和“学习资源”，并分别以“且”和“或”连接，时间条件选择从“2015 年”至“2020 年”，来源类别选择“核心期刊”和“CSSCI”，单击“检索”按钮即可搜索。

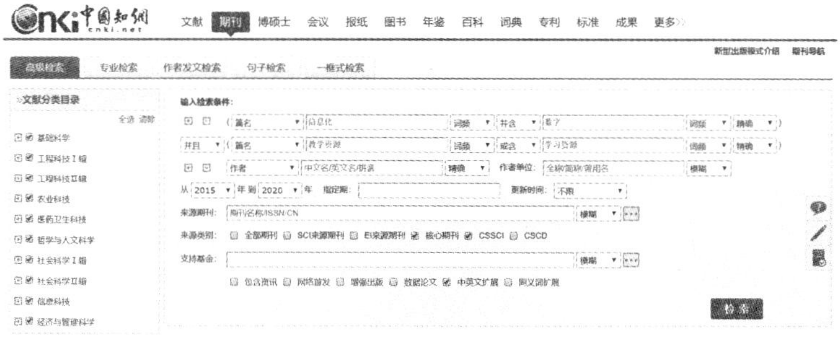

图 4-10　知网“高级搜索”功能界面

需要注意的是，在知网的普通检索和高级检索中，检索的主题都可设置为“全文”，即知网数据库可以实现对数据库的全文检索，这有助于实现对数据资料和教学资源的精确查找。

2. 电子图书检索

超星“汇雅书世界”是由超星公司推出的纯文本 EPUB 电子图书平台，如图 4-11 所示，可以根据作者、书名、目录和全文对图书资源进行检索，可较准确地对教学资源进行检索，尤其是对图书“全文”的检索，可准确定位数据资源信息，为用户提供便捷的服务。

图 4-11　超星“汇雅书世界”平台图书检索首页

此外，该平台也可以对电子图书进行高级检索，检索时，可以同时设置书名、作者、主题词、出版年代、图书类别等信息，进行一次性准确检索。

读秀也是目前常用的数据库之一，它集馆藏纸质图书、电子图书、学术文章等各种异构资源于一体，实现了为读者学习、研究、写论文、做课题提供全面准确的学术资料和获取知识资源的捷径。图 4-12 所示是使用读秀进行目录检索的截图。

图 4-12 读秀电子图书资源检索

三、在专题网站内检索资源

(一)教育专题网站

随着个性化学习和终身学习理念的盛行,教育类专题网站、网络教学资源库的数量和质量都在快速提升,为教与学提供了丰富、优质的信息化资源。

1. ERIC 教育资源信息中心

ERIC 是美国“教育资源信息中心”的英文缩写,是一个由美国联邦政府全额资助的全国信息中心,由美国国家教育图书馆负责管理。到目前为止,ERIC 收录有 980 多种教育专业刊物的 60 多万篇文章的摘要,以及 60 多万种研究报告、书籍、会议论文等教育文献摘要。

2. 国家教育资源公共服务平台

国家教育资源公共服务平台是我国教育资源中心为资源提供者和资源使用者搭建的优质教育资源共享应用环境。平台可以为各级各类学校的广大师生提供智能导航和以学习空间为基础的多种教学应用服务,为社会各方资源提供者提供推广服务,为各级政府、学校采购资源及应用服务提供支持。图 4-13 所示是该平台的首页。

图 4-13　国家教育资源公共服务平台首页

3. 国家精品课程库和社会公开课

国家精品课程库是由教育部、财政部“十二五”期间启动和支持建设的高等教育课程资源共享平台，该平台集中展示了“中国大学视频公开课”“中国大学资源共享课”和“中国大学 MOOC”的内容，并对课程资源进行运行、更新、维护和管理。网站利用现代信息技术和网络技术，面向高校师生和社会大众，提供优质教育资源共享和个性化教学资源服务，具有资源浏览、搜索、重组、评价以及课程包的导入导出、发布、互动参与和“教学兼备”等功能。

社会公开课是指由各大教育机构充分利用社会资源创建的课程学习资源，课程内容涉及人文、历史、经济、哲学、理工等各学科。目前，社会公开课与国家精品课程库相互补充，为人们的终身学习提供了丰富的网络资源。图 4-14 所示是社会公开课网上平台。

图 4-14　常见的社会公开课网上平台

4. K12 中国中小学教育教学网

K12 的名字来源于国际上对基础教育的统称(K12),其中 K 是单词“幼儿园”(kindergarten)的第一个字母,12 代表从小学一年级到高中三年级的 12 年中小学教育。K12 网站是一个旨在为中国的学校、教师、学生和家长提供一种全新的教育教学理念和模式,推动中国信息化教育的普及和发展的专业门户网站,图 4-15 所示是其课程资源页面。

图 4-15 K12 中小学教育教学网课程资源页面

此外,网络上还有许多其他类型的教育专题网站,也为学习者提供了丰富的教学资源,如教学点数字教育资源全覆盖、国家数字化学习资源中心、中国高等学校教学资源网、五分钟微课程网等。

四、利用社会化工具平台检索资源

目前,微信、微博、QQ 等社会化平台存储了海量的信息,这些信息中也蕴藏了很多可用于学习和教学的资源。对这些资源的检索,除可以通过搜索引擎进行搜索外,利用平台自身的搜索功能进行搜索会更快捷有效。下面就对常用的社会化工具平台及其资源检索方法进行介绍。

(一)微信

微信是一款由腾讯公司推出的,提供即时通信服务的免费社交通信软件。用户仅需要使用少量的流量,就能通过微信实现跨通信运营商、跨操作系统平台的信息传播，通过手机、平板电脑、网页快速免费发送语音、视频、图片和文字，并且还能支持多人群聊。

微信这一新媒体具有操作便捷、功能强大、推送信息及时丰富等特点，深受学生的喜爱，在教育中大有可为。微信主要的教育应用包括以下几个方面：

1.随时推送学习内容，支撑泛在学习

微信不仅可以发送文本、图片，而且可以发送视频，学习内容丰富；微信内容不仅可以在计算机上观看，而且可以在手机、平板电脑等可以连接网络的手持设备上观看，学生可以在任何时候、任何地点，利用碎片化的时间学习，符合学生学习的特点，满足了学生移动学习和泛在学习的需要。

2.支持个性化学习需要，优化了传统教学

微信可以根据学生的定制向学生推送学习内容，并可以根据学生的学习习惯和特点提供不同的学习形式，符合学生个性化学习的要求，弥补了课堂大班化教学无法满足所有学生学习需求的不足。

3.推送学生和学校信息给家长，满足了家校合作的需求

微信可以将学生信息和学校新动向发送给家长，让家长及时掌握学生和学校的第一手信息；家长也可以及时与学校沟通，将学生的近期表现反馈给学校，有利于学校和教师掌握学生的动向。学校和家庭可以根据学生的表现及时进行调整，通力配合完成学生教育。

4.扩大学生与学生，学生与教师的交流

微信的即时通信功能有利于学生的及时提问和教师的及时反馈，可以及时解决学生学习和生活中存在的问题。微信能够消除面对面交流中教师的权威感，学生更愿意与教师进行思想上的交流，有利于教师根据学生的思想动态调整思想教育的方向和方式。

5.促进教师之间的交流协作，促进教师的专业发展

微信群聊功能可以让教师根据兴趣和志向组建和加入群，微信丰富的内容和形式能够满足学生交流、协作和学习的要求，并且同步和异步交流方式也可以满足教师时间不易统一的特点，有利于教师进行沟通、交流、互通有无。

利用手机，可方便地检索微信平台内的相关资源。搜索时，在微信平台的顶部输入要检索的关键词，单击“搜一搜”（小程序），即可搜索到微信平台内的相关资源，包括百科、新闻、问答、小程序、公众号、朋友圈、文章和视频等多类资源。图 4-16 所示为在微信内搜索关键词“信息化资源建设”得到的搜索结果。

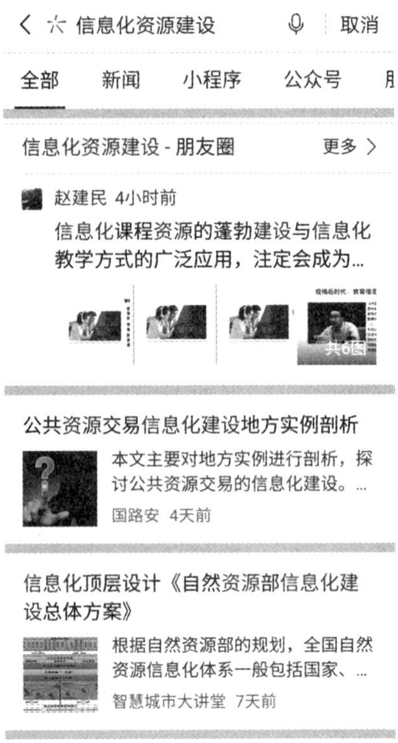

图 4-16　微信搜索结果

（二）微博

微博是一种通常由个人管理、不定期张贴新的文字的网站。许多微博专注在特定的话题上提供评论或新闻，多数则是一些比较个人化的日记。微博内容大部分以文字为主，也有一些微博专注于摄影、视频、音乐、播客等话题。微博是社会媒体网络的一部分，比较著名的有新浪微博。

很多教师、教育工作者和研究人员都在尝试将微博应用于教育教学中，将其作为网络个人媒体、个人知识管理中心以及教师专业成长的网络平台。教师与学生可以利用微博，以文字、多媒体等方式，将自己日常的生活感悟、教学心得、教案设计、课堂实录、课件等上传发表，因此微博上往往蕴藏了较多隐性的学习和教育资源。

以新浪微博为例，检索资源时，在微博首页上方的输入框内输入要检索的关键词，即可检索微博平台上的相关资源，包括文章、视频、图片和话题等，如图 4-17 所示。

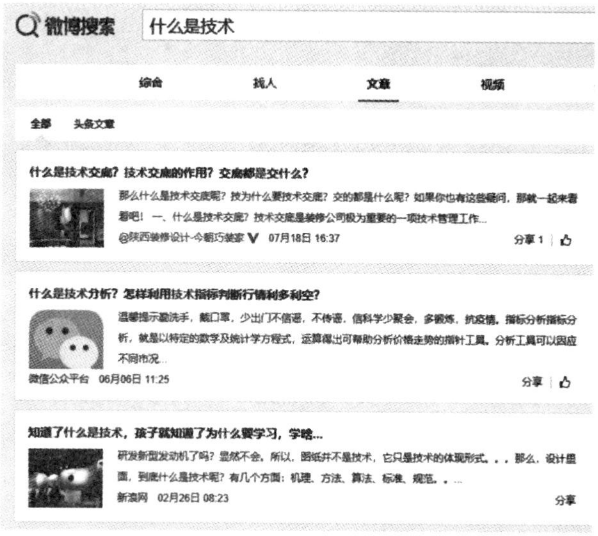

图 4-17　在新浪微博中检索相关资源

（三）**QQ 群**

QQ 群是一种群聊工具，其中有聊天、群共享、群公告、群相册等内容，群主即管理员。QQ 群适合讨论大家共同关注的问题。大家可以就共同关心的问题广泛地参与讨论，只要是群成员，任何人都可以发言。QQ 在教学中主要有以下应用：

1. 群组交流

通过建立 QQ 群，群内的成员可以进行一对多、多对一的交流，交流的内容只要是群内的成员都可以看到。交流的内容可以是文字、图片、音频、视频等多种形式。通过群聊功能，教师既可以在群里对大部分学生进行整体辅导，也可以对个别学生进行个性化辅导。

2. 个人空间和群论坛

QQ 给用户提供了一个能充分展示自己的空间，用户可以在此尽情地抒发自己的情感，撰写网络日志、上传自己的相片等。通过 QQ 个人空间，学生可以将自己的学习体会及学习过程记录下来，供教师和其他同学评价。

在个人空间内，群内人员可以针对某一话题自由发帖或回复自己感兴趣的帖子。利用这一功能，教师可通过定期在群论坛中提出一个讨论的话题或发一个主题帖子，引导学生讨论和发表自己的看法，从而使学生在讨论的过程中建构起自己的知识。

3. 共享空间

QQ 为每一个群划分了一定容量的共享空间，成员可以把资源上传到服务器，实现资源的共享。通过共享空间，可以方便教师和学生上传或下载学习资料，实现教学过程中的资源共享。

4. 群公告

群管理员可以把一些重要的信息发布在群公告上，这样群组里的所有成员都可以收到此消息，且只要公告内容不变，该消息将永久显示在群面板上。通过群公告，教师可以将一些重要的教学信息及时地通知学生。

5. 远程演示

利用远程演示功能，教师可以采用文档分享、屏幕分享和演示白板等多种形式，灵活地实现远程教学。

值得注意的是，QQ平台内的资源检索主要是检索QQ平台内用户发布的日志和说说等内容。为保护个人隐私，目前QQ已经关闭了该功能，只能检索自己发布的信息，且只能用移动端进行检索。

（四）百度百科

百度百科是百度公司推出的一部内容开放、自由的网络百科全书，是一份涵盖各领域知识的中文信息收集平台。它本着平等、协作、分享、自由的互联网精神，充分调动互联网用户的力量，汇聚上亿用户的头脑智慧，其中不乏专家、学者，所有人共同协作编写百科全书，让知识在一定的技术规则和文化脉络下得以不断组合和拓展，为用户提供了一个充满创造性的网络平台。

与传统的百科全书相比，百度百科具有搜索便捷、条目涵盖面广、内容丰富且通俗易懂等诸多优势。百度百科收录的条目达百万余条，涵盖面极其丰富，已涵盖了几乎所有领域的所有信息，且解释语言通俗，图文并茂，浅显易懂。在教育教学中，对于不理解的知识，学生可随时查询百度百科，配合相关材料进行知识学习。

（五）"问—答"服务平台

"问—答"服务平台是一类基于网页的问题解决工具，任何人都能通过这个基于网页的服务系统提出问题，等待热心的访问者留下他们的答案。为公众服务的"问—答"服务平台有百度知道、知乎、天涯问答等。

"问—答"服务平台的主要作用体现在以下几个方面：

（1）当学生提出问题后，教师在网站上面留下答案。当其他学生遇到类似问题时，就不必让教师重复回答了，只需在网站上搜索即可看到正确的回答。

（2）如果问题的答案不是很完整，其他教师可以在网站上补充。

（3）不一定是教师，学生也可以参与问题的回答。

（4）学生在家学习需要提问时，"问—答"服务平台能比电话或其他即时通信工具更好地帮助学生。

（5）不同学科的教师可以通过订阅不同学科或年级的相关频道来了解学生

的提问情况。

(6)学生也能利用相关频道订阅来阅读他们感兴趣的问题。

五、信息化教学资源的管理

检索仅是获取信息化教学资源的第一步。对于一些简单的问题,搜索即得结果,但大多教学或学习资源需要进行进一步的整理和加工,以为之后的使用做好准备。因此,对信息化资源的管理非常重要。

(一)本机资源的管理

检索后的资源存储到本机时,要尽量以文件的形式存储,而不要直接复制粘贴,而且要根据文件的内容进行适当命名,以方便以后查找。另外,文件较多时,最好创建多级目录结构进行分类管理,目录结构应尽量控制在三级以内,否则会造成查看资源和存储文件的不便。

当本机中的文件较多时,建议使用软件代替计算机自身的查找功能,这样可以提高查找的效率,如软件 Everything 就是一款高级文件管理软件,它在第一次运行时会建立文件索引数据库,查找文件时可以实现文件的快速定位。

(二)资源的收藏

网络上的每一个信息化资源都有一个唯一的网址定位,如果检索到的资源比较有价值,又不能简单地将其下载到本机上,可以将其网址收藏下来,以备以后重新使用。

浏览器和微信、微博、幕课课程等线上平台都有“收藏”功能。学习时,可随时对有价值的资源进行收藏。收藏线上平台时,可为资源设计一个或多个标签,以方便后期快速查询。图 4-18 和图 4-19 所示分别是微信和微博的收藏功能。

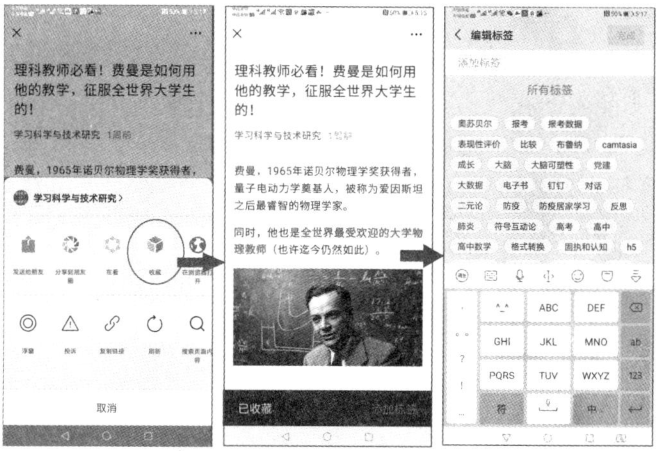

图 4-18　微信资源收藏

图 4-19　微博资源收藏

需要注意的是，网络信息资源的收藏只是收藏了网址，如果线上实际的资源内容被修改或删除，则收藏将失效。

（三）线上资源的存储

信息化资源一般包括图片、声音、视频、动画、模板及作品案例等多种类型的资源，占用空间较大，不方便复制。因此，其管理最好存储到网络上，以便在不同的环境中随时读取使用。目前，较多的网络存储平台实现了这种功能，如百度网盘、腾讯微云等，其主要功能包括支持电脑、手机等多终端同步，支持文件夹上传，支持办公文档和音频、视频文件的在线查看，提供下载文件链接等。图 4-20 和图 4-21 所示即是百度网盘和腾讯微云的手机 APP 界面。

图 4-20　百度网盘的 APP 界面　图 4-21　腾讯微云的 APP 界面

目前，多数网络存储平台实现了与常用手机软件的接口，即手机端存储或在手机软件中获取的资源可以直接存储到各网络存储平台上，大大方便了资源的统一管理。如图 4-22 所示，在手机微信端获取的图片可以通过长按图片分享到腾讯微云或百度云等平台上。

图 4-22　图片资源存储到腾讯微云或百度云平台上

（四）使用网络笔记整理资源

网络笔记工具主要用于网络资源的整理、记录和编辑，就如在本机上使用Word编辑文档一样。借助移动终端，用户可随时将文字、图片、录音、视频等信息插到一个文档中，存储到网络上。此外，网络笔记工具还能够实现多终端同步，如使用电脑编辑的内容可存储到网络笔记中，后期可随时使用手机在异地读取或再编辑。常见的网络笔记工具有麦库记事、有道云笔记、印象笔记、腾讯微云笔记和微软OneNote，如图4-23所示。

图4-23　常用网络笔记工具

第三节　多媒体课件的制作

作为一种教学软件，多媒体课件已经深入到学科教学中，并促进了教学模式和方法的发展。多媒体课件以跨越时空的表现力为教育注入了活力，其应用促进了教育教学的变革、设计和制度等问题。目前，课件设计与制作已是信息时代每一位教师应具备的基本技能，同时也是实现信息化教学的重要基础。

一、多媒体课件概述

课件是在教学理论与学习理论的指导下，根据教学目标表现教学内容，反映教学策略，采用文字、图像、音频和视频等手段开发和制作的教学软件。据此，多媒体课件就是在特定的技术平台上，根据教学设计，将多媒体素材如文本、图片、音频、视频、动画等信息进行有机整合，并借助计算机技术制作而成的一种系统性的教学软件。

（一）多媒体课件的特点

多媒体课件能充分发挥学习者的主体地位，通过情境创设、协作学习，促进学习者主动思考、主动探索，使学习者在学习过程中真正成为信息加工的主体以及知识意义的主动建构者，其基本特征包括以下几个方面：

1.表现教学内容的直观性

设计制作多媒体课件，应根据教学目的与要求，发挥多媒体图文并茂、形声并举的优势来直观地呈现教学内容，同时把抽象的问题具体化，使学习者获得充分的感知，对学习者获取知识、发展能力和培养品德等方面起到良好的教育作用。

2.突出教学重点，突破教学难点的片段性

多媒体课件是为了解决某一学科的教学重点与教学难点而开发的，在设计过程中，必须根据教学大纲的要求，围绕教学重点、难点或关键性的问题来设题立意。要充分发挥多媒体的优势，采用恰当的表现方法，将复杂或难点问题简单化。知识点可以不连续，也可以是对教学难点的分割，主要用于课堂演示教学，注重对学习者的启发、提示，并能够反映问题解决的全过程。

3.反映最新知识和信息的及时性、新颖性

多媒体课件最终是用来服务于教学的，其目标是改革教学手段和提高教学质量，而不是一味地照搬课本内容。多媒体课件应通过周密的计划和科学的设计，反映课件内容的新颖性与真实性，及时地将最新知识和信息传递给学习者。

4.信息表征方式的多样性

教师制作多媒体课件时，应分析信息的各种呈现方式对学习者表征的影响，选择合适的教学材料呈现策略，以方便学习者的认知，帮助学习者提高学习效率。教学内容的呈现方式有文本、图片、动画、音频、视频等，对于不同的教学内容、学习目标和学习人群，所采取的呈现方式不同，带来的教学效果也会不同。

（二）多媒体课件的教学功能

多媒体课件在课堂中的广泛运用，让常规的教学如虎添翼，打破了传统的以教师为中心的教学模式，其教学功能包括以下几个方面：

1.图文声像并茂，优化了学习环境

多媒体课件以图文声像并茂的方式进行形象化教学，弥补了传统教学在信息呈现方面的缺陷，充分调动了学习者的视觉器官、听觉器官，有利于发挥学习者学习的主动性，帮助他们更好地理解学习内容。

2.友好的交互环境调动了学生的积极性

多媒体课件以文本、图像、动画、音频、视频等多种媒体信息构成了丰富多彩的人机交互环境。人性化的设计可以满足学习者不同的学习需要，兼顾多种认知风格，有利于引起学习者的学习兴趣，调动他们参与的积极性，提高学习效率。

3.丰富的信息和资源扩大了学生的知识面

多媒体课件提供了大量多媒体信息和资源，有利于创设丰富有效的教学情境，不仅有利于学习者对知识的获取和加工，而且利于扩充他们的知识面，开阔他们的视野。

4.超文本结构信息提供了多种学习路径

超文本是按照人的联想思维方式，非线性地组织管理信息的一种先进技术。由于其信息组织的联想性和非线性符合人类的认知规律，因而更便于学习者进行联想思维。另外,由于超文本信息结构的动态性,学习者可以按照自己的目标和认知特点重新组织信息,按照不同的学习路径进行学习。

(三)多媒体课件的分类

多媒体课件的分类方式多种多样,从多媒体课件的运行环境、包容的知识量、内容的组织方式、使用对象及信息呈现的形态等角度,可以分为以下几种不同的类型,如表4-2所示。

表4-2　　多媒体课件的分类

分类方式	内容
根据运行环境	单机版多媒体课件、网络版多媒体课件
根据包容的知识量	堂件、课件(计算机辅助教学软件)和系列课件
根据内容的组织方式	帧型、生成型、数据库型和智能型
根据使用对象	教师使用和学习者使用
根据信息呈现的形态	电子教案、文字、图片、音频、动画、视频等

1. 根据运行环境分类

根据运行环境,多媒体课件可以分为单机版多媒体课件和网络版多媒体课件。

单机版多媒体课件是以光盘、U盘等媒介存储和发布的教学辅助软件。单机版多媒体课件可以在多种终端设备上运行,使用非常广泛,通用性强,常用的开发工具有PowerPoint、Flash、Director、课件大师和几何画板等。

网络版多媒体课件是在网络环境下运行的,为配合教学活动而开发制作的教学辅助软件。网络版多媒体课件安装在Web服务器上,所以又称为"Web课件",学习者在客户机上可通过浏览器随意访问。网络版多媒体课件具有共享性、灵活性、开放性、动态性、交互性、自主性和多媒体性等特点。

2. 根据包容的知识量分类

根据包容的知识量,多媒体课件可以分为堂件、课件和系列课件。

堂件一般用来辅助教师在课堂上实施教学,知识量相对较少。在教学活动中,教师常用PowerPoint软件来制作、展示堂件。

与堂件相比,课件的知识量相对较多,通常包括授课、练习、测验、评价反馈等多种教学活动。课件既可用于教师教学,也可用于学习者自主学习。

系列课件综合运用多种教学模式,可以用于进行系统教学的大型教学软件系统。

3. 根据内容组织方式分类

根据内容组织方式,多媒体课件分为帧型课件、生成型课件、数据库型课件和智能型课件。

帧型课件是把各帧按序列由程序加以控制而形成的教学软件，由斯金纳程序教学发展而来，各教学单元之间的控制均由教学设计预先安排，教学内容的顺序不因学习者情况的变化而变化。帧型课件的特点是逻辑结构清晰，但是各帧顺序被预先固定，应用时缺乏灵活性、交互性和应变能力。帧型课件适用于讲座形式的演示报告及循序渐进讲授的教学内容。

生成型课件不必将教学信息全部制作成帧，它的各教学单元之间的转移由算法形成，在制作上要比帧型课件节省设计和输入的时间，且所占的存储空间相对较小，具有较强的灵活性和交互性，能根据学习者的回答给出不同的反馈。这类课件的制作在算法设计上有一定难度，适宜掌握一定程序语言的教师来制作。

数据库型课件适用于教学过程、教学策略、学生信息管理的课程。数据库型课件的功能和数据库的结构、内容采用开放性的设计，在系统运行过程中根据教学需要不断补充和完善，以保证数据库尽可能地帮助学习者查找需要的知识内容。

智能型课件是一种基于知识的教育专家系统，具备自然语言理解能力，可根据不同的学习者的特点提供个性化的学习。它通常具有启发性、透明性和灵活性的特点，以知识库为核心，根据不同的学习者模型给出不同的教学环境，并根据学习者的反馈信息，通过课件内部的知识库、数据库、规则库、解释接口、推理机和语言接口，给出适当的教学建议。智能型课件是今后课件发展的方向。

4.根据使用对象分类

多媒体课件可以根据使用对象进行分类。按照教师使用的维度，可将多媒体课件分为教学型、演示型、情境创设型三种类型；按照学习者使用的维度，可将多媒体课件分为课程学习型和拓展知识型两种类型。

除以上分类方法外，多媒体课件还可以按照功能、使用方式以及课件的内容和作用进行分类。

二、多媒体课件的设计

多媒体教学课件的设计有很多要求，如字体标准、排版整齐、色彩协调、多种媒体形式共存等。实际上，如何设计一个好的多媒体教学课件并没有统一的标准。一般来说，只要能够将教师的教和学习者的学结合起来就是好的课件。

（一）以学习者为中心的设计理念

以学习者为中心的设计理念就是要强调以学习者为中心，重视学习者的学习，对他们的学习提供指导与帮助，调动学习者学习的积极性、自主性和创造性。

1.由“教”转变为“学”

随着教学改革的深入，现代教育技术和多媒体技术已经成为教学改革的突破口，多媒体课件在新型教学模式中已作为学习者学习的一种认知工具。因此，教师在多媒体课件的设计过程中，要完成由“教”到“学”的转变，突出学习者的主体地位，强调学习过程不是教师的灌输，而应是学习者的自主建构。多媒体课件应改变简单的演示型模式，真正成为学习者探索和发现学习的认知工具。

2.有助于学生学习

使用多媒体课件的目的，不仅是辅助教师的教学，更加重要的是促进学习者的学习。多媒体课件应具有完整的知识结构，反映一定的教学过程和教学策略，可以让学习者进行人机交互操作、进行自主学习，并提供相应的练习供他们进行学习效果的检测。

（二）多媒体课件设计的基本原则

作为一种新的教学媒体，多媒体课件的设计需要遵循以下基本原则。

1.教育性与科学性相结合的原则

课件的设计要充分体现教学规律，以教学大纲为依据，并根据教学目的与要求，发挥多媒体图文并茂、形声并举的优势来呈现教学内容。多媒体课件应能对学习者获取知识、发展能力、培养品德和保持健康起到良好的促进作用，有利于学习者的个性发展。为了体现其良好的教育性，课件的设计应有明确的教育目标，重难点要突出，教学形式要灵活，教学对象要有针对性。

多媒体课件应用的目的是优化课堂教学结构，提高课堂教学效率，既要有利于教师的教，又要有利于学习者的学，它要求设计者根据课程内容和学习者的身心特点来设计多媒体课件。

科学性原则是指教学目的明确，内容准确，表述规范，文本、图形、动画、音频、视频等各种媒体使用合理，搭配得当，画面设计简洁清晰、生动活泼而又不失严肃。设计课件时，要充分利用计算机的交互特性，恰到好处地穿插学与教的信息交流。

2.内容针对性、正确性、相关性和完整性原则

无论是对于设计者的设计还是对于使用者的操作，多媒体课件的结构都是非常重要的。在设计时应该考虑到课件分成几部分，每一个部分有哪些分支，部分与部分之间应该怎样联系，教师设计的课件应做到内容具有针对性、正确性、相关性及完整性。

3.充分体现学生学习主体的原则

多媒体课件图文并茂，内容丰富多彩，能够更好地建构学习者的学习环境，方便学习者的学习，同时多媒体课件对于教学内容全方位的阐述，能激发学习

者的学习兴趣，充分发挥学习者的主动性与积极性，真正体现学习者认知主体的地位。

4.灵活多样的交互性原则

多媒体课件必须具有友好的人机交互界面。要想在多媒体课件中体现交互性与多样性，就应充分利用人机交互的功能，实现教与学双方信息实时和有效的交互，不断帮助和鼓励学习者学习，给学习者提供广阔的思维空间，发挥他们的创造性，保证学习者积极主动地参与学习。

5.重视信息表征方式的合理性原则

在课件制作过程中，既要表现教学内容，又要体现教学过程，需事先确定其结构与布局、界面表现形式以及素材的选取等。制作课件时，界面不要繁复花哨、内容华而不实，也不要枯燥呆板、单调无味。在课件的设计过程中，教师就是一名导演，怎样把"演员"（即素材）放到合适的位置，最终把这些合理的信息传递给学习者，全都依赖教师的水平。

6.有利于学生主动建构知识、探索知识的原则

建构主义学习观认为，知识不是通过教师传授而获得的，而是学习者在特定的情境之下，借助他人的帮助，利用必要的学习资料，通过自己意义建构的方式而获得的。制作课件时，要根据学习者的认知规律来组织教学内容，有利于学习者自主建构知识，通过积极探索来发现问题；课件要体现出"是什么""为什么""怎么做"，要能激发学习者的思维，调动学习者学习的积极性与主动性。

7.提高学生的学习兴趣，激发学生学习动机的原则

在多媒体课件的制作过程中，要积极创设问题情境，情境的创设要联系学习者已有的生活经验，从学习者了解或熟悉的人、事、物等方面去引导，提供鲜明、生动和清晰的画面，激发和维持学习者的学习兴趣，调动他们的学习动机，让学习者以积极的态度参与到学习活动中，进而促使其不断提出问题、发现问题，再经过积极的思考、探讨去解决问题。

（三）多媒体课件设计的要素

多媒体课件的基本设计应遵循"6W"要素，即"为什么"（Why）、"谁"（Who）、"是什么"（What）、"什么时候"（When）、"什么地方"（Where）和"哪一种"（Which），如表4-3所示。

表4-3　　多媒体课件的设计要素

宗旨	内容
Why	为什么要用此类多媒体课件，是用来充实情境、渲染气氛，还是抽象内容或者示范技能
Who	使用对象是谁，是教师使用还是学习者使用

续表

宗旨	内容
What	基本目标是什么，想解决什么问题，拟用什么内容、何种表现形式，是使用图片、文字还是声音，制作工具是什么
When	什么时候用，是用在教学过程中还是用在学习者的课后学习中
Where	在什么地方使用，在使用的过程中配合什么内容来达到教学效果的最优化
Which	哪一种资源最适合教师的"教"以及学习者的"学"

（四）多媒体课件的设计内容

开发一个多媒体课件，不是简单随意的制作，而是有严格的设计和开发规范。设计是对课件的具体规划，使课件符合学习和教学的规律，实现相应的教学目标。开发则是根据具体的设计要求，用技术将其实现。只有如此，开发出来的多媒体课件才能科学地呈现教学内容，达到学习和教学的要求。

多媒体课件设计的内容包括教学设计和课件系统设计。其中，教学设计是关键，它是多媒体教学课件教学思想的具体表现；课件系统的设计是在相关技术的框架内呈现教学内容，体现教学设计的思路。

需要注意的是，课件制作的初学者往往缺乏设计意识，直接进行制作，后期又重复修改，致使开发出来的课件缺乏规范。因此，课件开发者应高度重视课件的设计，以保证后期开发的效率和质量。

三、多媒体课件的制作

多媒体课件的制作过程遵循一般的软件开发步骤，一般分为分析、设计、制作和修正四个阶段，同时其设计和制作过程还要符合教学理论。图 4-24 所示是多媒体课件设计与制作的步骤，首先是选择课题，接着是通过教学设计、系统设计、脚本编写、数据准备、软件编辑等步骤制成教学软件，最后将教学软件在教学过程中试用评价，发现不足之处，进行修改，形成产品。

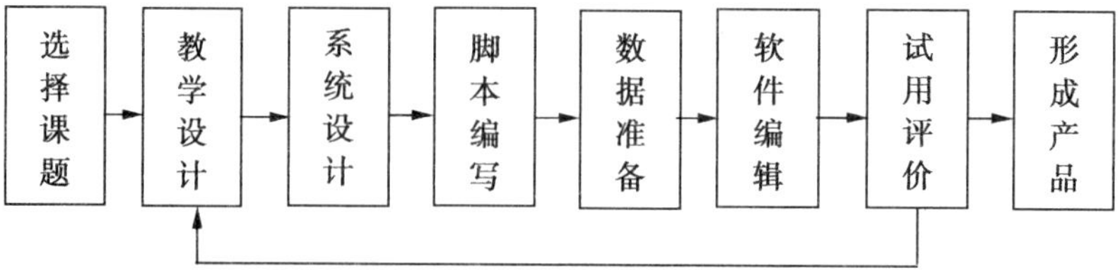

图 4-24　多媒体课件的制作步骤

（一）选择课题

首先，多媒体课件的选题应围绕教学的重点和难点内容，以及那些传统教学难以奏效的教学内容，可以通过计算机动画模拟或局部放大、过程演示等手段予以解决，能达到极好的效果。其次，多媒体课件有运行速度快、信息存储量大的特点，在练习中也可采用多媒体课件来学习。最后，在需要创设情境的教学（学习）中，也可采用多媒体课件来教学（学习）。总之，多媒体课件的选题一定要以满足教学需要、发挥多媒体特长为前提。多媒体课件的选题一般要遵循以下原则：

第一，选择较为抽象的教学重点和难点。教材中的内容不一定全都是课件的教学内容，选题必须符合现行教学大纲和教材，必须明确大纲对教学内容的要求，并处理好教材与课件的关系：教材中编写的知识比较全面和系统，而课件倾向于依据教学目标，抓住重点和难点。

第二，选择主题单一的教学内容。课题内容应尽量集中，涉及面不要太宽。

第三，选择能充分发挥计算机多媒体技术优势的教学内容。在选题上应选择用其他媒体难以表现而又适合计算机多媒体表现的课题。例如，利用计算机模拟直观性强，教学效果好，能较形象地理解所学内容；再如，可以利用计算机创设情境，提出并解决问题。要体现计算机多媒体交互性的优势，突破传统教学模式的束缚。

第四，选择以学生为教学活动主体的教学内容。选题一定要符合教育规律，体现现代的、先进的教学思想；必须以先进的教育理论做指导，以学生为教学活动的主体，要符合认知心理学的原理，要考虑开发学生的非智力因素。

（二）教学设计

在多媒体教学软件的开发过程中，软件的教学设计是关键环节，是教学思想的具体表现。多媒体教学软件的教学设计主要包括教学问题与需求的分析，学生特征的分析，建立教学目标体系及层次，进行多媒体信息的选择，教学顺序，教学内容知识结构的建立和形成性练习的设计等。

1. 确定并分解教学目标

教学目标是指教学大纲中规定学生要掌握的知识内容和知识深度。通过教学过程，要使学生在认识、情感和行为上发生变化。分析教学目标是为了确定学生要达到的学习水平。

一般应在课件的开始阶段，通过简短的文字或解说，阐述本课件的教学目标和主题，使学生了解本课件所要达到的教学目的，明确要学到的知识和技能，从而激发学生的学习欲望。整个课件教学目标和要求可作为前言安排在课件最前面阐述，章节的教学目标可用窗口技术，以最简练的文字予以说明，也可以用在线帮助的形式通过热键呼出。教学目标应根据课程的教学大纲或训练要求，以及学习者的预备知识、学习能力、学习时间来确定。表 4-4 所示为小学语文古诗《咏鹅》的教学目标描述。

表 4-4　小学语文古诗《咏鹅》的教学目标描述

知识点	目标层次	教学目标描述
"鹅""曲""项"等生字	识记	能准确进行拼读，并掌握其结构和笔顺笔画
"曲项""清波"等词语	识记	能准确进行拼读
	理解	能解释其意思
各句子的意思	理解	能用自己的话将各诗句的意思表达出来
对全诗的欣赏	理解	能用自己的话将全诗连起来说一说，体会白鹅戏水的活泼清新的意境

学生是教学活动的主体和意义的主动建构者。学习者的知识基础、认知能力、兴趣、动机、情感等对教学效果有重要的影响。因此，在课件的设计中，必须考虑学习者的特征，充分了解学习者的年龄、知识结构以及认知特点，运用适当的方法来确定学习者关于当前教学内容的原有认知结构和原有认知能力，并将它们描述出来，从而进行有针对性的设计。

2. 教学内容设计

在分析了教学对象的特征并确定了教学目标后，下一步是根据学科的特点，把教学目标逐步演化成一系列的教学单元，将教学内容分解为许多小的知识点，揭示教学内容各组成部分之间的联系。一般来说，在课件的一个教学单元中，主要进行一个新概念或一个知识点的教学。

3. 知识结构的设计

根据课程教学目标及教学内容的不同，应选择不同的知识结构。课件常用的知识结构有讲解、个别辅导、操作与练习、测验、模拟、游戏以及其中几种方式的组合。另外，在设计过程中，还要考虑人与计算机的分工与配合问题。

（三）系统设计

多媒体课件的系统设计要做的工作比较多，主要包括系统结构与功能设计、界面设计、交互设计以及导航设计几个方面。

1. 系统结构与功能的设计

课件的系统结构是一种层次结构，它表现了课件组成的各种关系，如调用关系、包含关系、从属关系及嵌套关系等。在进行课件的系统结构设计时，应尽量减少结构的复杂性，降低相互间的关联度与耦合度，使课件的功能分布均匀。

模块划分是实现系统结构和功能设计的重要方法，它是指如何将一个复杂的系统划分成多个功能相对单一的单位的过程。课件的模块划分可根据教学设计的内容及计算机的实现方式来考虑。

多媒体课件的系统结构是教学软件中各部分教学内容的相互关系及呈现的形式，它反映了教学软件的主要框架及其教学功能。课件结构与功能的设计一般包括媒体结构的设计、总体风格的设计、主要模块的划分、画面数量的确定与画面间的关系等。

2.屏幕界面的设计

屏幕界面的设计一般包括屏幕版面、颜色搭配、字体形象和修饰美化等内容。多媒体课件屏幕画面除了追求屏幕的美观、形象、生动之外，还要求屏幕呈现的内容具有较强的教学性。要合理安排多媒体课件屏幕中的各种教学信息、帮助信息和可以进行交互作用的对象的位置及其大小。图 4-25 所示是屏幕界面设计的示意图。

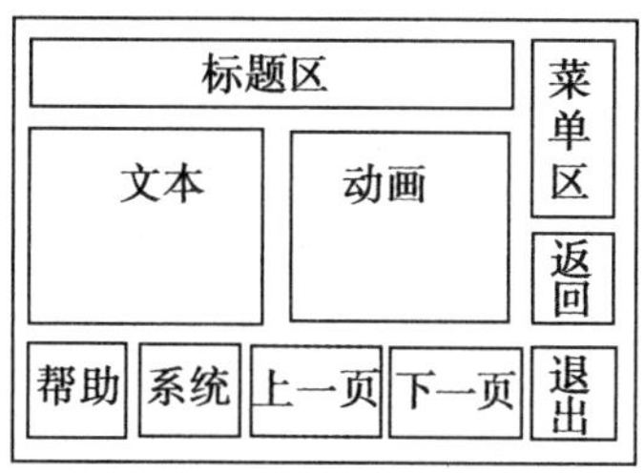

图 4-25 屏幕界面的设计

3.交互界面的设计

交互是计算机与学习者之间进行信息交换的过程。多媒体课件中，使用者存在着丰富的心理世界和社会需要，是一个个活的、时刻处于成长变化之中的个体。多媒体课件中的人机交互方式设计要求考虑视觉和听觉的模式识别问题，考虑人的感知、表象、记忆、思考和情绪等心理活动。

4.导航策略的设计

由于超媒体课件信息量大，内部信息间关系复杂，学习者在链接学习的过程中很容易迷失方向，往往不知道自己身在何处、怎么来的、应去哪里，常常造成混乱的情况。为此，设计超媒体课件时，需认真考虑向学习者提供引导措施，这个措施就是我们所说的“导航”。导航能为网络状知识结构中的学习者提供即时有效的引导，是超媒体课件设计中的一个重要环节。常见的导航策略有检索、信息网络结构图、联机帮助手册、预置或预演学习路径、记录学习路径并允许回溯、电子书签、关键字和记录、提供学习地图、指示引导学习等。

(四)脚本编写

在完成了对课件的教学设计和软件系统结构的设计以后，应由专门的脚本编写人员按照设计阶段的思想和原则，并结合计算机编程技术把由内容专家提供的文字脚本改写成软件制作脚本，实现教学思想、教学经验与计算机技术的统一与结合。多媒体课件的脚本主要包含两种，一是文字脚本，主要是课件设计者将课件的内容和使用途径进行说明的文字内容，通常采用表格描述；二是制作脚本卡片，是课件设计者通过卡片的形式将教学内容和教学过程以图文的方式表达出来，这种卡片形象直观，是设计者和制作开发者沟通的利器。表 4-5 所示是多媒体课件文字脚本实例，图 4-26 所示是多媒体课件“方差分析原理”制作脚本卡片的一部分。

表 4-5　　多媒体课件文字脚本实例

多媒体教学软件文字脚本格式表		
软件名称	多媒体教学软件 PowerPoint	
文本脚本编著者	××	
适用对象	大学生	
使用方式	课堂演示	
教学内容知识点划分		
教学单元	知识点	教学目标
方差分析原理	组间变异和组内变异	结合数据理解组间变异和组内变异的概念
	总变异	理解总变异的构成及各部分的含义
	变异率	结合变异率的公式说明变异率表示的含义
	方差分析的本质	结合实例说明方差分析的原理

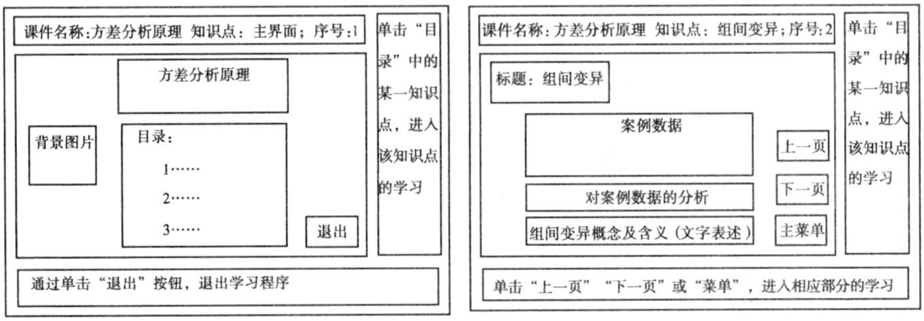

图 4-26　多媒体课件制作脚本卡片实例

（五）多媒体信息编辑加工

多媒体课件的信息编辑加工是一个技术与艺术结合的过程，需要开发人员付出大量的创造性劳动。多媒体信息的编辑加工包括多媒体素材准备和多媒体课件编程两大工作。

首先，开发人员要根据脚本的安排，收集、创作完成教学内容的多媒体呈现所需要的各种媒体素材，如文本编辑、录音、创作乐曲、扫描图像、制作动画、影像采集等，并以一定的格式存储文件。

其次，编辑人员应根据多媒体课件表现的内容和形式，选择适当的多媒体创作工具；或运用编程的方法，进行多媒体课件编制，对各种媒体素材进行剪辑、加工、合成，并连接各帧。

最后，在不同型号的计算机上反复运行程序，模拟用户进行调试和试运行，发现问题及时修改。

（六）多媒体课件的发行

多媒体课件编制完成后，必须将课件投入实际教学中，检测多媒体课件界面，检查资料的准确性、科学性和完整性等。根据实际操作中存在的问题，反复修改，直到满意为止。最后，根据实际情况，将课件打包，并设计软件的宣传封面，提供必要的操作指南等，进行推广应用和发行。

四、多媒体课件制作的常见工具

每一个多媒体课件都是用特定的工具制作的，下面介绍几款常用的多媒体课件制作工具。

（一）PowerPoint 演示文稿制作工具

PowerPoint 是一种专门用于制作演示所需的多媒体幻灯片的工具，它以页为单位制作演示文稿，然后将制作好的页集成起来，形成一个完整的课件。利用 PowerPoint，可以非常方便地制作各种文字，绘制图形，加入图像、音频、动画、视频等各种媒体信息，并根据需要设计各种演示效果。上课时，教师只需轻点鼠标，就可播放出制作好的精美的画面和文字（也可按事先安排好的时间自动连续播放）。该工具软件是著名的微软公司的产品，现已发展成具有多种版本的系列，使用起来更加方便。

（二）Flash 动画制作工具

Flash 是 Adobe 公司的杰作，用于在互联网上生成动态的、可交互的网页，其优点是体积小，可边下载边播放，避免用户长时间等待。Flash 可用来生成动画，在网页中加入声音，从而能生成多媒体的图形和界面，而文件的体积却很小。Flash 虽然不能像计算机语言那样进行编程，但用其内置的语句结合 ActionScript，也可以做出互动性很强的主页来。Flash 的另一个特点就是必须安装插件 PLUG-IN 才能被浏览器所接受。当然，这也避免了浏览器之间的差异，使之一视同仁。

（三）几何画板课件制作工具

几何画板软件是由 Key Curriculum Press 公司制作并出版的优秀教育软

件，全名为“几何画板-21世纪的动态几何”。它能够动态地展现出几何对象的位置关系以及运动变化规律，是数学教师与物理教师制作课件的有力工具。近年来，几何画板软件在教学中得到了越来越广泛的应用。与其他课件制作工具相比，它具有能准确地绘制几何图形，在运动中保持给定的几何关系，操作简便，易于学习以及占用内存小等诸多优点。

(四)Dreamweaver 网页制作工具

Dreamweaver 是 Macromedia 公司出品的一款“所见即所得”的网页编辑工具。它采用的是 Mac 机浮动面板的设计风格，初学者可能会感到不适应。但深入思考并习惯了其操作方式后，就会发现 Dreamweaver 的直观性与高效性是其他多媒体课件制作工具所无法比拟的。

Dreamweaver 对于 DHTML(动态网页)的支持性特别好，可以轻而易举地做出很多炫目的互动页面特效，插件式的程序设计使其功能可以无限扩展。Dreamweaver 与 Flash、Firework 并称为网页制作“三剑客”，由于是同一公司的产品，因而在功能上有非常紧密的结合。因此，说 Dreamweaver 是高级网页制作的首选工具也不为过。

第四节　微课的设计与开发

随着数字视频拍摄、处理技术的广泛应用及其制作成本的降低，以微视频为核心的“微课”受到了广泛关注。目前，在专家的引领和教育行政部门的大力推动下，微课已广泛应用于大、中、小各级学校的教学和学习中。与传统的信息化资源不同，微课的设计理念、制作方法和使用方式都大不相同，因此，系统了解微课知识，掌握微课的设计和开发技术，是每一位教师的必备技能。

一、微课介绍

(一)微课的概念

2008 年秋，美国的戴维·彭罗斯(Dave Penrose)提出了一分钟视频的“微课”(micro lecture)概念，他认为微课是运用建构主义方法生成的、以在线学习和移动学习为目的的实际教学内容。微课要求教师把教学内容与教学目标紧密地联系起来，以产生“更加聚焦的学习体验”。

在国内，胡铁生认为“微课”是以教学视频为主要载体，记录教师在课堂教学中针对某个知识点或教学环节而开展的教与学的活动，以及所需要的各种教学资源的有机结合体。黎加厚认为“微课”是在 10 分钟之内，有明确的教学目标，内容短小，集中说明一个问题的小课程。全国高校微课大赛文件中将“微课”界定为：“微课”是以视频为主要载体，记录教师围绕某个知识点或教学环节开展的简短、完整的教学活动。

从以上可以看出，微课的本质特点主要表现在以下四个方面：一是短，时间限制在10分钟以内；二是小，这指的是选题比较小，内容非常集中；三是精，就是教学设计有创意、精心、精致、精彩；四是悍，即教学效果好，有用、有趣。只有做到了有用、有趣，别人才愿意学，学起来才有效果。

另外，微课并不是单纯的教学微视频。微视频和教学视频是微课的有机组成部分，它与微教案、微反思等组成了微课的基本资源。

（二）微课的种类

微课可按多种方式进行分类。按教学方法，微课可分为讲授型、演示型、启发型、讨论型、实验型、练习型、表演型、自主学习型、合作学习型、探究学习型；按传递方式，微课可分为讲授型、解题型、答疑型、实验型、活动型；按教学环节可分为课前预习型、新课导入型、知识理解型、练习巩固型、拓展探究型；按录制方式，微课可分为摄制型、录屏型、软件合成型、混合型。

（三）微课的特点

1. 知识碎片化，短小精悍

为便于学习者利用碎片化时间开展学习，每个微课视频基本围绕一个独立的知识点进行录制，时间也基本控制在10分钟以内。因此，碎片化和短小精悍便成了微课外在表征最典型的一个特点。

2. 主题突出，指向明确

微课以单一知识点为制作单元，多用于某一教学环节或某一主题教学中，强调解决知识重点、难点和疑点。与传统课堂中繁复的教学内容、多层次的教学目标相比，微课的教学目标相对单一，教学内容更加精简，教学主题更加突出，教学资源与教学活动设计也相对更简洁明确。

3. 获取方便，移动学习

微课以单一知识点为核心内容，为保证学习者的碎片化学习，时长通常都控制在10分钟以内，且其视频均以流媒体的格式存储，即便加上与教学主题配套的教学设计（微教案）、教学课件（微课件）、教学反思及专家点评等资源，也只有几十兆，因此微课容易在网络中传播，也便于学习者随时下载到笔记本、手机、平板电脑等便携设备中，泛在学习也因微课的这一特点而得以推广。

4. 易于扩充，动态更新

微课以网页的方式将某个知识点或与教学主题相关的教学资源做结构化的组合，这些教学资源（包括微视频、教学设计、素材课件、教学反思、教师点评等）都可以修改和扩展。在教学活动和多种形式的互动、评论反馈等过程中，师生会产生许多生成性、智慧性的教与学资源。除原有的微视频和相应配套的微教案、微练习、微课件外，还会产生微反思及微点评、微反馈，并参与对原有教案课件甚至视频等资源的替换、完善。微课的资源不再是静态的，而是生长发展的、不断充实完善的。通过不断将师生的经验、理解、智慧、感受、见解、问题、困惑等宝贵的教学资源加入其中，微课具备了很好的动态生成和更新的特性。

5.交互性强，关注学生

微课在内容设计上强调师生、生生及学生与媒介间的交互表达，这些表达既体现在教学视频内容的学生思维引发上，也体现在同步和异步的线上交流上。

为保证学习者在脱离教师的情境下也能利用微视频开展有效学习，微课在提供视频资源的基础上，还为学生提供了足够的学习支架与学习路径，避免学习内容过于零散造成学生迷失。微课在关注学习者方面，还体现为允许学生对自己的学习有更多的主动权，支持学生根据自己的学习兴趣进行自主学习。根据学生的学习足迹自动推送资源，能够有效地支持学生的自主学习。

二、微课的设计

(一)微课的教学设计

为保证微课教学的有效性，需要进行精心设计。微课教学设计可遵循如下步骤：

1.选题设计

微课的选题要精炼，或针对课前导入，或针对关键概念教学，或针对难点突破，或针对课后拓展延伸；可以是知识讲解、教材解读，也可以是题型精讲、考点归纳，还可以是方法传授以及技能方面的展示。

2.微课结构设计

微课的教学过程要简短完整，主要包括课题引入、内容讲授、总结收尾等环节。这三个环节要做到课题引入快速并能吸引学生，内容讲授要清晰，总结收尾要快捷。

课题引入可以开门见山，直奔主题，或设置疑问悬疑，也可以从与生活相关的现象和问题引入课题，还可以从以前的基本教学内容引入课题。但不管采用哪种方法、哪条途径，都要求切入题目的方法和途径引人注目，力求新颖，且紧扣主题，迅速切入。

讲授过程要尽可能围绕一条线索展开，在这条线索上突出重点内容，显露主干内容。讲授内容要精而简，力求论据充分、准确，不会引发新的疑问。

一节课的小结必不可少，好的总结能够起到提纲挈领的作用，可以加深学生对内容的印象，减轻学生的记忆负担，让学生清晰地感觉到通过这节课学到了什么，提高学生的成就感。

3.时间设计

不同于常规教学的一节课，微课时长一般仅为5～10分钟，最长不宜超过

15分钟。选题确定后，应确定微课的时间长度，若超过15分钟，则最好将其分为两个微课。

4.资源设计

微课是有内部结构、以教学视频片段为主线的“统整”资源包，资源包内包括教案或学案、多媒体教学素材和课件、教师课后的教学反思、练习测试、学生的反馈及学科专家的点评等。因此，在设计阶段，也要注意多种资源的配合与协调。

5.教学语言设计

在微课中，由于时间有限，语言的准确简明更为重要。在设计课程的过程中，要把讲解的语言与要讲述的内容结合，并与表达方式、手势、表情以及关键字、关键词的应用统合在一起，力求做到语言生动、富有感染力，精练准确且浑然一体。

(二)微课制作方法的选择

在设计技术上，通常将微课划分为两大类：单播式微课与交互式微课。前者是一种以流媒体视频作为主要技术形式而设计出的播放型在线课件；后者则是以流媒体视频技术为基础设计的，同时还具有互动、反馈等功能的结构化在线教学课件。交互式微课强调的是在学习过程中学习资源的交互性、学习路径的多样性、学习素材的动态性和视觉效果的展示性。相比于单播式微课，交互式微课能为学习者提供更加个性化和兴趣化的在线学习体验，因而通常其学习效果也更好。

在教学设计上，交互式微课是单播式微课的延伸和扩展。在结构上，单播式微课设计时仅包括前两个环节(教学导入和授课视频)，而交互式微课通常由五个环节组成：一是“教学导入”，向学生展示学习内容和目标；二是以5～10分钟的“授课视频”来表达核心教学内容；三是“反馈测验”，以自动计分测验来检查学习者的知识理解和掌握程度；四是“练习评价”，通常以作业练习或协作项目学习等方式来让学生对所学内容进行应用性操作，常以在线的方式实施；五是“学习导航”，即指引学习者进入不同的教学环节。表4-6对微课的设计从简单到复杂划分为10种基本形式。

表4-6　　微课的设计形式

形式	描述
课程录像式	使用摄像机等录像设备对教师课堂授课进行实录，后期剪辑形成
录像加截屏式	在课堂实录的基础上，中间插入授课内容幻灯片形成
幻灯片录屏式	利用计算机屏幕录制幻灯片内容，配以录音讲解形成

续表

形式	描述
软件模拟式	利用专用程序将软件的操作或使用过程录制为视频形成
自动录播式	利用专用录播设备拍摄教学并搭配幻灯片演示而成
角色扮演式	教师和学生通过情景剧的形式将教学内容融入剧情表演中，经后期剪辑形成
现场实操式	在一定教学情境中将教师所演示的某种技能录制为视频而成
动画表示式	将教学内容制作成动画、动漫并搭配场景，或将教师形象制作为动漫人物组合而成
手绘视频式	利用专用软件制作的，以教师手部书写或绘制教学内容所形成的视频
虚拟场景式	以虚拟场景来编讲课件，加之以各种动画和学习交互环节组合而成

(三)微课脚本设计

同多媒体课件制作的脚本一样，微课的脚本为微课制作提供了依据和指导。一般来说，微课的脚本包括两部分：一部分是微课主题设计，包括课题名称、录制方式、使用方式以及设计思路；另一部分是关于微课教学过程的设计，包括教学内容、画面配音和时间设计等要素。在表 4-7 所示的微课脚本设计模板中，上面部分是微课主题设计，下面部分是教学过程的设计。

表 4-7　微课脚本设计模板

<table>
<tr><td colspan="4">微课主题设计</td></tr>
<tr><td>系列名称</td><td></td><td>学科</td><td></td></tr>
<tr><td>本微课名称</td><td colspan="3"></td></tr>
<tr><td>选题意图</td><td colspan="3"></td></tr>
<tr><td>教学目标</td><td colspan="3"></td></tr>
<tr><td>知识点来源</td><td colspan="3">□学科：　年级：　教材：　章节：　页码：
□不是教学教材知识，自定义：</td></tr>
<tr><td>先决知识</td><td colspan="3"></td></tr>
<tr><td>教学类型</td><td colspan="3">□讲授型□问答型□启发型□讨论型□演示型□联系型
□实验型□表演型□自主学习型合作学习型□探究学习型
□其他</td></tr>
<tr><td>适用对象</td><td colspan="3"></td></tr>
</table>

续表

微课主题设计						
制作方式(可多选)	□拍摄 □录屏 □演示文稿 □动画 □其他					
教学用途	□课前预习 □课中讲解或活动 □课后辅导 □其他					
设计思路						
教学过程设计						
	解说词	画面	字幕/标注	时间	音乐/音响	备注
片头						
导入						
正文讲解						
结尾						
片尾						

(四)微课设计参考标准

微课的设计可参考下面的标准:

1. 教学目标

微课的教学目标要符合课程标准的要求,符合学生的认知水平;目标要清晰、具体,且能够达成。

2. 教学内容

微课的教学内容要符合课程标准,体现本学科的特色;内容表达要尽量与学生的现实生活实际相联系,重点和难点突出,且无科学性错误;课外资源的运用要与教学目标和学生认知水平相适应。

3. 教学过程

微课的教学过程要层次清晰、结构合理,符合学生的认知发展规律;教学环节时间分配要合适,与教学重点、难点相适应;教学活动要能激发学生参与的积极性;教师的启发和指导要科学有效;课堂练习和课后作业要体现代表性、层次性,与教学目标相适应。

4. 教学方式

教学方式要与教学目标和教学内容相适应，并符合微课的表达特点；微课要有针对性，能照顾到学生之间的差异，能激发起学生主动学习的动机；能培养学生独立思考的能力、沟通能力、批判性思考能力和创新能力等。

5. 教学效果

一方面，教学能够使学生理解和掌握基本的知识和技能；另一方面，要以激发学生的学习兴趣为目的，通过微课教学，引导学生主动参与学习活动。

三、微课的开发

（一）不同的微课开发模式

微课视频的制作方法有很多，大体可分为摄录设备自由拍摄式、PPT 录制式、录屏软件录制讲解式、可汗手写板录制式、混合式等几种，每一种录制方法都有其适用范围、优势和局限，教师应根据教学特点和知识点特性，合理选择制作方法。下面就对这几种录制方式进行简单介绍。

1. 摄录设备自由拍摄式

利用拍摄设备录制微课针对的是教师基于一个知识点讲解，是以学生为中心，运用摄录设备拍摄适合学生自主学习的一段完整微课程的过程。此类微课的制作对摄录技术要求不高，但课程是否保证质量重点在于微课表现形式的选择。

利用摄像机拍摄微课的主要设备是摄像机，但专业的摄像机对制作者的摄像技术有较高的要求，大多数一线教师实施起来较为困难。因此，学会借助手机拍摄微课程，既易于操作，也容易出片。利用手机拍摄微课在教学设计和后期剪辑两大环节与前述利用摄像机录制微课的操作方式相同，所需要的器材除手机外，还需要一个可支撑手机拍摄的支架，这类支架在市面上很多，且价钱便宜，容易使用。图 4-27 所示就是拍摄微课时常用的手机摄录支架。

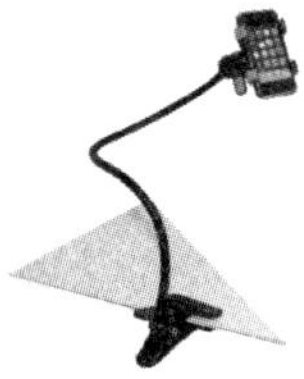

图 4-27　手机常用摄录支架

2. PPT 录制式

直接使用 PPT 录制微课是借助 PowerPoint 软件本身的功能进行微课制作的方法。设计好 PPT 以后，首先利用软件"录制旁白"的功能，为每一张 PPT 加配讲解录音，再在进行幻灯片播放时，利用其"录制屏幕"的功能录制视频。

该方法只需外接一录音话筒，不需额外的录制软件，录制方法简单，对于不熟悉摄录技术的教师来讲，不失为一个好选择。

需要注意的是，只有 PowerPoint 2016 以上的版本才具有“录制屏幕”的功能，如果使用 PowerPoint 2016 以前的版本，则需要借助录屏软件录制视频。

3. 录屏软件录制讲解式

PPT 录屏式微课是目前国内最常见的微课制作形式，多用于讲授型微课。这类微课由 PPT 结合录屏软件录制而成，市面上该类录屏软件众多，但被普遍使用、也深受教师喜爱的录屏软件主要是美国 TechSmith 公司出品的 Camtasia Studio。该软件不仅操作简单，而且提供了强大的屏幕录像、视频剪辑和编辑、视频菜单制作、视频剧场和视频播放等功能。使用本套装软件，用户除可方便地进行屏幕操作的录制和配音、视频的剪辑和过场动画、添加说明字幕和水印、制作视频封面和菜单、视频压缩和播放等外，还能为视频添加注释符号、进行画面放大等操作，比较适合制作讲授型教学视频。

4. 可汗式手写板录制式

“可汗学院”的微课是手写板式微课的典型代表，所以又称“可汗式微课”。这类制作方式多适用于需要反复推理和演算的教学内容，录制这类微课需要具有手写功能的平板电脑、手机或配备手写板的计算机。录制微课时，制作者在手写板或平板上板书教学过程，并利用计算机、手机或移动设备上的录屏软件将教学过程记录下来。这类微课的制作流程与 PPT 录屏式类似，但其大多用于录制理科解题类微课，录制时需要注意解题步骤清晰，画面简洁美观，注重思维过程的可视化等。

5. 混合式

混合式录制法是根据教学的需要，将网上或现有的与教学内容相关的视频、动画、文字等内容与自己录制的讲解过程进行综合集成。此类微课适合故事讲述、情景呈现、案例分析等内容的讲解，微课讲解者可在自己讲解视频的过程中穿插与内容相关的截取视频，如新闻片段、纪录片片段或案例分析片段，辅助其对知识点的讲解。但这种录制法要求教师对学科内容的各个环节进行精心设计，录制耗时较长，视频后期编辑技术水平要求也较高，让教师独立完成会加重教师的工作负担，导致微课制作水平降低。因此，对此类微课的制作建议教育技术相关教师以团队方式加入，教师负责教学环节设计和素材提供，后期编辑则交由教育技术专业人员完成。

（二）微课制作过程

下面以“混合式微课录制”模式为例，详细介绍微课制作的过程。

1. 设计 PPT

微课的制作以 PPT 为基础，因此 PPT 的设计至关重要。PPT 的设计主要有两条原则：一是尽量可视化，其目的是更好地为学习者提供理解的情境，促进其对讲解内容的理解，如讲数据时尽量提供图表，讲步骤时尽量提供流程图，讲环境时尽量提供场景图，此外应结合教学内容，提供与学习者相关或其感兴趣的画面，以促进其“情感”的融入；二是图文并重，每一张 PPT 中除有图片（图表）等多媒体元素外，还应有文字说明，前者是为了更好地让学生理解内容，文字则是为了将知识语义化，实现知识抽象。如在教育统计课中，讲解组间变异和组内变异时，首先可结合具体示例（见图 4-28）讲解，待学生初步理解后，再呈现理论（文字）内容，使学生能从语义层面进行理解。

方差分析的基本原理

1.组间变异的组内变异

第1次抽取结果

方法	学生实验成绩			$\overline{X}$	X_t
A	6	5	7	6	
B	11	9	10	10	7
C	5	4	6	5	

第2次抽取结果

方法	学生实验成绩			$\overline{X}$	X_t
A	1	7	4	4	
B	6	2	8	6	5
C	3	6	5	5	

	含义	表示
组间变异	组与组之间的差异，它反映各组平均数的不同	各组平均数与总平均数的差值
组内变异	同一组内被试个体之间的差异，它反映每个人分数的不同	各组原始分与组平均数的差值

图 4-28 PPT 设计的可视化和图文并重

2. 设计分镜头脚本

根据微课脚本设计模板，对设计好的 PPT 进一步细化，设计出微课制作的分镜头脚本，为后期拍摄提供蓝本。在分镜头号脚本中，每一张 PPT 幻灯片至少对应一个画面，复杂的幻灯片对应多个画面。

3. 录制视频

布置好录制场景以后，播放 PPT，教师进行同步讲解。对于要求较高的微课，需要录制三路视频，分别是教师讲解的全景、近景和 PPT 播放屏幕。如果要求不高，也可以只录一路教师信号和 PPT 插入的信号，如图 4-29 所示。

图 4-29 微课拍摄场景

本环节是微课制作中最关键的部分，录制时应注意以下问题：

（1）录制前：录制前要作好充分的准备，包括机位调试、教师仪表整理以及保持环境安静等。

（2）录制时：录制时，要保证几路信号同时开始录制，以方便后期编辑。在录制过程中，如果出现讲解错误，只需将最近一部分重新讲解一次即可，错误的部分可以后期剪掉；录制 PPT 屏幕时，要注意电脑屏幕分辨率对生成的视频质量的影响，因此要尽量将屏幕设置为合适的分辨率。为保证视频质量，建议选择“1920×1280”；选择录屏软件时，要选择生成文件小但质量较高的软件，如 EV 录屏。

（3）录制后：录制结束后，教师保持原有姿势 4～5 秒钟，不宜立刻离开，以便为后期编辑留出余地。

如果教师对内容不熟悉或过度紧张，可不使用以上教师讲解和 PPT 演示同步录制的方法。可以提前根据 PPT 做好讲稿，录制时只需根据讲稿进行讲解即可，录好并编辑好教师讲解的视频后，再根据该视频，在 PowerPoint 软件中生成 PPT 录屏。这种方法比较费时费力，同时也容易出现教师照本宣科的“读讲稿”状态。

4. 后期编辑

在上面第（2）步中，已由摄像机录制了教师讲授的视频，由录屏软件录制了 PPT 屏幕演示的视频。后期编辑的目的就是根据教学的需要，在时间轴上将以上两路或三路视频进行合适的选择和编辑，输出合成的视频。

后期编辑可以采用 Adobe Premiere 或 Camstasia Studio 等软件，由于后者在编辑导入（非由 Camstasia Studio 录制生成的视频）的视频时容易出现声画不同步的现象，因此，下面以 Adobe Premiere 为例，说明后期编辑过程。

（1）首先要导入素材。导入素材是将视频编辑所需要的素材导入到项目文件中，不仅包括录制生成的视频，而且包括可能要用到的图片、字幕、音效和片头文件。新建项目文件后，需要向项目文件中导入素材，如果素材文件过多，可分目录存储。

（2）随后是编辑视频。如图 4-30 所示，将素材文件拖入时间轨道上，按照元素出现的顺序在时间线上进行排列，再进行编辑，主要包括教师讲解视频和 PPT 录屏视频的对齐，废镜头的剪切、镜头插补、音量的调整等。需要注意的是，由于多路视频是同步的，因此剪切镜头时，多路视频要同时剪切。

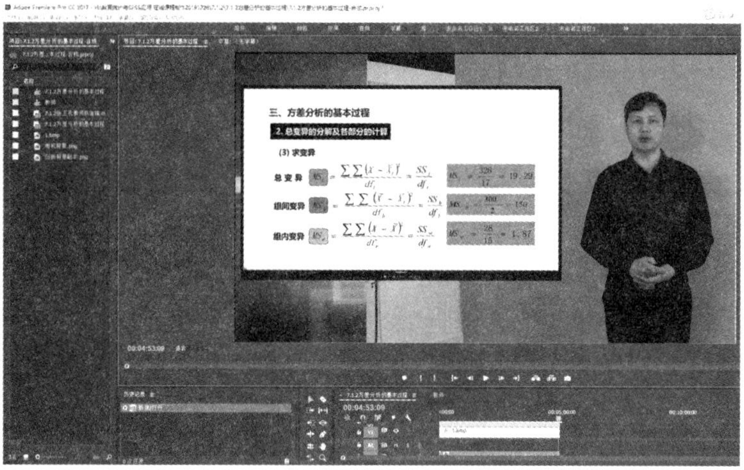

图 4-30 使用软件进行后期编辑

5. 生成视频

Adobe Premiere 软件的菜单“文件”“导出”“视频”可以将编辑好的轨道生成为最终的视频文件，文件可以选择 mp4、wmv、flv、rm 等多种流媒体格式输出，以方便微课在网上播放。

(三)微课制作的相关软件

1. PPT 美化大师(PowerPoint 课件美化插件)

PPT 美化大师是一款 PPT 幻灯片软件美化插件，具有丰富的 PPT 模板素材、一键美化、体验智能、安全方便等特点。

2. Adobe Premiere(视频编辑软件)

Adobe Premiere 是由 Adobe 公司开发的一款专业级视频编辑软件，目前这款软件常用于电视节目制作和广告制作，是制作高质量微课必不可少的编辑工具。Premiere 视频编辑软件提供了自动编辑、自由调色、音频美化、字母自主添加、输入输出等效果，其精确度很高，编辑视频的效率是一般视频编辑工具的好几倍。

3. Camtasia Studio(录屏和编辑软件)

Camtasia Studio(简称“CS”)是一种屏幕录像和编辑的软件套装，使用者可以方便地进行屏幕操作的录制和配音、视频的剪辑和过场动画、添加说明字幕和水印、制作视频封面和菜单、视频压缩和播放、CS 录课等，其操作方便，使用快捷，不仅可以录制教师的头像，制作二分频效果，还能加上丰富实用的批注、字幕，实现放大效果，等等。利用 CS，可以让微课更加完善，让学生的学习更轻松。

4. Focusky(微课制作软件)

Focusky 是一款易学易用的微课制作、课件制作和幻灯片制作软件。

Focusky 采用从整体到局部的演示方式，以路线的呈现方式模仿视频的转场特效，加入生动的 3D 镜头缩放、旋转和平移特效，像一部 3D 动画电影，给观众视觉带来强烈冲击。

5. 皮影客（动画制作软件）

皮影客能将动画制作的过程模块化，分为场景、分镜、人物、动作、对话等，用户只需要通过简单的操作将这些模块组合，就可以生成一个动画。同时，学生也可以通过皮影客的动画制作去呈现他们对世界的想象力，去表达他们对世界的认知。使用者只需要将所需的素材拖动到“舞台”上，设置动画的效果就可以了。

6. AxeSlite（演示文稿制作软件）

基于 H5 技术开发的演示文稿制作软件 AxeSlite 具有天然的跨平台优势，操作简单，存储方便。通过 3D 缩放、旋转等效果，其能做出创意无限的演示文稿。Axeslide 可以与其他的微课制作软件一起使用，制作出“高颜值”微课。

7. Videnscrihe（手绘动画视频软件）

Videoscribe 是一种手绘动画视频软件，类似影片中的真实的笔或手，能吸引读者的目光，可以用来帮助突出重难点知识。此外，其美观专业的动画效果会为微课增加多样的形式效果，促进学习者观看和学习。

8. Storyline（课件制作工具）

Storyline 具有丰富的图像资源、强大的交互功能和直观的操作界面，能够建立生动有趣的学习内容、多样交互的操作活动以及快速便捷的制作方法。它还能建立动态的、引人入胜的内容，其中包含模拟、屏幕录制、拖放式交互、单击显示活动，以及测试和评估等强大功能，让学生不仅通过观看微课进行学习，而且能够通过交互来提高学生学习的积极性和学习的效果。

9. 万彩动画大师（动画视频制作软件）

万彩动画大师操作相对比较简单，它适用于制作企业宣传动画、动画广告、营销动画、多媒体课件和微课等。用户只需简单地选择、编辑操作，即可快速制作情境动画，轻松地实现微课创作，打造个性化的教学课件大片。

第五节　编写学习任务单

随着新课改的深入和各种教型教学模式的出现，学生“学”的重要性日益凸显，学生在课前的预习和自主学习活动也逐渐受到重视。学生的课前学习不是随意进行的，必须与新的学习目标相契合，与前期内容相结合，且深度适宜。这就需要教师合理地规划教学内容，科学地设计教学活动，并采用适当的形式去引导学生学习。其中，学习任务单就是一种常用的辅助工具，它是教师基于对课标、教材和学情的综合考量，通过钻研教材、阅读文本而为学生提供的一种基于任务的自主学习框架。

一、认识学习任务单

(一)学习任务单的概念

学习任务单是教师设计的，以表单形式呈现的，用于指导学生自主学习的方案，是学生高效自主学习的支架与载体。学习任务单包括以下三方面的要素：

第一是“学习”。学习任务单使用的主体是学生，任务单的制定应以学生的特点为基础，重点要发挥学生的主体作用，强调学生学习的兴趣。教师应当将“教”的要求转化为学生“学”的任务，激发学生学习的兴趣，积极主动地参与到科学知识、技能的学习过程中，最终目的是完成任务，实现学习目标。

第二是“任务”。学习单中的任务既是学生所要学习知识的载体，也是教师需要完成的教学目标。教学目标需要转化成学习目标，并分解成学生的学习任务，因此，任务单就是学生学习需要完成的“工作”。学习任务单以学生的“学”为中心，关注的是学生学什么、怎么学。任务的达成度决定了学习目标的完成情况，任务达成过程、达成方法的优劣决定了教学目标实现的质量。

第三是“单”。“单”是指以“任务清单”的形式呈现学生要做的工作，简单明了，便于学生理解。

由此可见，学习任务单是学生在学习过程中所开展的活动的任务文本，是教师在学生原有的知识水平、学习特点的基础上，根据教学内容，参考课程标准制定的教学目标，并将其分解为学生的学习任务。它是学生课堂学习活动的载体，是为达成教学目标而服务的。

(二)相关概念辨析

学习任务单和教学设计、教案有本质的区别，跟导学案也有较大差别。

1. 教学设计、教案和教学任务单

教学设计是指根据教学目标，运用相关理论对教学过程进行设计。在日常工作中，教学设计常常是提供给同事、同行、领导、教研员或其他评审人员看的。教案是根据课程标准的要求和教学对象的特点，以课时或课题为单位，对教学内容、教学步骤、教学方法等进行具体设计和安排的一种实用性教学文书，是简化形式的教学设计。在日常教学中，教案是教师提醒自己讲课的提纲挈领的教学方案。

比较教学设计与教案可以发现，它们都是供教师使用的，而不是给学生使用的。所不同的是，教学设计主要是供授课教师以外的其他教育工作者使用的，教案则是供授课教师本人使用的；教学设计比较系统精致，教案比较简明扼要。

自主学习任务单是为适应“翻转课堂”的需要而产生的，与教学设计、教案有着千丝万缕的联系。它既需要继承教学设计系统最优化的思想与方法，又要借鉴教案具体设计的精巧，还需要有独特的风格与鲜明的时代特色。

2. 导学案和教学任务单

顾名思义，导学案就是“我导你学”，强调的是教师导、学生学，学生处于被动的地位，教师站在前台指挥学生的痕迹很明显。“任务单”全称“自主学习任务单”，强调的是学生自主学习，学生拿到“任务单”后，就会产生学习是自己的事的心理感受，教师的指导作用通过学习指南、学习任务、困惑与反馈体现出来，隐退到了后台。“导学案”与“任务单”有以下三点区别：

一是使用对象不同。“导学案”的使用对象是学生和教师；“任务单”的使用对象只是学生，“以学生为本”的色彩是十分鲜明的。这种使用对象的不同认识，造成了教学质量管理方法上的差异。

二是教学质量管理方法的差别。“导学案”一般都有编制人和审核人，采用的是集体备课、审核人负责制，具有明显重行政管理的色彩。“任务单”是给学生使用的，有主题、达成目标、学习方法建议、课堂学习形式预告以及学习任务、困惑与反馈等，没有任何行政管理的痕迹，具有人性化色彩。只是在“任务单”的“学习指南”中有一条“学习方法建议”，体现了教学质量通过学习方法指导实现的理念。至于学生是否按照教师的方法从事学习，则完全由学生根据自己的情况决定，主动权在学生手里。

三是任务上的差别。“导学案”的任务一般表现在“学案内容”里，由知识点和练习题组成，所以篇幅比较庞大，视觉印象比较复杂。“任务单”强调任务驱动、问题导向，尤其是强调把教学重点、教学难度及其他知识点化为问题，意在让学生在解决问题的追求中达成学习目标。“任务单”不主张直接让学生解题，而是主张让学生通过解决问题达到知识内化的目的，更容易使学生获得学习成就感，从而激发学生学习的兴趣。

二、学习任务单的结构

从结构上来看，自主学习任务单包括“学习指南”“学习任务”和“困惑与建议”三个组成部分，如表 4-8 所示。其中，“学习指南”与“学习任务”由教师设计，“困惑与建议”由学生自主学习，然后根据实际情况决定填写与否。

表 4-8 课前“自主学习任务单”设计模板

一、学习指南	
1.课题名称	提示:用“版本+年级+学科名+册+内容名”表示
2.达成目标	提示:达成目标不同于教学目标,请用“通过观看教学视频(或阅读教材或分析相关学习资源)和完成‘自主学习任务单’规定的任务……”进行表述,旨在让学生明确预习任务
3.学习方法建议	提示:注意有就写,没有就不写,不要让“喧宾”夺了任务之“主”,但是要努力提炼出方法
4.课堂学习形式预告	提示:简要说明课堂教学的组织形式,也可用流程图代替,其目的是使学生明确自主学习知识与课堂内化知识的关系
二、学习任务	
通过观看教学录像自学(或阅读教材、分析提供的学习资源),完成下列学习任务: 1. 2. 3. (提示:要求把体现教学目标的教学重点、教学难点和其他知识点转化成问题,含资源链接等必要的提示信息)	
三、困惑与建议 (提示:此项为了解学习困难与倾听学生心声而设,由学生自主学习之后填写)	
备注:1.栏目不够用可以自行扩展;2.完成“任务单”设计之后,别忘了删除所有提示;3.学校使用该模板时,需要增添年级、班级、姓名等信息备注。	

(一)学习指南

学习指南包括“学习主题”“达成目标”“学习方法建议”“课堂学习形式预告”四个子项,是从自我管理的角度让学生对本次学习有所了解。

(1)“课题名称”即要开展的学习主题,这是对学习内容的概括。

(2)“达成目标”即本次学习结束后要实现的目标。在此,达成目标不同于教学目标,它是指从学生角度看来,通过自主学习所达到的掌握学习内容的程度。

(3)“学习方法建议”即教师提供本次学习活动的学习方法,如借助网络搜索、小组讨论和小调查等。设置此项的目的一是为学生的学习提供方法参考,使学生掌握正确的学习方法，二是通过正确的方法达成有效的目标。需要注意的是，如果有方法就写，没有就不写，不要让"喧宾"夺了任务之"主"。

(4)"课堂学习形式预告"是告诉学生课堂上将要采取的学习形式，明确自主学习知识与课堂内化知识的关系，让学生明白如果不利用学习任务单进行学习，课堂学习可能就无法进行，从而对学生的自主学习产生督促。

(二)学习任务

学习任务是指学生要具体开展的学习活动或进行的思维活动。任务是自主学习任务单的主体，教师关于教学内容、内在联系的教育、教学目标的理解，教学方法的渗透以及学习内容的循序渐进安排等，都会在学习任务设计中呈现出来。通过学习好的任务，学生能达成目标；如果任务设计得不好，学生将无法操作，甚至使自主学习流于形式。

(三)困惑与建议

这个栏目是为学生反馈自主学习过程中产生的困惑，或者有什么建设性的意见而设置的，由学生书写，教师可据此了解学生的自主学习状况，从而调整下一步的教学行为。

三、学习任务单的编写

学习任务单服务于学生的自主学习，因此，学习任务单的设计应真正贯彻"以学生为中心"的原则，并采用"任务驱动、问题导向"的方法，将学习转化为任务，将知识转化为问题，从而促进学生的高效学习和目标达成。

(一)学习指南的设计

学习指南包括"课题名称""达成目标""学习方法建议"和"课堂学习形式预告"四个子项，是集中体现教师的教育理念、教学方法、教育智慧和教学领导力的栏目。

(1)"课题名称"应尽量明确，如果是学校教学使用，建议使用"版本＋年级＋学科名＋册＋内容名"的方式表示。

(2)"达成目标"是教学目标的转化形式，反映的是学生通过自主学习达到的掌握学习内容的程度。它使学习目标直接面对学生，学生看完就知道通过什么样的途径可以达到目标，这完全不同于学生对教学目标的理解。设计"达成目标"时，首先要通过分析教材提炼出教学目标，再把教学目标转化为学生自主学习应当达到的标准。其描述应尽量体现"学习任务"，尽量使用固定格式进行表述，如"通过观看教学视频(或阅读教材或分析相关学习资源)和完成'自主学习任务单'规定的任务……"。例如，在主题为"方差分析原理"的任务单中，这样设定学生自主学习需达成的目标："通过观看这些视频和完成自主学习任务单给出的任务，理解组间变异、组内变异和变异比率等概念，从而理解方差分析的基本原理。”

(3)“学习方法建议”应根据学习内容和学生的认知特点，设计科学有效的学习方法。设计该方面的内容时，应把握科学、合理的原则，使方法与内容相适应。例如，学习“点、线、面的关系”时，应采用“手工制作”的方法，通过用纸壳实际制作一个长方体，获得情境感知。了解“大数据在教育教学中的应用”时，应采用“文献查阅”的方法，以获得对该领域内容的全面了解。

(4)“课堂学习形式”的实质是课堂的教学组织形式，该部分内容需要教师提前告之学生课堂上将要进行的教学活动以及活动的组织方式。

(二)学习任务的设计

学习任务是学习任务单的主体部分，学生自主学习是否“达成目标”，主要依靠学习任务来保证。因此，学习任务要根据课程标准、达成目标以及教学重难点和其他知识点来设计，设计主要要符合以下要求：

1.必须满足达成目标的要求

达成目标的落实，需依靠精心设计学习任务来实现。因此，对于每一项达成目标，都要设计相应的学习任务，并达到“只要完成任务就能达成目标”的程度。

2.知识点转化为问题

这是任务设计中最基本、最有效的方法，也是任务单设计中最重要的方法。自主学习任务单之所以成为自主学习任务单，就是因为把知识点转化为问题而形成了任务。如果把任务变成“习题”，则实现不了“达成目标”。知识点转化为问题，即把教学重点、教学难点和其他知识点转化为问题。转化时，主要有两方面的考虑：一是问题是自主学习的先导，围绕问题，学生的学习更有可操作性；二是通过问题，能培养学生深入解读问题的能力，问题往往能驱动学习情绪，问题的解决能将知识、方法和做法凝聚在一起，使学生深刻理解和把握所学知识。

3.考虑知识点的覆盖面与权重

任务设计的目的是达成目标，任务设计时并不能“面面俱到”，而是应有所取舍。一般来说，任务设计要遵循两条原则：一是要求兼顾教学重点、难点和一般知识点，二是要考虑知识点之间的权重。比如，对于教学重点或教学难点来说，很可能需要分解为数个问题或数项任务才能达成，达到深刻理解，而一般的知识点只要一个问题或一项任务就可以了。

4.设计适当的练习

学生通过自主学习理解了概念、原理以后，可以提供几个与任务难度相当的题目进行练习，既让学生印证自主学习的成效，又获得了学习成就感。需要注意的是，练习的难度一般不宜超过任务单和教学视频中教师讲授的难度，因为练练手的目的不是查缺补漏，而是让学生体验学习成就感，使之激发学习兴趣。

5. 注重知识抽象和生成知识结构

完成任务是手段，达成目标才是目的。如果学生的学习缺乏深度，往往会使学习仅限于任务。因此，在任务设计的最后，有必要增加一个“脚手架”，实现知识抽象和生成知识结构，让学生以一个更加概括的水平简单地叙述知识的关键元素。这样可以使学生对学习材料进行删繁就简、概括加工，形成一个基于个人体验的意义建构。通常，这个任务可以通过思维导图、概念图、知识树或知识地图的形式呈现出来。

6. 提供方便的资源

为方便学生自主学习，可以为学生提供方便的资源，比如视频、音频、图片或者教学网站，并在学习任务栏目中作出说明。提供的资源可以和学习任务单一起打包给学生。

（三）困惑与建议

困惑与建议由学生在自主学习之后填写，其作用有两个：一是将学习状况反馈给教师，教师可以据此决定是否做出教学调整，以及怎样做出调整；二是通过学生对自己学习的内心反馈，明确自己学习的状况和问题所在，形成心理暗示，为课堂学习做好准备。

第六节 MOOC 课程的搭建

“慕课”（massive online open course，MOOC）是面向社会公众开放的网络课程，是一种面向所有人开放的教育资源，它有与传统课程类似的作业评估体系和考核方式。学习者按时完成作业和考试可获得教师签署的课程证书。慕课是在线课程层面上的网络教学形式之一，属于已经发展了十几年的在线教育系统的组成部分，是对以往网络教学的发展和延伸。目前，慕课在我国高等教育和社会教育领域获得了足够的重视，已成为在线教育的主要形式。

一、慕课的类型

慕课源自高等教育。早在 2002 年，美国麻省理工学院就把大量课程的课堂教学录像放在公共网络上，供人们免费学习。后来，越来越多的高校和教育机构将优质资源向公众开放。目前在国际在线教育领域，Coursera、Udacity 和 edX 三大平台并驾齐驱，它们以免费、高质量的课程内容为特色，为学习者提供了广泛的在线学习机会，课程内容包括讲课视频、课程任务布置、学习评估、师生和生生之间的互动交流，甚至为完成课程的学生提供学习证书。

目前，国内已创建了多个慕课平台，以各高校为主的平台有学堂在线、中国大学 MOOC、好大学在线、智慧树和超星慕课等，各大教育机构创建的平台有网易公开课、腾讯课堂和极客学院等。根据教学模式，慕课可以分为 cMOOC 和 xMOOC 两种形式。

（一）关联主义 cMOOC

cMOOC 是一种用户可自行建立课程的慕课环境，有 Udemy 和 P2PU 两大平台。cMOOC 以关联主义为理论基础，即知识是网络化联结的，学习就是连接特定节点和信息源的过程。cMOOC 将分布于世界各地的授课者和学习者通过某一个共同的话题或主题联系起来，学习者通过交流、协作，构建学习网络和知识网络。

cMOOC 常用的 Udemy 平台允许用户创建自己的课程。每个课程包括一个帮助组织课程内容的课程编辑器和一套帮助教师管理教学的工具。Udemy 的课程编辑器要求教师在输入课程基本信息之后、创建具体课程内容之前，设置一个课程提纲，然后教师可以给每一节课添加不同媒体类型的课程内容，组织课程模块；P2PU 平台更注重同伴间的互助学习，注重学习个性化和社会化的结合，注重资源的开放性。

（二）行为主义 xMOOC

xMOOC 主要以高校为中心，相对于 cMOOC，xMOOC 更加接近传统大学课堂教学的过程和理念。xMOOC 平台以 Coursera 和 Audacity 等为代表，国内的学堂在线、中国大学 MOOC 等平台也属于 xMOOC 平台。xMOOC 课程的授课时间一般是固定的，为了及时参与课程，学习者要提前了解课程介绍和课程安排，并进行注册。在学习的过程中，也可以根据个人学习情况退出某门课程。

xMOOC 课程内容主要由时间长度 8～20 分钟的微视频组成，学生在观看视频的过程中，视频可能会中途暂停数次，以测试学生对知识的掌握，比如弹出一个选择题或者让学生写一段程序代码，一般是客观题。学习者回答以后，系统会根据学生所提交的答案自动给出反馈。平台中也有在线论坛和学习小组，以方便开展协作学习。

从两者的教学模式上来看，cMOOC 的课程侧重课程的设计，而 xMOOC 更关注知识重点；从实践角度来看，cMOOC 均是单个课程，由教师个人组织和实施，大学官方机构不参与，而 xMOOC 模式的开放课程基本上以开放课程网站的形式运行，每个网站会有数十到上百门课程；从组织机构来看，xMOOC 采用公司化运营形式，有外部资金投入，具有商业化潜力，并且和多所知名高校合作。这些规模较大的 xMOOC 课程网站为更多的学习者提供了开放的学习资源和学习工具，而且它们组织严密、流程规范，无论规模、受益面还是社会影响均远超 cMOOC。

二、慕课课程的特征

慕课平台具有课程管理、资源管理和用户管理等功能，和普通的网络课程相比，慕课课程更加注重社会化学习和自我知识管理，更适合学习者进行个性化学习，其主要特征如下：

（一）自由开放性

慕课是一种开放、免费的网络课程，学习者来自全球各地，选课者可自由注册进行学习，没有课程人数的限制。

（二）完整的课程结构

慕课除了提供课程视频、文本材料、练习试题、测评系统和在线答疑外，还为学习者提供各种交互性论坛以及社区，注重对学习者的学习支持服务，关注学习者的学习体验。

（三）及时的学习过程反馈

慕课的测试方式有两种，分别是基于视频的嵌入式测试和单元测试，测试题目大多以客观题为主。教师根据学习者的测试结果，分析学习者的掌握程度并给予个性化的学习反馈和学习资源推荐。

（四）重视学习路径导航

在课程开始前，授课教师除在网站平台上发布课程公告外，还以邮件的方式告知课程开始时间和相应的学习准备。课程材料发布以周为单位向前推进，学习者很容易找到本单元学习所需要的学习材料、测试内容和讨论主题等。

（五）授课团队的无私投入

一门慕课需要课程设计团队在前期投入大量的时间和精力。在课程运行过程中，课程设计团队要根据学习者的学习数据分析和反馈，对课程设计进行螺旋式的动态调整。

三、MOOC课程的设计

（一）MOOC的设计原则

1. 人本化教育

人本主义是20世纪50年代末60年代初在美国出现的一种重要的教育思潮，主要的代表人物有马斯洛、罗杰斯等。这些心理学家主张人的学习是个人潜能的充分发展，认为教育活动不是个工业化过程，而是一个有机的过程，教育活动应该关注“学习者的精神和热情”。人本主义的教育观成了当代社会始终追求的教学理想。

从教学设计原理看，人本主义学习理论提倡的有意义的自由学习观和以学生为中心的教学观在慕课课程设计中得以充分体现。慕课正在创设一个个人化教育环境，提供一种基于个人条件的外在支持，集合已有的商业资源、多媒体资源和互联网资源等，并与教师卓越的才华相结合，提供一个改进教育的机会。以人为本的设计原则是慕课深受世界各地学习者们喜爱的原因之一。

2.掌握学习

布鲁姆提出了“掌握学习”的理论学说。布鲁姆认为，教育是一种有目的、有意图的活动，教学质量应该根据每个学生的学习效果来评价，而不是根据某些学生的学习效果来评价，因此，不能仅凭培养了一两个优秀学生或出了几个后进学生就对教学质量的好坏作出判断。只要恰当注意教学的主要变量，就有可能使绝大多数学生都掌握知识。所以，慕课教学设计要遵循这一理念，给学生充分的学习时间，为学生提供足够的练习机会。教师也要根据学生的学习反馈，将学生在学习过程中出现的差错记录下来，并提供学生所需要的具体补充材料，帮助学生矫正差错。

3.程序教学

心理学家斯金纳认为，人类的学习也是一种操作反应的强化过程。教学或者训练获得成功的关键，就是要很精确地分析强化效果，并设计操纵这个过程的技术，建立特定的强化系列。也就是说，根据学习的目标，在促进学习者学习时，要不断地给予强化，促使学习者向着学习目标迈进。因此，在进行慕课教学设计时，要遵循程序教学的理念，把一门课程学习的总目标分为几个单元，再把每个单元分成许多小步子。学生在学完每一步骤的课程后，就会马上知道自己的学习成果，即能得到及时强化，然后按顺序进入下一步的学习，直到学完一个单元。以此类推，逐步达到总的课程目标。慕课的每个视频都被剪辑成很小的片段，有利于学习者利用零碎的时间学习并较轻松地掌握某个主题。视频中穿插着各种测验和习题，有些习题最多可以做10遍。如果做错了，系统不会直接提示正确答案，而是会告诉学习者在哪个视频中可以找到答案，这对学习者来说是一种巩固和强化，有利于知识的掌握和迁移。

4.有意义的学习

个体只有在对未来的学习目标产生期待时，才有可能发生实际的学习行为。因此，在实际的教育过程中，教师要先让学生明确学习的目的和具体要求，使其对未来的学习结果产生一种积极的期待。在这一理念的影响下，慕课中每门课程在开设之前都有一个总体的介绍，包括教学大纲及每周的教学活动安排，明确告诉学生每周课程的主题、课程目标、阅读材料、嵌入式测试题目、练习以及课后作业、提交作业的时间、评分政策等。这相当于给学生提供一个“认知地图”，让学生做到心中有数，明确课程的内容和要求，明确学习动机，以便更好地学习。

总之，慕课教学设计应该是心理学和教育学结合的典范。不过，慕课毕竟只是一种教学技术，如何发挥作用，还要取决于掌握它的人。

(二)慕课的设计过程

1.课程目标设计

课程目标设计即根据课程的教学目的确定课程的学习目标:如果是根据某一社会需求开设的课程,就需要通过调查确定课程的目标;如果是高校某个专业的基础课程或专业课,则要根据该课程在专业培养中的作用以及与其他课程的关系确定课程学习目标。例如,对多数专业来说,其概论课的课程目标基本是对专业有概括性的认识,了解专业理论和实践的领域,把握专业的研究方向。课程目标的确定会直接影响后面内容的设计。

2.慕课环境的选择

确定了课程目标以后,教师应根据课程的教学目标和教学内容,确定课程总体的教学方式,然后再根据不同的慕课平台,选择合适的慕课平台环境。如果对教学内容的系统性要求不高,形式较灵活,可以选择 cMOOC 平台;如果是高校的专业课程,可以选择 xMOOC 平台,如国外的 Coursera、Udacity 和 edX,国内的中国大学 MOOC、智慧树和超星等。

3.课程资源的设计

慕课课程资源一般包括教学课件、教学视频、习题作业、测试题以及拓展资源等,教师要根据平台的功能设计制作好这些资源并提供给学生。另外,除教师提供的资源外,学习者在学习过程中也会产生资源,如学生通过相互交流,获得对某一知识的多角度理解,上传一些补充性的材料。这些动态生成的资源是在学习者的学习过程中产生的,在一定程度上比教师提供的资源更珍贵和有效。因此,在慕课中,教师应尽量设置开放的学习环境,促使学生加强互动和交流,一方面促进过程性资源的生成,另一方面也有助于营造积极主动的学习氛围。

4.学习活动设计

学习活动是学习者开展学习的形式。在慕课学习中,教师应根据课程的要求和特点,设计灵活多样的学习活动,调动学生的学习积极性。总体来说,慕课学习活动应遵循自主和互动相结合的设计原则。自主是为了促进学生的个性化学习,有思考题、练习、设计等形式;互动则是通过慕课的互动功能,促进学生交流与分享,实现社会化学习,如开展小组合作学习,对学习者的成果进行评论、点赞、小组间开展竞赛等。

5.学习评价设计

慕课学习评价应基于多元教学评价理论,按照过程性评价与终结性评价相结合的原则设计学习评价方式。其中,过程性评价包括学习过程评价和学习互动评价。学习过程侧重对学生常规学习任务的评价,如应借助慕课平台工具对视频学习过程、课后作业、测试等学习过程进行记录、分析,形成及时评价。学习互动评价注重学习者与教师、学习者与学习者间的交流互动，如利用平台、空间提供的互动社区进行线上互动交流，定期开展答疑。通过互动评价，可以掌握学生的学习情感和学习态度，并及时进行反馈和调整，从而达到提高学习效果的目标。

四、慕课课程的搭建

慕课课程的搭建是指在特定慕课平台上创建课程，为学习者营造学习环境，提供学习资源。慕课搭建前，首先要熟悉慕课平台的功能，并根据其功能对课程进行具体的设计。然后，要根据资源设计开发好教学资源，然后再在慕课平台上搭建课程。慕课搭建流程如图 4-31 所示。

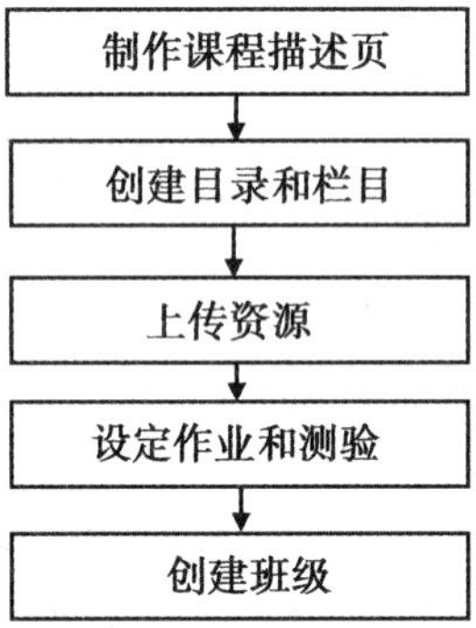

图 4-31　慕课搭建流程

不同的慕课平台，其功能有差异，使用的方法也不尽相同。例如，超星泛雅是超星集团旗下的一款在线教学平台，属于 xMOOC，它主要提供了资源学习和管理、学习活动、作业、讨论和考试等功能，其优点是开放程度高、灵活程度大，教师可以根据课程的特点进行个性化设计，方便教学与学习。

下面结合超星的泛雅平台，介绍“教育统计与 SPSS 应用”课程的搭建过程。

(一)创建课程信息页

课程信息页是学习者了解本课的窗口，泛雅平台上的课程基本信息页包括课程封面设计、课程相关信息、课程介绍、教师队伍和片花。此外，教师还可以自己添加其他信息页，如教学大纲、知识点框架、教学方法以及课程评价方法等。图 4-32 显示了课程信息页的创建界面。

图 4-32　课程信息页的创建界面

(二)创建学习内容

一般来说，学习内容框架以课程目录的形式呈现，方便学习者对内容进行浏览和查找。为方便学生学习，泛雅从纵向和横向两个维度进行了教学内容的设计。在纵向维度，教师可以列出教学内容的学习章节目录；在横向维度，教师可以在每一章节创建栏目。前者呈现的是"学什么"，后者呈现的是"如何学"。

考虑到知识结构在课程学习中的重要性以及该课程的实践性，"教育统计与 SPSS 应用"在纵向维度上除了呈现章节内容外，还在每章添加了"知识点导学"和"思考与练习"内容；在横向维度上，除创建了"PPT 课件"和"视频学习"栏目外，还添加了"学习目标""案例"和"拓展学习"栏目。"学习目标"侧重于关键概念和术语的关系问题，"案例"主要是为学习提供知识的应用情境，促进对知识的更好理解，"拓展学习"主要提供一些文献资料，让学生将学习和研究结合起来，达到深度学习的目的。课程目录和栏目的设计如图 4-33 所示。

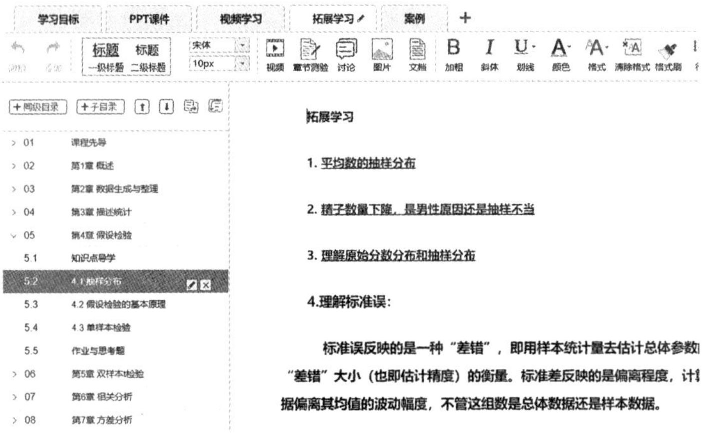

图 4-33　慕课课程目录和栏目的设计

（三）上传资源

根据本课程的设计，上传的资源包括知识点导图、章节学习目标、PPT 课件、教学视频、案例和拓展资源等。泛雅平台支持多种文件格式的上传，能满足多类资源的上传要求。

为方便教师修改和完善课程资源，平台的“课程资料”提供了课程资源的文件传输协议管理功能。所有上传的资源都可以进行动态管理，包括上传、分类存储、删除、移动、重命名、排序等。为方便资源上传和管理，教师可以先在“课程资料”中创建分类文件夹，将所有资料上传到对应文件夹中，然后再从“课程资料”中将资源插入对应的章节栏目中。图 4-34 所示为“教育统计与 SPSS 应用”课程的“课程资料”管理。

图 4-34　超星泛雅的课程资料管理界面

（四）设定思考与练习、测验和作业

根据“教育统计与 SPSS 应用”课程的需要，在每章中增加了“思考与练习”“测验”和“作业”内容。

“思考与练习”主要是针对该章内容进行的简单练习和思考，必须在课内进行。

“测验”包括两类，一类是在教学视频中嵌入一些简单的小测验，类似于传统课堂教学中的随堂提问，学习者只有回答正确后才可以继续学习，这类题目主要是让学生保持注意力并检测自己的理解程度，题目设置不宜太难；另一类是章节的“测试题”，主要考核学习者对本章内容的掌握程度。测试题可以一道道地创建，也可以采用批量导入的方法。批量导入前，可先按照模板在 Word 或 Excel 中设计好题目，再导入“题库”。在“测试题”栏目中插入测试题时，可以直接从题库中选择，如图 4-35 所示。

“作业”是每次课结束后，针对所学内容留置的课后作业，一般有一定难度，以帮助学习者深入理解所学知识。作业也可以提前在作业库中设计好，布置作业时，只需从作业库中插入即可。

图 4-35　在泛雅平台中插入测试题

（五）创建班级

课程信息创建完成后，还要添加学生名单。导入学生名单时，首先要创建班级，再在班级内部添加学生。泛雅平台提供了多种添加学生的方法，其中“从学生库中添加”最为简单，如图 4-36 所示。学生库即为学校事先建好的各专业的学生库。

图 4-36 在班级中导入学生名单

如果课程中创建了多个班级，则在教学过程中发布通知、作业以及考试时一定注意要选择相应的班级，以免造成无法挽回的错误。

复习思考题

1. 举例说明信息化教学资源的类别。

2. 开发信息化教学资源应遵循哪些原则？

3. 检索信息化教学资源时有哪些渠道和方法？

4. 从有道云、腾讯微云和 OneNote 等工具中选择一种工具进行在线资源的管理。

5. 多媒体课件制作应遵循什么流程？

6. 与传统的视频相比，微课有何特点？

7. 选择你所学的课程中的一个或几个知识点，设计并制作一个微课。

8. 运用学习任务单进行教学的理念是什么？

9. 如何编写学习任务单？

10. 国内常见的慕课平台有哪些？

11. 选择一个在线慕课平台，尝试创建一门慕课课程，写出大致的步骤。

主要参考文献

一、专著

[1]李芒编著. 现代教育技术与应用[M]. 天津：天津教育出版社，2009.

[2]孟祥增主编. 现代教育技术导论[M]. 济南：山东大学出版社，2011.

[3]汪基德主编.现代教育技术[M].北京:高等教育出版社,2011.

[4]王云等主编.现代教育技术[M].北京:清华大学出版社,2011.

[6]傅钢善主编.现代教育技术[M].第4版.西安:陕西师范大学出版社,2012.

[7]陈建珍等主编.现代教育技术[M].第2版.北京:人民邮电出版社,2014.

[8]吴剑平等著.大学的革命:MOOC时代的高等教育[M].北京:清华大学出版社,2014.

[9]黄明等编著.大型开放式网络课程MOOC概论[M].北京:电子工业出版社,2015.

[10]李本友等主编.微课的理论与制作技巧[M].北京:中国轻工业出版社,2015.

[11]李正超主编.现代教育技术[M].北京:北京师范大学出版社,2015.

[12]文源等主编.现代教育技术[M].镇江:江苏大学出版社,2016.

[13]钟小燕主编.PowerPoint多媒体课件制作教程[M].重庆:西南师范大学出版社,2016.

[14]柳宏坤等著.信息资源检索与利用[M].上海:上海财经大学出版社,2017.

[15]杨上影主编.微课设计与制作[M].北京:高等教育出版社,2017.

[16]周炜等主编.现代教育技术[M].延吉:延边大学出版社,2017.

[17]兰国帅编著.现代教育技术:理论建构与实践创新[M].北京:科学出版社,2018.

[18]刘俊强主编.现代教育技术[M].武汉:华中师范大学出版社,2018.

[19]汪莹主编.新编现代教育技术应用实践教程[M].北京:中国水利水电出版社,2018.

二、期刊论文

[1]陈忠辉.试论数字化学习资源的分类与利用[J].福建教育学院学报,2004,5:106-107.

[2]石巧珍,韩陈冲.数字化学习资源的时空特点及作用机理[J].现代教育技术,2007,2:30-32,38.

[3]张海涛.信息技术课堂上自主学习任务设计研究[J].生物技术世界,2013,1:112-113.

[4]屠卓娅.初中数学以任务单形式设计导学案的实践研究[J].现代阅读(教育版),2013,4:71-72.

[5]王胜清,冯雪松.面向教师教育技术能力提升的MOOC培训课程体系设计与实践[J].中国远程教育,2015,2:56-60+80.

[6]杨晓萍,张安琪,张贵学.幕课的发展、特性和建设探析[J].黑龙江教育学院学报,2015,2:61-63.

[7]周洁,侯贤兵.多媒体教学课件的设计制作及应用[J].计算机时代,2015,6:53-55,58.

[8]单从凯.论数字化学习资源中的知识元[J].中国远程教育,2015,11:30-33.

[9]马秀芳.社会化网络环境下的MOOC课程设计[J].中国电化教育,2015,12:59-64.

[10]赵一鸣,张家年.MOOC课程的设计与开发[J].中国教育信息化,2015,18:19-22.

[11]许丽川,申世军,刘洋.MOOC在高校实践类课程教学设计中的应用[J].实验室研究与探索,2016,8:207-211.

[12]马晓燕.基于慕课、微课混合式教学模式及其资源开发与应用[J].宁波教育学院学报,2017,1:11-13,51.

[13]马英,杨春壮,孙常丽,等.基于QQ群的网络学习共同体教学应用研究[J].农业图书情报学刊,2017,1:128-130.

[14]缪巧玲,马燕,范文翔,等.微课的开发模式构建与应用——以C语言程序设计为例[J].数字教育,2017,2:60-66.

[15]何晶.视频编辑软件在微课制作中的应用[J].数字技术与应用,2017,10:87,89.

[16]杨亚萍.试析微课制作工具及制作技巧[J].信息技术与信息化,2018:6:97-99.

[17]王会燕,戴敏利,刘媛霞,等.基于翻转课堂模式的微课设计与开发——以高职《摄影摄像基础》课程为例[J].中国教育信息化,2018,24:37-40.

[18]胡小茜,俞先梅.交互式微课设计策略与制作探究[J].电脑知识与技术,2019,18:233-236.

三、其他类

[1]赵书静."互联网+"环境下的移动学习资源设计研究[D].北京理工大学硕士学位论文,2016.

[2]李东辉.深度学习视域下MOOC学习活动设计研究[D].兰州大学硕士学位论文,2019.

[3]张月.初中数学情境化微课的设计与应用研究[D].河北大学硕士学位论文,2020.

第五章　信息化教学模式的应用

学习目标

1. 了解信息化教学模式的概念与理论基础。
2. 能够举例说明信息化教学模式的基本特点。
3. 了解基于课堂的讲授型信息化教学模式的类型及其特点。
4. 掌握基于课堂的讲授型信息化教学模式的基本框架。
5. 了解基于问题探究的信息化教学模式的概念和内涵。
6. 掌握基于问题探究的信息化教学模式的基本框架。
7. 了解基于项目协作的信息化教学模式的概念和内涵。
8. 掌握基于项目协作的信息化教学模式的基本框架。
9. 了解基于慕课的线上线下混合式教学模式的概念和特点。
10. 能结合具体教学案例，分析总结信息化教学模式在实际教学中的应用。

学习要点与结构

本章详细阐述了信息化教学模式的基本概念、理论基础及其主要特点，在此基础上引出基于课堂的讲授型信息化教学模式、基于问题探究的信息化教学模式和基于项目协作的信息化教学模式，分析了不同信息化教学模式的特点及其主要框架。

第一节介绍了信息化教学模式的概念，列举了信息化教学模式的主要理论基础，并分析了信息化教学模式的特点。第二节分析了信息化环境下讲授型信息化教学模式的新发展，梳理了基于课堂的讲授型信息化教学模式的概念、特点及其基本框架。第三节介绍了基于问题探究的信息化教学模式，总结了其概念、特点与基本框架。第四节介绍了基于项目协作的信息化教学模式的概念、特点及其基本框架。第五节介绍了基于慕课的混合式教学模式的概念、特点与基本框架。

本章的学习重点是深入理解信息化教学模式的概念和类型，全面掌握信息化教学环境下教学模式的特点，并能根据不同的教学目标把这些信息化教学模式，合理地选择和运用。通过本章的学习，希望教师能够提高信息化教学水平和能力，掌握信息化教学的静态结构和动态流程，能根据学科特点、学生需求和课程内容，创新使用教学模式，并不断发展和提出新的教学模式。

知识导学图

本章的知识导学图如图 5-1 所示。

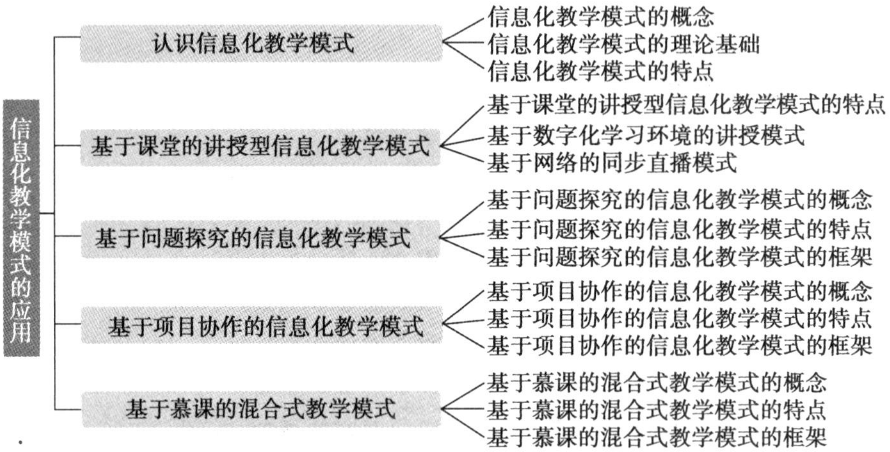

图 5-1　信息化教学模式的应用的知识导学图

第一节　认识信息化教学模式

科学技术的发展推动着社会各行各业的转型升级，也为教育领域的综合变革带来了新的动力。近年来，随着教育信息化的逐步深入，传统的课堂教学中，包括教学环境、教学资源、教学形式、交互方式等在内的各方面都发生了重大变化，这也使得原有的教学模式无法继续适应信息化教学的特点和需要，从而产生了一系列信息化环境下的教学模式。这些模式在教育教学实践中总结产生，并在为教育教学提供理论指导的同时得到了不断的发展和完善。

信息化教学模式是指在现代教育理论的指导下，根据现代化教学环境中的信息传递方式和学生的个性特点与知识建构过程，充分利用现代技术手段构建良好的学习环境，提供不同学习者需要的多样化学习资源，在教学活动组织与开展上充分发挥学生的主体性、主动性与创造性，从而在最大限度上促进学习者的知识建构，促进他们的全面发展。

一、信息化教学模式的概念

"模式"通常理解为再现现实的理论性的简约形式，即对一类或一系列对象的理论化概括。教学模式则是再现教育教学活动现实的理论性的简约形式。也可以说，教学模式是在一定的教学理论和教学思想的指导下，以丰富的教学经验为基础，为完成特定的教学目标和内容而围绕某一主题建立的、较为稳定的教学结构理论体系及其具体可操作的实践活动方式。信息化教学模式则是在信息化环境的支持下对传统教学模式的发展，同样具备一套相对比较稳定的结构和机制，并且能够对其组成要素及要素之间的内在联系作出合乎逻辑的解释。研究信息化教学模式，有助于我们在分析信息化教学中的教学环境、教学资源、教育者、教育对象等各教学要素及其相互关系的基础上，更好地把握信息化教学的特点与核心，从而总结出不同类型信息化教学活动的大致内容与流程，更好地指导我们进行信息化教学实践和未来信息化教学的创新与推广应用。

关于信息化教学模式的概念，不同的人有不同的说法。我国教育技术领域的开拓者和奠基人南国农先生曾指出："所谓'信息化教学模式'，就是指在现代教育思想和理论的指导下，师生之间运用现代教育媒体而形成的较为稳定的教学策略、结构和程序的活动范型。"钟志贤教授则强调教学环境以及学习环境的重要性，认为"信息化教学模式是基于技术的教学模式或数字化、信息化学习模式，是指技术支持的教学活动结构和教学方式，是技术丰富的教学环境，是直接建立在学习环境设计理论与实践框架基础上，包含相关教学策略和方法的教学模型。"可以看出，信息化教学模式不仅依赖现代信息技术的支持，而且需要现代教育理论和现代教育思想的指导，即运用现代先进的教育教学理念的指导和新兴信息技术的支持，更强调学生主动性和主体作用的发挥，促进师生、生生交互的进行。其中，教师需要为学生创建恰当的学习环境和多样化的学习资源；学生利用教师提供的环境和学习资源进行自主学习或协作学习，并利用媒体实现与教师、同学之间的交互。因此，信息化教学模式中的核心要素包括教师、学生、学习环境、学习资源以及媒体五个方面，同时需要借助先进教学理念的支持，具体如图 5-2 所示。

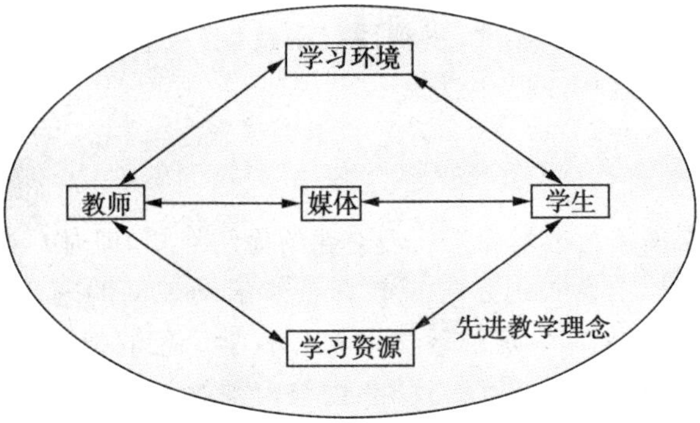

图 5-2　信息化教学模式的核心要素及其关系

（一）教师

教师是教学活动的主要实施者，也是课堂教学活动的把控者。与传统教学模式中教师占据的主讲、主导地位不同，信息化教学模式更加强调学生在教师引导下的自主学习与协作探究，因此教师更多是作为学习环境的创建者、学习活动的设计者与组织者、学生意义建构的帮助者与指导者的角色而存在。

（二）学生

学生是教学活动的主体。在信息化教学模式中，他们不再是被动的知识接收者，而是要充分利用教师或学校提供的学习环境与学习资源进行主动学习，成为知识的主动建构者。

（三）学习环境

信息化教学更加强调学习者在不同学习环境中的知识建构。因此，学习环境是信息化教学模式中的关键要素，它不仅需要借助先进的技术支持，而且需要教师结合学生的特点和教学内容的需要，并选择恰当的问题情境进行创建。

（四）学习资源

学习资源是信息化教学模式中体现学生主体作用、满足学生自主学习与协作学习需要的关键。信息化学习资源的形式更加丰富多彩，包括多媒体课件、微视频、网络课程等不同类型，可以满足不同学习者的个性化学习需要。

（五）媒体

媒体是信息化教学中教师开展教学和学生进行学习所必不可少的。教师需要借助媒体向学生传递资源或信息，学生则需要借助媒体开展学习活动或与教师、学生进行交互。在信息化教学模式中，教师、学生、学习环境、学习资源和媒体各要素并不是孤立存在的，而是在先进教育理论的支持下相互作用，共同促进教育教学活动的有效开展。

二、信息化教学模式的理论基础

信息化教学模式的形成既需要先进的技术支持，同时也需要先进理论的指导，具体包括建构主义学习理论、视听教学理论、多元智能理论和情境学习理论等。在本书第一章中，已经对建构主义学习理论和视听教学理论进行了介绍，在此仅对多元智能理论和情境学习理论进行简单介绍。

（一）多元智能理论

多元智能理论由世界著名发展和认知心理学家霍华德·加德纳（Howard Gardner）于1983年在其出版的《智能的结构：多元智能理论》一书中提出，它突破了人类认知是一元的、通过单一和量化的检测手段来测量的假设，明确提出了人类存在多种不同思维和认知方式的主张，认为智能的基本结构不是单一的，而是多元的，至少应该包含以下七种：语言智能、数理逻辑智能、空间智能、音乐智能、身体运动智能、人际交往智能和自我认识智能。1999年，加德纳又补充了一种智能——自然观察智能。加德纳认为，人的智能表现为多元化的特点，包含八种相对独立的智能。这八种智能在个体的身上体现出不同的组合和程度，使得每个人的智力具有其各自的特点，存在明显的差异，从而表现为每个人学习风格的差异和学习需求的不同。在多元智能理论的指导下，教师应该正确认识不同学生的特点和优势，尊重学生的个体差异，从而为不同类型的学生提供差异化的指导和帮助。

多元智能理论认为，人的智能并不是单一存在的，而是由多种智能共同组成的，个体差异表现为不同智能的组合程度。这些不同智能之间相互作用，并以组合的方式来发挥其综合作用，表现为个体的智力特点，而这种差异或表现出的特点又可以通过后天的学习得到不断的改变与发展。因此，在这一理论的指导下，教师在教学过程中应该保持“开放式”的教学观，尊重学生的个体差异，在信息技术的支持下为学生提供多样化的学习支持和学习指导，促进学习者在发挥个体长处的同时弥补其不足，不断得到发展。这一理论指导下的信息化教学模式从教学目标设定、学习资源提供、教学活动开展和教学评价组织等方面，都体现出了其相应的特点：在教学目标设定上，不仅要完成本身的课程目标，还要从学生的实际需求出发，将重心放在学生的发展上；在学习资源提供上，应该集合不同认知风格学习者的特点设计和开发多样化的学习资源，满足不同类型学习者的实际需要；在教学活动开展上，将活动的主体转移到学生身上，充分发挥他们的参与积极性，激发他们多元智能的全面发展；在教学评价上，应该改变传统考试评价的单一方式，采用多元化的评价方式和评价标准，在过程性评价与结果性评价的结合中实现对学生的全面、客观、真实评价。

（二）情境学习理论

情境学习理论认为，知识不是个体内部的心理表征，而是个体和社会及其所处物理境脉之间的相互联系的属性和互动的产物。该理论主张，让学习者通过基于真实情境的活动参与和问题解决来实现对知识的学习与意义建构。美国的莱夫、温格等人从研究裁缝、航海家等不同从业者的日常学徒开始，通过关注其日常认知、实践中的认知，对情境学习进行了深入研究，并通过其《日常认知：社会情境中的发展》《实践中的认知：心理、数学和日常生活文化》《情境学习：合法的边缘性参与》等著作进行了详细阐述，促进了情境学习理论的迅速发展及其在教育教学中的广泛应用。情境学习理论不仅是关于教学“情境化”的一种建议，而且是一种关于人类知识本质的理论，是研究人类知识如何在活动过程中得到发展的理论。在情境学习理论中，存在心理学取向和人类学取向等不同的观点。其中，心理学取向的情境理论注重改革学校情景下的学习，注意达到特定的目标和学会特定的内容，其研究重点是真实学习活动中的情境化知识，中心问题就是创建学习者开展学习活动所需的真实情境。但是，人类学视角下的情境学习与认知理论不同，它强调知识与个人、社会及环境之间进行交互的密切关系，而不是抽象的个体心理表征。因此，该观点认为应该将对学习的研究转移到学习者实践共同体的构建及活动组织与合法性参与的过程中进行。因此，情境学习理论中的情境不仅包括物理层面上的，可以看得见、摸得着的空间环境及问题情境，还包括个体的心理及其所处的社会文化环境。

情境学习并不是将学习定义为一系列事实性知识的习得，而是思维与行动共同参与和相互作用的过程，是个体与个体之间、个体与环境之间相互作用的结果。该理论认为，知识具有情境性、分布式、生成性和默会性等特点。因此，学习应该是植根于一定情境的，是个体主动参与的实践过程，是社会协商的过程，是文化适应和知识创新的过程，具体包括以下两个方面：

一方面，学习发生于特定的情境。情境学习理论认为，人类的学习是复杂的，既受外部物理环境的影响，又受个体内部心理环境及社会文化环境的影响，是个体与所处复杂境脉之间交互的结果。知识的习得与情境密不可分，学习与认知本质上就是情境性的，如果在教学过程中建立一种脱离知识本身所处真实世界的中性场景，则会在很大程度上影响学习者对内容的理解，更难以实现所学的概念化知识向真实情境的平滑前移。因此，要促进学习者知识的真正习得，应该提供知识所处的真实情境，让学习者在其中通过个体与环境之间的交互实现知识的内化。此外，学习不仅强调物理情境，而且包括特定社会文化环境中的活动参与，是学习者之间以及学习者与教师之间相互作用中的反思与意义建构过程。

另一方面，学习是合法的边缘性参与。合法的边缘性参与是情境学习理论中的一个关键概念，是由莱夫和温格在《情景学习：合法的边缘性参与》一书中提出来的。其中，“合法”指的是随着学习者知识经验的积累和时间的推移，其合法使用共同体内部资源的程度;"边缘性"则是指学习者在共同体中的活动参与程度及其离核心成员之间的距离。为此,他们还引入了"实践共同体"的概念对这一观点进行解释,认为在实际的学习活动过程中,学习者会不可避免地参与到实践共同体的活动中,这正是个体知识与技能掌握的关键。在整个学习活动过程中,个体的身份是在不断发展和变化的,即由边缘性的参与者逐渐向中心主导者转变。这时,个体的学习也就发生了。

在情境学习理论的指导下,在信息化教学活动过程中不仅要为学生提供多样化的学习资源,而且应该通过现有技术支持为学生创建相应的学习情境,并通过互联网建立虚实结合的学习共同体(基于真实课堂的实体学习共同体和基于网络的虚拟学习共同体),促进学习者在物理境脉、社会文化境脉及个体心理的共同作用下的知识习得。因此,在信息化教学模式中,也更加凸显问题情境的创设、可视化资源的提供以及协作学习活动的设计等。

三、信息化教学模式的特点

信息化教学模式是对信息化教学活动的概括,其特点与信息化教学的特点有着密切的关系。总体来说,信息化教学模式的特点主要体现在以下四个方面。

(一)需要信息化教学资源与环境的支持

信息化教学模式是在信息化教育教学的过程中不断总结发展起来的,并用来指导当前的信息化教学活动的开展。因此,其必定凸显出了信息化环境下教学的特点,那就是信息技术支持的教育教学环境及各类数字化教与学资源。在教育教学环境方面,表现为多媒体设备、电子白板、一体机甚至是虚拟现实等硬件设施及各类学习平台搭建的虚拟环境;在教学资源方面,表现为除传统印刷图书、模型实体资源之外,更多的是基于网络的虚拟、数字化资源。这些学习资源不仅形式更加多样,而且具有共享性、便捷性、移动性、碎片化等特点,可以满足师生随时随地开展教与学活动的需要。

(二)需要新型教育教学理念的指导

信息化教学是在教育信息化深入推进与新型信息技术普遍应用到一定阶段后产生的一种新的教育教学形态。它不仅是单纯的环境优化与资源拓展之后的传统教育教学的延伸,而且是在现有技术手段支持及教育教学发展现实需要的基础上进行的教学流程的重组和学习文化的重塑。因此,在这一背景下产生的信息化教学模式仅靠传统教育教学理论的指导是不够的,必定需要新型教育教学理论的指导,以促进信息化环境下教育教学活动的创新发展。

(三)强调学生主体作用的发挥

信息化教学强调如何通过现有的技术支持更多地发挥学生的主体作用,从而更好地促进学生的自主学习及其协作能力、问题解决能力、创新思维能力等高阶思维能力的发展。因此，信息化教学模式强调学生的主体作用，例如主张让学生利用网络进行自主学习，利用教师提供的数字化学习资源及学习任务单进行课前主体内容探究，通过网络建立协作学习小组并开展专题学习活动，等等。

（四）强调基于信息技术的多方交互

传统课堂以教师的讲授为主，其交互主要体现在师生、生生之间。由于课堂人数和教师把控力等方面的限制，交互的机会相对有限，影响了学生课堂参与的积极性。信息化教学通过技术支持，拓宽了师生、生生交互的时间和空间，不仅可以满足学生个性化学习的需要，令其随时随地与老师、同学进行沟通，而且能够使教师利用网络实现面向个别学生个体或群体的差异化指导与帮助。此外，虚拟现实等新兴技术的发展与教育应用还为学生与环境的交互创造了更好的体验，使学生在与环境的双向交互中实现了知识的主动建构。

第二节　基于课堂的讲授型信息化教学模式

基于课堂的讲授型模式是最传统的一种教学模式。在信息化背景下，强调充分发挥学习者主体作用的各种模式涌现，但基于课堂的讲授模式仍然占据着无法替代的地位。相比传统的讲授型课堂教学模式，信息化环境支持下的讲授型信息化教学得到了更多的优化和发展，特别是在课堂环境、资源多样性和教学互动性等方面表现得尤为突出。

一、基于课堂的讲授型信息化教学模式的特点

基于课堂的讲授型信息化教学主要是在传统讲授课堂的基础上，充分借助信息化教学环境的支持而发展来的。因此，基于课堂的讲授型信息化教学模式的特点也主要体现在传统讲授课堂特点与信息化教学特点两者的结合上，具体表现在以下几个方面。

（一）强调智能化的学习环境支持

对传统的讲授式课堂而言，教学环境相对单一，表现为传统的实体教室、规则的桌椅安排和有限的硬件设施。教师在这样的教学环境下，主要通过主观的讲授向学生传递学习内容。在信息技术的支持下，不论是传统实体课堂还是完全依赖网络的直播课堂，都有了智能化学习环境的助力。以信息技术支持的实体课堂为例，教师可以在课堂教学中通过多样化的资源呈现丰富学习内容的表现形式，促进学生对内容的理解，还可以通过智能终端或专门的学习平台，随时向学生传递学习资源并获取他们的反馈信息，及时了解学生的学习情况并调整

教学。对基于网络的直播课堂来说，更是借助信息技术构建了突破空间限制的完全虚拟的课堂环境，使教师、学生在不同的场景下通过互联网共同参与到学习活动中来，拓展了“课堂”的内涵，使学生在自主的学习环境中拥有了更加轻松的学习氛围，也可以在一定程度上促进他们与同学或老师的沟通与交流。在这种环境下，学习者可以改变过去封闭、被动的学习模式，转而进入一种开放、自主的学习模式中，在传统实体课堂环境与信息技术支持下创建的虚拟环境的有机结合中，实现自身学习时空的拓展与学习体验的优化。

（二）注重多样化的学习活动设计和学习资源使用

在传统的课堂教学中，由于课堂教学时间和教室空间的限制，一般表现为教师上课讲解，学生集体听课，课堂活动较为单一，资源也相对有限。现代信息技术在改变传统课堂教学环境的基础上，也为优化课堂教学活动和丰富学习资源提供了条件。一方面，由于数字化学习环境的建设，学生不仅能通过教师的传统讲授学习主要的知识，而且能通过网络随时参与到老师的课堂活动中，实现实体课堂与虚拟学习环境结合下的学习。例如，老师在讲解某一知识点的过程中，可以通过在平台上实时发布测试题或学习活动的形式，检测学生对当前内容的理解情况，这也能够在很大程度上提高学生的课堂参与度。因此，基于课堂讲授的信息化教学模式不仅表现为教师的单纯讲解，而且表现为学生基于网络的实时参与，促进了课堂中师生、生生之间的交互。另一方面，除了传统的学习材料外，以现代信息化设备和数字化学习平台为载体的各类学习资源已成为课堂教学的重要支撑，其不仅可以丰富课堂教学内容的形式，提高学生的学习兴趣，而且可以满足学生课下自主学习的需要，使他们可以根据自己的学习需要随时获取、使用相关的资源，并展开个性化学习。因此，基于课堂讲授的信息化教学模式也充分考虑了信息技术在对教学活动和学习资源支持方面的优势，丰富了课堂教学的内容与形式，充分调动了学生的学习积极性和课堂参与度。

（三）注重反馈信息在教学中的应用

课堂教学的对象是学生，其最终目标是促进每一位学生的全面发展。对学生个体来说，其发展具有动态性、复杂性等特点；对班级学生集体来说，其发展又具有差异性。因此，在传统的讲授式课堂教学中，教师很难照顾每一位学生的个体差异，亦无法满足所有学生的需要，一般以班级学生的平均发展水平为依据设计和开展教学。在教学活动开展的过程中，教师也很难在活动中及时准确地了解每一位学生的发展情况，进而及时地调整教学干预，主要表现为依照课前教学设计进行或结合自身的教学经验与课堂观察进行适当调整。信息化环境下的讲授式课堂中，教师可以借助信息技术的支持，及时准确地了解学生的学习情况，制定差异化的教学活动安排，满足不同类型学生的发展需要。例如，课前教师可以根据学生在学习平台上的预习情况及时了他们每一个人的相关内容掌握情况，针对学生的课前预习情况为其提供差异化的学习指导或进阶练习，并适当调整课堂教学活动；课上，教师在讲授课堂内容的同时，可以通过基于学习平台的不同学习任务和学生参与情况，准确把握学生个体和班级学生群体对各知识点的掌握情况，据此及时调整学习活动安排；课后，教师也可以通过网络及时了解学生的课下复习活动或巩固练习情况。因此，基于课堂讲授的信息化教学模式也更加关注教师获取反馈信息的及时性，并利用及时反馈不断优化教学。

（四）关注课堂评价内容和体系的丰富与完善

评价是教学过程中的重要组成部分，其核心在于评价学生经过课堂教学活动后的发展情况。实际上，评价的目的不仅在于对学生的发展情况和教师的教学情况进行衡量，更重要的是通过教学评价及时了解学生发展过程中出现的问题，并据此分析课堂教学改进的策略与方法，不断改进教学。因此，评价不能只关注课堂教学活动之后的总结性评价，更应该关注课堂教学过程中的形成性评价，即通过形成性评价及时了解课堂教学活动各阶段的情况，随时发现问题并解决问题，进而达到不断优化教学的目的。但是，传统的讲授式课堂中，教师将重点放在了核心知识点的讲授上，很难在这个过程中随时关注每一个学生的实时发展情况，其形成性评价的进行相对困难。在信息化环境下，教师可以借助专门的学习平台、智能的学习环境以及人工智能、学习分析等新兴技术的支持，通过数据建模和可视化显示，随时准确地了解学生个体和班级学生集体的动态发展情况，并通过学生课前预习情况、课堂活动参与情况、资源使用情况、讨论话题参与情况及测试情况等对他们的学习进行系统分析，从而在准确定位学生实际发展水平的同时，抓住学生不同学习行为与学习结果之间的关系，接下来的学习中针对不同学生的问题或学习表现，给予适当的干预或学习建议，从而更好地促进学生的个性化发展。

（五）在关注学生整体发展的基础上照顾个体差异

我们知道，开展教育教学活动的关键是促进每一位学生的成长。但是，在以班级为单位的讲授式课堂中，由于时间、空间以及教学任务的限制，教师很难照顾每一位学生的个体差异，只能以学生整体的普遍情况为基准开展教学。在信息化环境下，一体化的学习平台，尤其是多样化的学习资源与跨越时空的网络支持，使学生可以随时根据自己的需要获取学习资源并展开学习，与同学进行讨论或向老师请教。对教师来说，他们不仅可以通过不同的学习活动、学习资源的提供来满足不同类型学生的个性化需要，而且可以通过学生的平台学习情况及时了解每一位学生的发展情况及其存在的问题，并及时给予精准的学习干预。因此，与传统的讲授式课堂不同，基于课堂的讲授式信息化教学模式也更加注重技术环境对学生个性化发展的支持，注重学生学习过程中的个体差异。

传统情况下，讲授型教学主要表现为教师讲、学生听，即以教师为中心，通过教师讲授知识以及学生听讲的过程，实现学生对相关知识的掌握。这是最经典的一种教学模式，尤其是在以班级授课制为教学组织形式的学校教育中，体现出了其独特的优势。基于课堂的教授型信息化教学是在传统讲授型课堂的基础上，充分利用信息化环境的优势，在保证班级学生整体发展的同时照顾学生的个体差异，满足当前学生多样化的需要。此外，随着信息技术的发展，尤其是互联网的普及，人与人之间跨越时空限制的交流成了可能，这也使得基于网络的直播课程逐渐普及，拓宽了基于课堂的讲授型教学的内涵，使基于课堂的教授型信息化教学模式不仅表现为基于数字化学习环境的教授模式，而且表现为基于网络的同步直播讲授模式。

二、基于数字化学习环境的讲授模式

基于数字化学习环境的传统讲授型课堂，即利用传统讲授型方法在数字化学习环境中开展教学。这种课堂是在延续传统讲授型课堂思想的基础上，充分利用当前新兴信息技术的支持所创建的数字化学习环境和学习资源，对教学进行优化升级。因此，在具备传统讲授型课堂所表现出的学生范围广、教学效率高、标准化评价等特点和优势的同时，充分利用信息技术优势弥补了传统讲授型课堂的不足。此外，基于数字化学习环境的讲授模式也不再单纯关注教师对学生知识的简单传递，而是在充分利用现有技术优势的基础上，对传统讲授模式进行了优化升级。

（一）基于数字化学习环境的讲授模式的框架

与传统教学环境相比，数字化学习环境主要表现为互动的便捷性、资源的丰富性、反馈的及时性等特点。因此，基于数字化学习环境的讲授模式也表现在对教与学资源和学习活动开展两方面的变化上。在教与学资源方面，教师和学生不仅拥有传统的纸质资源，还可以通过统一的教学平台获取包括系统化网络课程、专题学习材料等网络学习资源，以及教师自制的学习资源等在内的多样化的数字化学习资源，使学生可以结合自身需要，随时通过网络或自带学习终端获取资源；在活动开展方面，教师不仅可以向学生进行传统授课，还可以通过统一的教学平台或终端设备随时向学生发布学习活动、学习材料或学习任务等，并随时为学生提供学习帮助与辅导，从而弥补传统讲授课堂教师无法顾及学生个体差异的不足。

基于数字化学习环境的讲授模式充分借助了信息化学习环境在学习资源提供、学习活动开展和学习反馈获取等方面的优势，优化了传统的讲授模式。

可以将这一过程分为三个阶段:在教学准备阶段,教师除了设计教学内容与活动外,还可以通过网络汇集的优质学习资源、自制或二次开发的学习资源,将其进行整理并发布给学生,同时为学生提供学习指导,帮助他们更好地完成课前预习活动,并结合学生课前预习的反馈情况及时调整教学安排;在教学活动开展阶段,教师在讲授教学内容的基础上,向学生发布课堂内容检测,及时了解学生的内容掌握情况,根据课前活动设计组织学生开展自主探究或合作讨论;在课后阶段,教师可以结合学生复习情况及课堂教学情况,及时获取自身教学的反馈信息,对教学准备阶段和教学活动开展阶段的设计和具体实施进行优化,具体如图 5-3 所示。在整个教学过程中,不论是教学准备阶段的学习资源和学习指导提供,还是教学活动开展阶段的内容讲授、测试与互动讨论,抑或是课后的总结反思,都是在充分借助现有网络或专门学习平台的支持下实现的。

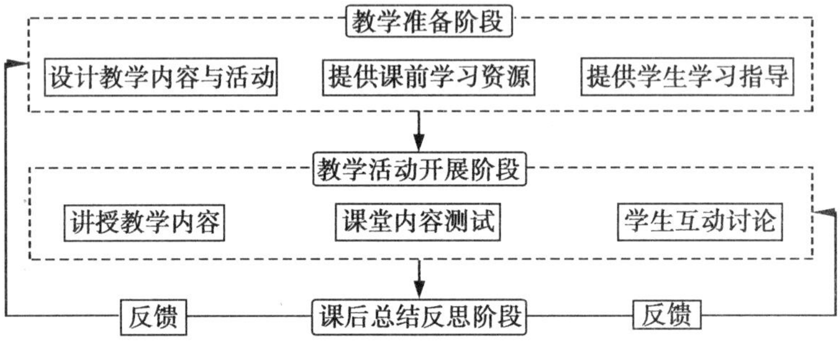

图 5-3　基于数字化学习环境的讲授模式

(二)基于数字化学习环境的讲授模式的特点

总体来说,基于数字化学习环境的讲授模式在保留传统课堂讲授模式优势的基础上,充分发挥了信息技术对优化课堂的作用,体现出了其独特的优势,具体包括以下几个方面:

首先,注重通过技术支持促进师生、生生之间的交互。在讲授式课堂中,很大的一个问题就在于协调教师内容讲授与学生课堂参与之间的平衡。一般情况下,教师为在有限的时间内完成既定的教学任务,需要将重点放在有限的时间内面向班级全体学生进行内容讲授上,很难兼顾每一位学生,在课堂交互上也主要是教师面向全体学生或个别学生的,很难大范围内面向学生个体进行,生生之间的交互也相对有限。在数字化环境下,教师可以通过提前在学习平台设定的学习活动或推送的学习内容让学生参与到课堂活动中来。对学生来说,他们可以利用信息化设备及时回答教师提出的问题,与同学进行交流或开展协作学习,同时也可以将自己的学习成果及时提交给教师或者与教师进行交流。这种基于信息技术的多样化交互可以有效促进学生的课堂参与,提高他们的学习兴趣，同时也可以在师生交互中促进教师对学生的进一步了解，从而更好地开展接下来的教学活动。

其次，关注教师基于学生学习实际情况的及时干预。教学活动是为促进学生发展而设计并实施的。因此，教学活动的开展要在最大限度上符合学生的实际需要。一般情况下，教师课前的教学计划是基于对学生的整体认知基础上设定的，不一定完全适合学生的真实情况，需要教师结合课堂活动开展情况及时予以调整，以更好地适应学生的实际需要。在信息化教学模式下，教师可以根据学生的平台记录，及时了解学生的学习情况，并据此及时做出准确的调整。课前，教师可以提供预习材料和学习指导供学生预习，并根据平台记录的学生预习情况及时了解他们对内容的初步掌握情况，据此进一步调整和优化教学；在课中，教师可以通过平台记录的学生课堂参与，尤其是各知识点的或进阶内容的检测情况或学习活动开展情况，及时做出调整；在课后，教师可以通过学生的复习记录或问题反馈及自身的反思，分析整个教学活动的开展情况，并为接下来教学活动的设计与组织提供经验支持。

最后，利用信息技术的支持，丰富课堂的内容与形式。传统课堂教学由于环境的限制，教学活动的形式和教学资源类型都非常有限，很难调动学生学习的积极性。在信息化教学模式下，教师可以利用各类信息技术设施加强学生的课堂参与，丰富学习内容的表现形式，从而提高他们的课堂参与度，提高学生的学习兴趣。在学习内容呈现上，信息化环境的支持突破了传统实体资源的限制，提供了包括视频、音频、动画、文本等不同类型的学习资源，表现为课件、专题讲座、优质公开课等不同的形式，其来源不仅包括统一规定的学习材料，还包括教师根据学生特点自制的学习资源以及从网络上获取的其他优质资源。这些数字化的学习资源不仅可以照顾不同学生的个体差异，而且具有便捷性、易传输等特点，可以满足学生随时随地学习的需要。在学习活动上，可以利用信息建立师生、生生之间的联系，从而促进课堂中的交互，改变传统教师向学生传递知识的单一模式。

三、基于网络的同步直播模式

基于网络的同步直播讲授课堂主要表现为师生异地，教师通过网络面向异地的学生开展同步教学，并通过网络实现与学生之间的实时沟通交流。与传统讲授式课堂最大的区别在于，基于网络的同步直播可以使教师和学生突破地域的限制，即教师可以在任何地方通过网络展开教学活动，学生也可以在任何地方通过网络参与学习活动。

（一）基于网络的同步直播模式的框架

基于网络的同步直播模式主要借助当前的视频会议系统，实现面向异地学生的课堂教学活动。总体来说，与传统的课堂讲授模式类似，基于网络的同步直播模式也可以大致分为三个阶段：在课前，教师可以通过网络向学生提供资料供学生预习，并通过学生提交的学习结果或反馈的疑难问题适当调整教学活动。这时，教师预习资料的选择可以是网络上获取的优质资源，也可以是平台提供的资源或教师自制的资源。同时，为了满足不同学生的实际需要，教师可以根据不同类型学生的需求为其分类提供差异化的资料。在课堂上，教师通过统一的直播平台，面向异地的学生开展同步直播教学，并鼓励学生及时参与到课堂活动中来，尤其是充分利用网络功能促进学生在课堂中的互动，并根据学生的课堂参与情况及时获取准确的反馈信息。在这一过程中，学生不再单纯作为知识的被动接受者存在，更要通过网络积极参与到教师提供的活动中去。在课下，教师也可以通过网络向学生提供复习资料，并根据学生提交的学习结果或反馈的问题给予差异化的指导，具体如图 5-4 所示。此外，如果直播平台支持录制，学生还可以在课下根据自己的需要随时观看教师直播教学的视频材料，进行有针对性的复习和巩固。

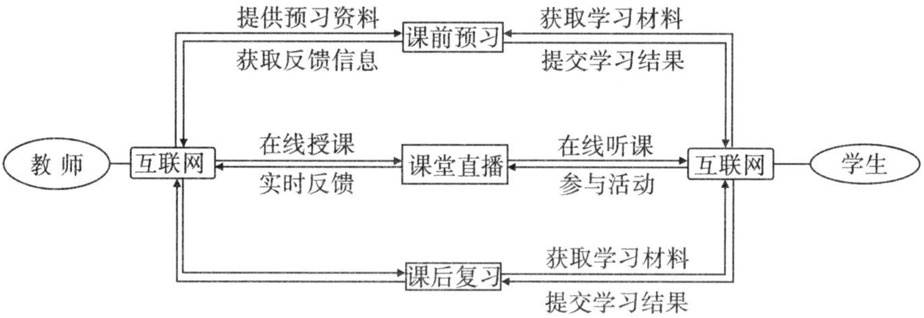

图 5-4　基于网络的同步直播模式

整体来说，基于网络的同步直播模式主要利用网络构筑的虚拟课堂开展教学活动，满足了师生异地情况下开展教学活动的需要。由于网络技术的支持，学生不仅可以像传统课堂一样直观地获取教师的讲课内容，而且可以随时与教师、同学进行沟通，提升自己的课堂参与度，并通过教师提出的课堂问题或提供的课堂检测及时将自己的学习情况准确反馈给教师，使教师随时了解班级学生的整体学习情况和个体差异情况，进而有针对性地调整或优化教学。此外，在传统课堂教学中，师生面对面的情况下，教师通过直接的互动或提问获取学生的反馈信息往往效果不佳；在基于网络的同步直播课堂中，由于师生处于异地状态，使学生更加放松，因此不仅可以提高他们课堂参与的积极性，而且能够使他们准确表达或描述出自身的真实想法，从而在促进师生交流的基础上，使教师更加准确地了解学生的真实情况，获取更加有效的反馈信息。

(二)基于网络的同步直播模式的特点

基于网络的同步直播模式主要借助互联网优势,可以摆脱传统实体课堂空间的限制,将学习活动的场地扩展到网络可以接入的任何地方,不仅突破了传统课堂环境对班级人数的限制,而且能通过互联网促进师生、生生之间基于口语、文字或特定教学内容的多样化交互。具体来说,这一模式的优势主要体现在以下三个方面:

首先,摆脱了传统的课堂限制,使教师可以随时随地基于网络开展教学。对传统实体课堂来说,教师和学生都需要在规定的时间到规定的教室参与教学活动,而基于网络的直播讲授课堂就可以摆脱地点的限制,使教师和学生可以利用自带设备在任何地方参与教学活动,而不需要必须到固定的场所。以新型冠状病毒疫情期间为例,教师和学生无法进入学校,但是各级各类学校都通过互联网建立起了虚拟课堂,教师通过网络开展课堂教学,向学生发送学习资源,为学生批改作业并提供学习指导等,实现了"停课不停学"。因此,这种模式可以利用网络建立起无限大的虚拟学习空间,使教师可以在任何地方通过网络开展教学,学生也可以在任何地方通过网络参与其中,真正摆脱空间的限制。

其次,避免了传统课堂对学生人数的限制。讲授式课堂的最大优势在于,教师可以同时面向班级所有学生开展教学,进而大大提高教学效率。但是对传统的实体课堂而言,受教室空间的限制,教师只能面向教室内部的有限学生开展教学,教学对象的覆盖面相对有限。尤其对优秀教师而言,其影响和惠及的学生也就非常有限。在基于网络的课堂中,教师通过网络开展教学活动,任何拥有网络的人都可以参与进来且不会对其他人产生影响,因此可以在很大程度上提高教师的教学覆盖面,提高教师的教学效率。尤其在通过互联网开展的网络公开课程中,不同地区的学生都可以通过网络参与到自己需要的课堂中去,从而大大拓展了优质师资的影响力,也可以在一定程度上促进教育公平的实现。

最后,通过网络促进师生、生生之间的交互。交互情况关系到学生的课堂活动参与情况,会影响学生的学习投入度和积极性,进而影响学生的学习效果以及后续对学习活动的态度,因此一直是教师教学过程中需要关注的一个重要方面。但是在传统的面对面讲授式课堂中,教师为学生提供的互动机会相对有限,而将重点集中在知识讲授上。这一方面是因为,课堂教学时间有限,教师未完成既定的教学任务,无法照顾自己与学生以及学生之间的交互;另一方面,学生面对教师回答问题或提问往往会存在抵触心理,因此导致课堂气氛沉闷,主要表现为教师讲解学生听。在这种情况下,学生处于被动接受知识的状态,课堂参与感也大大降低。对基于网络的直播课堂来说,学生不仅可以通过口语直接与教师进行互动,而且能够通过讨论区的文字或者教师提供的学习任务实现与教师及同学之间的互动以及自身与学习资源及虚拟环境的互动。此外，在这种基于网络的直播课堂中，学生与教师分处异地，因此他们在对教师的恐惧和抵触方面不像面对面教学那么严重，在参与课堂活动或讨论方面的积极性会大大提高，进而促进了自身学习效果的优化。

第三节　基于问题探究的信息化教学模式

基于问题探究的信息化教学模式是在传统问题探究模式的基础上，更加强调现代信息技术对整个教学过程的支持。其一方面表现为信息技术对多样化学习资源获取、使用与管理等方面的支持，另一方面表现为信息技术对学习者之间、学习者与教师之间交互的支持。同时，信息技术的支持还体现在对学生学习过程的记录和教师对学生学习过程的管理与干预上。

一、基于问题探究的信息化教学模式概述

作为近年来受到人们广泛关注的教学思路之一，基于问题的学习强调将学习置于复杂的、有意义的问题情境中，让学生在自主探究与协作讨论的过程中解决问题，进而逐渐掌握隐含于问题背后的知识，并通过问题解决实现对相关知识的迁移与实际应用。在这一过程中，教师首先要结合相关内容和学习者的学习经历与水平精心设计一系列问题供他们进行探究，然后引导学生分析问题，最终解决问题，从而使学生在构建起扎实灵活的知识体系的同时，实现对知识的有效应用。与以教师传递知识、学生被动接受为主的传统教学模式不同，基于问题的学习不再将学习者作为被动的知识接受者，而是将他们作为主动的知识获取者和建构者，将学习看成是学生主动建构知识、发现知识、转变知识和扩展知识的过程。在这一过程中，学生通过教师的引导主动获取知识并寻找线索解决问题，不仅可以发挥他们学习的主动性与积极性，更重要的是能够促进学习者高阶思维能力的发展。

多恩·马杰逊(Done Margetson)曾总结了基于问题的学习的三个重要品质：首先，基于问题的学习鼓励学生开放性思维的发展，主张让学生开展反思、批判性的积极学习，而不再强调教师对教学的控制作用；其次，基于问题的学习强调对学习者的尊重，注重学生主体地位的发挥，鼓励学生在自主探究与分享合作中理解问题、分析问题、解决问题，从而培养他们探究问题和学习知识的兴趣与积极性；最后，基于问题的学习反映出了知识的复杂性与变化性特点，主张让学习者在与外部环境的相互作用中实现对知识的主动建构，而不仅仅是简单地接受和记忆。因此，与传统的教学模式相比，基于问题的学习不再仅仅关注学生对知识的简单掌握，更强调学生对知识的主动探索与建构，注重学生对知

识的理解与应用，强调学生的能力发展。在这一过程中，教师的角色不再是知识的传递者和课堂的控制者，而是活动的设计者、组织者以及学生学习过程的帮助者与引导者。他们通过引导学生主动分析问题、解决问题来促进学习者的主动知识建构和高阶能力发展，从而在掌握内容的同时发展未来社会所需要的自主学习能力和综合能力。

基于问题探究的信息化教学模式是基于问题的学习在信息化环境中的优化和发展，即充分利用信息化环境的优势，为教师的问题设计与活动组织以及学生的问题探究提供支持。因此，与传统的基于探究问题的学习相比，其更加突出信息化环境对教与学过程的支持，主要体现在两个方面：一方面，通过信息技术支持促进学生的问题探究。在传统的基于问题的学习中，学习者在分析问题、探究问题和解决问题的过程中能够获得的资源相对有限，一般来自教师课前提供或者自己查阅的资料等，其过程相对麻烦且数量、种类有限。在信息化环境下，学生在进行学习活动的过程中，可以随时通过网络查阅自己目前遇到的任何问题或搜集相关的学习资源。这不仅可以帮助学生随时解决问题并促进学习活动的顺利开展，而且可以发展他们自主寻找问题解决方法的能力。另一方面，通过信息技术的支持促进教师对学生的指导和帮助。学生的问题探究是一个相对复杂且耗时的过程，随时需要教师的引导与帮助。但是，教师无法及时了解每位学生的学习需求并给予指导。信息技术的支持可以促进师生、生生之间的实时交流，使学生在遇到问题时可以随时向教师或同学请教，从而及时解决他们的疑难问题并推动探究活动的顺利进行。

基于问题探究的信息化教学模式的关键就是以“问题解决”为中心，目的是让学生在解决问题的过程中获得知识，发展能力。在强调学生综合能力，尤其是高阶思维能力发展的今天，借助信息技术的支持开展信息化教学更加受到人们的关注。这属于一种探究式的教学模式。探究式教学模式是 20 世纪 50 年代由美国芝加哥大学的学者在“教育现代化运动”中倡导并提出的。他们认为，学生的学习过程与科学家的研究过程在本质上是一致的，因此学生应该像科学家一样，主动地去发现问题并解决问题，在对问题的探究与解决过程中获取知识、应用知识并发展能力。我们可以将基于问题探究的信息化教学模式理解为在信息化环境的支持下，以问题为驱动，以培养学生的问题意识、批判性思维能力和生成新知识的能力、独立学习能力和问题解决能力等高阶思维能力发展为目标，强调学生学习参与和主体作用发挥的教学模式。

二、基于问题探究的信息化教学模式的特点

基于问题探究的信息化教学模式不再仅仅关注学生对知识内容的基本掌握，更重要的是信息化环境下学生基于问题的探究能力与问题解决能力的发

展，强调学生在问题解决过程中主体作用的发挥，支持教师利用信息技术为学生提供适当的引导和帮助，强调网络多样化学习资源对学习者问题解决的重要意义。总体来说，其特点主要体现在以下几个方面：

（一）注重问题设计在教学中的作用

在基于问题探究的信息化教学模式中，教学过程是围绕学生对问题的解决展开的。因此，问题的设计就成了非常重要的一项内容。一系列好的探究问题不仅可以提高学生的探究兴趣和学习积极性，还能够将相关的知识引申出来，促进学生在解决问题的过程中构建系统的知识体系。总体来说，好的问题应该具有这几个方面的特点：一是能够与相关领域的概念原理建立起密切联系，使学生在解决问题的过程中理解并应用相关知识；二是应该具有开放性、复杂性和结构不良性等特点，促进学生对问题的深入分析和创造性解决；三是能够在与学生实际生活或相关经历建立关联的基础上激发学生的探究兴趣和学习动机，引导他们去主动探索和解决；四是能够随着问题的逐步解决，不断给学生以反馈，即在问题解决的各个阶段促进学生探究活动的逐步深入。此外，在基于问题探究的信息化教学模式中，问题的设计还要关注信息技术对学生探究过程的引导和帮助，即通过进阶问题设计和探究建议引导学生利用网络获取资源或寻找多种问题解决方法，这不仅可以引导学生及时解决疑难问题并继续开展互动，避免因遇到问题无法解决而导致活动停止或学习积极性降低，而且可以在引导学生合理利用信息技术进行探究的过程中发展他们自主分析问题、解决问题的能力和自主学习与终身学习的能力。

（二）强调信息技术对学生问题探究能力的支持

在基于问题探究的信息化教学模式中，教师不再通过讲授直接向学生传递知识，而是通过问题的设计和引导让学生在问题解决的过程中掌握相关内容并进行实际应用与迁移。但对学生来说，他们的学习能力相对有限，在问题解决的过程中会遇到很多问题。一方面，问题的设计一般需要考虑对相关知识概念或原理的涵盖，因此具有系统性和复杂性的特点，需要学生在深入分析的基础上分阶段逐步解决，这对他们来说是相对比较困难的；另一方面，在基于问题探究的信息化教学中，教师给学生提供探究问题、活动引导和适当的资源支持，但无法包含问题解决所需要的所有资源，何况不同学生在分析与解决同一问题的过程中，由于知识基础、学习能力和学习风格的不同，对资源的需求也存在差异。因此，在基于问题探究的信息化教学模式中，要保证学生探究活动的顺利进行，应该充分利用信息技术带来的丰富数字化资源和跨越时空的多样化交流途径等各方面的优势，为学生问题探究的顺利进行提供支持，这主要表现为两个方面：一是教师结合学生的特点和问题探究，需要为学生提供问题探究的“脚手架”，帮助他们逐步建立起利用信息技术分析问题、解决问题的基本思路；二是通过学习平台汇聚或推送相关学习资源，抑或为学生提供获取不同类型资源途径的引导，提高学生结合问题搜集资源、获取资源和使用资源的能力。

（三）关注学生基于技术支持的探究能力发展

与传统的内容讲授模式相比，基于问题探究的信息化教学模式不仅关注学生对教师所设计问题的解决，更重要的是在问题解决的过程中学生对相关内容原理的掌握与能力的发展。学生探究的问题并不是随意设计的，而是与相关学科的概念原理及其应用方法紧密相连的。因此，学生探究问题的目的不仅是解决问题，更重要的是在问题解决的过程中学会分析其思路，找到其中需要的知识及其应用方法。学生在探究问题的过程中需要对问题进行分解，厘清其中涉及的内容及其相互关系，进而寻找恰当的方法解决问题，这就需要相关的思路指导和资源支持。另外，学生探究的问题对他们来说都具有一定的难度，因此，他们在问题解决的过程中不仅需要自主探究，而且需要与同伴进行探讨，向教师请教，甚至向专家咨询。不论是问题解决方法的探究与获取，资源的获取与使用，还是遇到疑难问题时的谈论与咨询，都关系到学生当前问题解决的成功与否，同时还关系到他们问题解决能力的提升与否。因此，要使学生的问题探究过程顺利进行，使学生在解决问题的过程中掌握知识并提升能力，就需要充分利用信息技术，随时为学生提供支持，包括方法的获取、资源的利用以及疑难问题的解决等。

（四）注重教师对学生问题解决过程的及时指导

基于问题解决的信息化教学模式注重学生的问题探究与解决，因此对传统教学模式下的教师主导角色提出了挑战，转而强调教师的设计、引导、监督与帮助作用，即教师不再作为课堂教学的主体向学生直接传递知识，而是将学习活动中的主动权还给学生，引导他们在问题解决的过程中掌握知识并发展能力。

首先，教师要结合教学内容的需要，为学生创建恰当的问题情境，既能引起学生的学习与探究兴趣，同时又要保证学生问题探究过程中的知识建构。

其次，在学生开展探究活动之前，教师要结合问题解决的需要及学生的实际特点，为他们提供适当的问题探究思路的引导，同时提供相关的学习资源或获取学习资源的途径与方法，引导学生充分利用信息技术环境获取资源并解决问题。

最后，教师要利用信息技术环境，随时了解学生的问题探究过程，及时发现他们在探究过程中的问题并给予适当的干预。

总之，在整个活动设计与开展的过程中，教师要充分重视学生主体地位的发挥，但学习的任何一个过程都离不开教师的适当引导与帮助。在当前班级授课制的教学组织形式中，教师要实现对班级学生的及时指导与帮助，需要充分利用信息技术的支持，在保证学生顺利解决问题的同时，发展他们分析问题、解决问题等方面的能力。

三、基于问题探究的信息化教学模式的框架

基于问题探究的信息化教学模式主张让学生在实际的问题解决中掌握知识、应用知识并发展能力。在这个过程中，教师需要结合学科教学内容和学生特点设计恰当的探究问题，在此基础上为学生提供问题解决活动的引导和相应的学习资源。之后，学生首先需要对问题进行分析，收集资源并利用所获取的资源及教师的引导尝试着解决问题，然后进行汇报展示，最后对问题解决过程进行反思，促进知识的内化和能力的提升。在整个过程中，教师可以借助信息技术支持获取各类资源，开展自主探究，也可以利用网络进行协作讨论，向教师或相关专家请教，并及时向教师反馈问题的解决情况；教师则需要随时了解学生的问题解决过程并给予适当的引导和帮助，具体如图 5-5 所示。总的来说，我们可以将基于问题探究的信息化教学模式分为教师活动和学生活动两个方面进行具体分析。

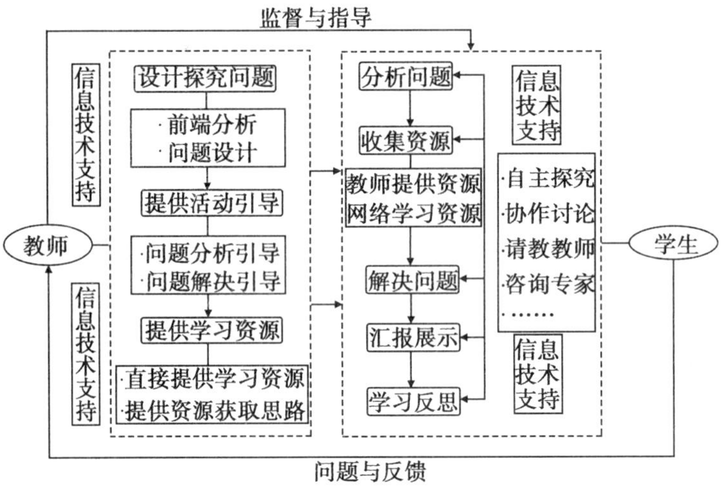

图 5-5　基于问题探究的信息化教学模式

(一)教师活动

在基于问题探究的信息化教学模式中，教师的前期准备和活动指导是保证学生问题探究活动顺利进行的关键。这当中，教师的活动主要是课前结合学科教学内容及学生特点设计探究问题，提供问题解决活动的引导和学习资源，以及在学生问题探究的过程中对学生的引导和帮助等。因此，虽然基于问题探究的信息化教学模式强调学生主体作用的发挥，强调学生自主的问题解决，但是却离不开教师的前期准备与过程引导。

1.设计探究问题

探究问题的设计是基于问题探究的信息化教学活动开展的前提和起点。问题设计的好坏直接影响着教学活动开展的效果。因此,要保证学生接下来的问题探究活动顺利进行,就需要教师进行恰当的问题设计。要设计合理、恰当的问题,需要进行详细的前端分析,包括教学目标分析、教学内容分析和学习者分析三个方面。具体来说,首先需要通过教学目标分析确定该教学活动要求学习者达到的目标,并据此确定问题探究的难度;其次需要通过教学内容分析相关知识的学科特点及其知识的具体类型,据此确定恰当的问题类型,使其在保证与知识点密切关联的同时,又能促进学习者对知识的多角度分析与系统化应用;最后需要通过学习者分析了解教学对象的知识基础和认知风格,据此确定恰当的问题情境、问题表达方式,同时也可以为后续的活动引导与学习资源支持提供思路。在前端分析之后,需要教师结合分析的结果选择恰当的问题情境,进行具体的问题设计。

2.提供活动引导

要促进学生问题探究过程的知识发现和能力提升,需要为他们创设具有一定难度且相对系统化的探究问题。对学生来说,刚开始面对系统的问题可能会存在难于分析和分解等困难,需要教师的适当引导与帮助。因此,为引导学生循序渐进地解决问题,教师在完成探究问题的设计之后,还需要结合学习者的需要和教学内容的特点,为学生提供适当的活动引导,包括问题分析引导和问题解决引导。其中,前者指的是对学生理解问题、分析问题的引导和帮助,即帮助学生读懂题目,厘清学习任务和需要;后者则是帮助学生分解问题并寻找资源解决问题,即引导学生利用学科知识的相关原理和方法来思考问题。需要注意的是,教师提供的活动引导要适度,过于细致的引导容易降低学生问题解决的难度,使他们在解决挑战性问题的过程中学习成就感降低;过于笼统抽象的引导则无法达到对学生的指导作用,甚至造成误导,增加学生的问题解决难度,从而降低学生解决问题的信心和学习的积极性。

3.提供学习资源

学生的问题探究与解决过程需要充分借助学习资源的支持。学生获取和使用资源的情况在很大程度上决定了他们最终问题解决的结果。因此,在学生展开问题探究活动之前,教师还需要结合相关内容特点和学生需要,为之提供充足的学习资源支持,这既包括现有的学习资源,也包括基于自身需要自主获取的网络学习资源。一方面,教师需要结合内容特点和学生需要,对现有的学习资源进行分类并推送给学生,同时也可以结合环境支持与问题解决的需要,自制一定的学习资源供学生使用;另一方面,信息化教学环境的普及应用为学生提供了多样化的网络学习资源。这些资源类型多种多样,质量参差不齐,获取途径也存在很大差异，从而为学生的准确获取和有效利用带来了困难。因此，为了促进学生对优质网络学习资源的有效使用，教师需要结合实际为学生提供不同类型的资源获取、使用的思路与方法方面的指导。

4.学生问题探究过程中的监督和指导

学生的问题探究过程是复杂的，期间可能随时会遇到各种各样的问题或困难，从而影响他们问题探究活动的继续。因此，要保证学生探究活动的顺利进行和问题的最终解决，需要教师实时跟踪了解学生的问题探究过程，并对其中出现的问题或困难给予适当帮助。在这一过程中，教师应该充分利用信息技术优势，通过学生的资源获取、使用、问题解决各阶段的操作情况以及寻求他人帮助的情况等行为数据，及时分析并精准把握他们的问题解决进度与详细情况，据此及时提供指导与帮助，使学生在顺利解决问题的同时，实现对问题所涉及相关知识的理解与内化，以及自身问题解决能力的提升。

（二）学生活动

学生活动包含学生问题探究的整个过程，包括分析问题、收集资源、寻找思路解决问题、汇报展示和学习反思等内容。在整个活动过程中，学生需要充分借助信息技术对资源和交互等方面的支持，通过自主探究、同伴协作讨论、请教教师或咨询专家等途径，随时解决在自身探究过程中遇到的问题，保证探究活动的顺利进行，进而促进自己的知识建构与各项能力的发展。

1.分析问题

面对教师提供的探究问题，学生不能直接进入问题解决阶段，而需要对其进行详细的分析，包括分析问题所涉及的学科知识，分析问题解决所隐含的条件与解决思路等。学生在分析问题的过程中，需要认真解读教师提供的问题情境，同时充分利用教师提供的活动引导，结合相关学科内容，对问题探究的大致思路与过程进行规划，为后续资源的获取及问题解决方案的确定提供思路。

2.收集资源

在对问题进行分析之后，学生对解决这一问题所涉及的相关知识内容与所需资源也形成了基本的认识，这时就需要他们通过各种途径收集相关资源，为后期的问题解决奠定基础。资源的收集包含很多途径，首先就是教师在活动开展之前推送的学习资源，这些一般都涉及问题解决过程中的关键信息，因此需要学生进行恰当分析。此外，面对复杂的系统化问题，学生可以充分借助网络环境的支持，获得更加多样化的优质资源。但是，由于目前网络中的学习资源种类与数量繁多，获取途径也较为广泛，因此需要学生结合教师的思路指导尝试着选择最佳的资源获取方式，并在这一过程中对不同类型网络资源的获取途径与方法进行总结，以方便后续学习活动的开展。

3.解决问题

在完成问题分析与资源收集之后,需要学生结合分析结果和所获取的资源形成对所探究问题的深层次认识,从而形成问题的解决方案并尝试着解决问题。问题解决是整个教学活动的核心,决定着学生的学习效果。但是,这一过程并不是单纯的问题解决,更重要的是掌握问题解决的思路与方法,具体来说有两点:一是在分析问题与获取资源的基础上确定恰当的问题解决思路或方案,为接下来具体的问题解决提供思路,既思维探究;二是注重问题解决过程中的相关性分析和知识综合应用,促进问题解决过程中的知识建构,即应用探究。在这一过程中,学习者可以通过自主探究或协作讨论的方式进行,遇到问题或困惑可以选择网络自主探究,与同学讨论,向教师寻求帮助,或者咨询相关领域的专家等。

4.汇报展示

基于问题探究的信息化教学模式关注学生问题解决过程中的知识建构、知识应用、知识迁移及高阶思维能力发展。为促进学生问题解决能力、创造性思维能力和知识迁移能力的发展,教师提供的探究问题一般具有开放性等特点,即具有多种解决思路或方法。因此,在学生完成自身的问题探究活动之后,可以通过汇报展示让学生总结自身问题解决的过程与思路,发现自己活动过程中的经验与不足,同时也可以分享不同的分析问题与解决问题的思路,从而促进学生的相互学习与共同成长。此外,通过汇报展示,可以帮助教师更为详尽地了解学生的问题解决过程与结果,从而对其进行准确的评价。

5.学习反思

学习反思是在问题解决活动之后进行的,主要是对自身的整个问题解决过程进行的回顾,并结合自身汇报与其他同学的展示过程总结问题解决,尤其是相关知识原理分析与应用的思路和方法。对当前社会所需要的学习知识迁移能力、问题解决能力、创造性思维能力等高阶思维能力的发展来说,其不仅涉及相关理论知识的掌握,更重要的是让学生在亲身参与的过程中获得隐性经验知识的积累。因此,在学生完成基本的问题解决后,可以通过反思实现对自身问题解决过程中所积累经验的总结和对存在问题的进一步探讨,进而在反思、实践、再反思、再实践的过程中逐渐得到发展。

第四节　基于项目协作的信息化教学模式

基于项目协作的信息化教学模式强调在具体项目的引导下,充分利用现代信息技术对学习环境,尤其是数字化学习资源和学习工具的支持,通过小组协作开展学习活动,使学生在充分分析任务与利用资源的基础上,通过实践体验、内化吸收和探索创新来构建较为完整和系统的知识体系，并实现对相关学科内容的综合应用。

一、基于项目协作的信息化教学模式概述

基于项目的学习可以追溯到著名教育家、哲学家杜威的思想及其在芝加哥实验学校的教育改革实验。杜威认为，如果学生参与到真实且有意义的任务中，并且这些任务或问题是效仿专家们所从事的工作，那么学生将会对学习材料产生自己的理解。美国巴克教育研究所把以课程标准为核心的项目学习定义为"一套系统的教学方法，它是对复杂、真实问题的探究过程，也是精心设计项目作品、规划和实施项目任务的过程。它集中将某一学科甚至是某几个学科的概念或原理融入真实、有意义的学习项目中，让学生通过协作探究，积极地寻找任务解决的有效方法，并在这一过程中实现知识的主动建构"。这其中的"项目"指的就是以一套独特而又相互联系的任务为前提，有效地利用资源，为实现特定的目标所做的努力。也可以说，它是一个由复杂、真实的问题和精心设计的任务构成的探究性过程。

基于项目的学习需要从教师提前设计的一个需要解决的系统化项目开始，让学生在真实的任务驱动下展开研究，像学科专家一样分析问题、解决问题。在这一过程中，学生以小组的形式进行协作探究，教师则需要通过思路或学习技术为学生提供相应的项目实施的"脚手架"，使学生逐渐创造性地完成项目或形成产品，最终通过成果分享对活动过程进行总结、展示和反思。面对复杂而系统化的项目，学生仅仅依靠个人的探索是不够的，往往需要整合集体力量共同完成。因此，协作也成了项目学习中的关键。实际上，协作学习也一直是教育领域关注的一项重要内容。协作学习作为一种通过小组或团队的形式组织学生进行学习的方式，主张让学生以小组或团队的形式围绕某一任务展开学习，通过人员分工、交流讨论与协作探究共同完成任务。这不仅可以在团队协作中充分挖掘集体的力量，而且能够通过团队成员的交流促进他们之间的相互学习与共同进步，并促进他们问题解决能力与协作能力的发展。因此，在复杂的项目学习中，学习者不仅要充分发挥自身的探究能力，还要充分借助集体的力量，在协作中促进资源的汇聚与思路的碰撞，进而有效促进其个体知识建构与共享知识积累，实现团队成员的共同成长。

近年来，随着信息技术的迅速发展，尤其是互联网的普遍应用，使得基于网络的资源获取更加便捷，基于信息技术的各类学习工具使用更加普遍，基于网络的实时交互日益增加，为学习者的项目协作带来了更多的支持。同时，当今社会对人才发展的需要使得学校更加重视学生主体作用的发挥和综合能力发展，也使信息化环境下的项目协作越来越受到研究者的关注。基于项目协作的

信息化教学模式强调在传统项目协作模式的基础上，更加关注现代信息技术对活动过程的支持，表现为学生以小组或团队的形式，在一定的信息化学习环境和资源的支持下，充分发挥个人优势和集体智慧，达到既定的目标。这一教学模式包含项目、协作和信息化三个关键词，也体现出了这一模式的关键：一是基于真实情境的驱动项目，即教师需要结合教学内容的需要，设计能够促进学生知识整合应用的且面向真实情境的具体项目，使学生在项目实施过程中实现对知识的建构；二是团队成员之间的协作，即学习者通过小组协作的方式开展活动，在分工探究、小组交流与共同协作的结合中充分汇聚个体优势和集体力量，最终促进问题的解决；三是信息技术对活动过程的支持，这其中不仅包括师生、生生基于网络的交流讨论，基于网络的数字化学习资源获取与使用，而且包括各类数字化学习工具或软件的支持。

二、基于项目协作的信息化教学模式的特点

基于项目协作的信息化教学主要表现为教师结合教学内容及学习者特点，制定面向真实情境的综合化协作学习项目，并提供相应的学习环境与资源支持，然后引导学生以小组协作的方式展开项目探究活动。这种教学模式不仅可以改变传统教师知识灌输导致的学生积极性不高、对知识的浅层次理解等问题，促进学生在知识整合应用过程中的系统化建构，还能通过信息技术支持，有效发挥学生的互动主体地位和学习积极性，并在协作探究与问题解决中提升小组成员的综合问题解决能力，促进他们的相互学习与共同成长。这一模式的特点主要体现在以下几个方面：

（一）主张在真实情境下的项目实施中促进学习者的整合能力发展

项目学习的关键就是学生围绕复杂、来自真实情境的项目主体展开探索，这不仅可以让他们结合真实的情境更好地理解相关内容，而且能够有效促进学生面向更多样化情境中的知识迁移。传统情况下，学生通过教师讲解直接获取的知识具有较强的归纳性和系统性，但是往往缺乏与实际的联系，容易造成学生理论知识与实践应用之间的分离。在项目协作中，小组成员需要围绕具体的项目进行分析，寻找思路解决问题。这其中的项目往往不仅涉及某一个知识点的简单内容，而且需要学生对相关内容进行系统分析，从而形成较为完善且可行的任务实施方案。因此，具体项目的牵引不仅可以促进学生的知识应用与问题解决能力的提升，而且能够使他们在分析问题、制定规划与逐步解决问题的过程中实现对相关知识的系统分析，准确把握其相互关系以及在具体问题解决中的整合应用思路。此外，以学生日常生活学习为基础的真实项目情境能够更好地激发他们的探究欲望和活动积极性，并在信息技术的支持下展开深入探索。

（二）强调在发挥学生主体作用的同时促进学生的知识建构

项目协作是学生在教师的组织、引导和帮助下，以小组协作的方式对复杂任务展开讨论、制定方案并逐步完成任务的过程。在整个活动过程中，教师仅提供活动的指导或适当的干预，将更多的主动权交给学生，使他们在项目实施的过程中实现对知识的应用。一般来说，学习者从教师、电脑或书本中直接获得信息的学习往往属于表层的学习，不利于对知识的深层次理解与内化。通过真实的项目牵引，促进学生不断开展自身经验与外界的交互，在与环境交互、与他人的讨论中不断产生新想法，进而积极主动地建构知识。对基于项目协作的信息化教学模式来说，信息技术的支持可以促进学习者对资源的主动获取，拓展他们的交流空间和获取帮助的来源，从而可以在更大程度上发挥他们的主观能动性，使他们在具体任务的牵引下通过信息技术的支持顺利开展活动，并在逐步深入的小组活动中实现对知识的主动建构。

（三）注重信息技术对项目协作过程提供的有效支持

与传统的项目协作学习项目相比，基于项目协作的信息化教学中更加突出信息技术对活动实施过程的支持，主要表现在以下几个方面：首先，可以突破时空的限制。信息技术的支持使得人与人之间的交流更加便捷，从而突破了传统项目协作对时间和空间的限制，使项目协作的范围从班级内部扩展到了班级之间、年级之间甚至是学校之间。此外，学生还可以摆脱时间的限制，利用网络开展同步或异步协作。其次，方便学习者对资源的获取与共享。一方面，学生可以使用教师提供的数字化学习资源，也可以根据自己的需要随时通过网络搜集所需的资源；另一方面，在项目协作的过程中，团队内部或团队之间也可以通过网络随时进行资源共享，从而促进优质资源的汇聚与使用。再次，丰富协作与交流的内容与形式。在信息化环境下的项目协作中，学习者不仅可以面对面与团队成员之间进行交流讨论，还可以通过 QQ、微信、留言板等进行同步或异步交流，或者通过专门的视频会议系统随时展开小组内部的集体讨论，利用多种方式随时解决项目协作过程中遇到的问题。最后，提供数字化学习工具的支持。现代信息技术不仅可以丰富学习资源，并促进个体之间的交互，还能为我们提供各类学习工具，如资源管理工具、内容编辑工具、可视化呈现工具等，从而方便学习者在项目实施过程中对相关内容的获取、使用、编辑与管理，促进他们活动的顺利开展。此外，在项目协作活动中，信息技术还能够帮助教师实现对学生学习过程及其诸要素的监督和管理，并为他们的学习评价提供支持。

三、基于项目协作的信息化教学模式的框架

基于项目协作的信息化教学模式从教师确定具体协作学习项目开始。在项目设计的过程中，需要教师首先通过教学内容分析和学习者分析，并结合整

体教学需要确定教学目标，然后结合项目学习的要求形成具体的项目实施目标，包括相关知识的应用深度、整合情况及学生各方面能力发展的目标等，进而确定项目的核心任务，并结合内容特点与学习者特征进行具体的项目情境设计。在完成项目设计之后，为促进学习者项目学习的有效开展，需要教师为之创建优质的协作学习环境，包括硬件环境、软件环境和资源环境等。此后，教师引导学生开始具体的项目协作活动，包括建立协作学习小组、制定项目实施计划、开展项目协作活动、进行成果整理与小组汇报展示等。在整个教师的前期准备和学生的项目协作过程中，都离不开网络学习环境的支持，包括网络学习平台的支持、信息化教学工具的支持、协作交流工具的支持以及网络学习资源的支持等，具体如图 5-6 所示。

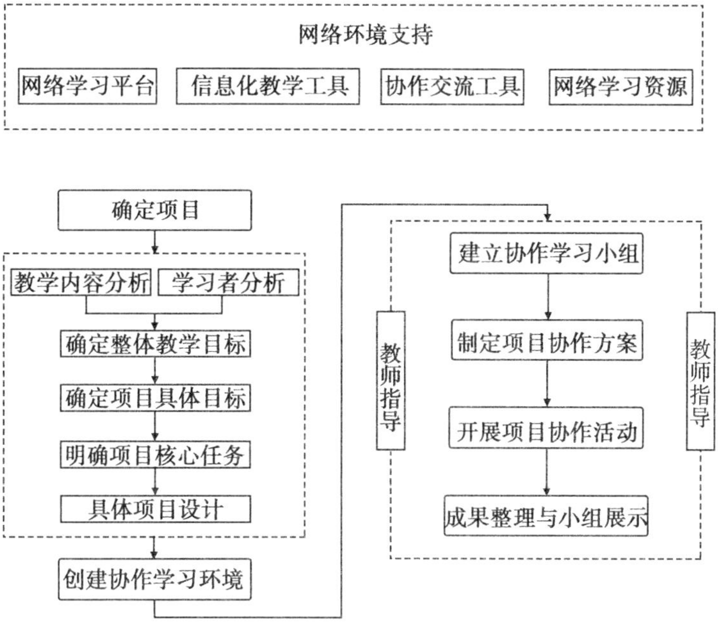

图 5-6　基于项目协作的信息化教学模式

(一)设计具体的项目

项目的设计是学习活动开始的前提，是整个项目协作中极为重要的一步。在整个项目协作过程中，学生是围绕具体项目展开的。因此，项目设计的好坏直接决定着活动开展的结果。一般来说，所设计的项目本身应该具有三个方面的特点：一是价值性，即项目本身要有学习的价值，包含重要的知识和学习意义，值得学习者深入探索；二是开放性，即给学生充足的探索空间，使他们以此为支点，在项目实施过程中不断发现并探索更多的内容；三是探索性，所设计的项目不仅要考虑内容需要和学生兴趣，还需要考虑现有环境条件的支持，保证其可探索性。因此，在具体的项目设计过程中，需要考虑相应的问题。

首先，为促进学习者的深入探究和对知识的系统掌握与应用，项目设定的场景应该是现实生活和真实情境中表现出来的复杂的、非预测性的综合知识或多学科交叉知识，是完整、系统的知识，而非支离破碎的知识片段。

其次，为了提高学习者活动参与的兴趣并保证其实施的可行性，应该充分考虑现有条件支持，并结合学习者的学习、生活经历及其兴趣爱好设计恰当的协作项目。

最后，面对班级不同的学习小组，考虑不同小组的特点及其活动参与的积极性，可以结合知识内容设计不同类型或情境的协作项目供他们选择。

（二）创建项目协作环境

良好的学习环境可以促进学习的发生，同时也可以有效提高小组成员的集体归属感，从而形成小组成员之间融洽、平等、多元的协作关系。在信息化支持的项目协作学习中，学习环境的建设不仅包含传统的学习活动发生所需要的硬件环境，而且包括软件环境和资源环境等方面。硬件环境主要指学习者在项目协作活动过程中需要的硬件设施，其中既包括项目实施过程中相关学科内容涉及的硬件设施，又包括学习者活动开展所需要的计算机和网络等。软件环境主要指学习者在项目协作过程中所使用的软件工具，包括两个方面：一是支持学习小组内部成员之间进行协作以及小组之间、学生与教师之间进行交流的各类社交软件，如常用社交软件、论坛或专门的会议系统等；二是支持学习者在活动过程中对资源进行编辑、使用与管理的工具，如思维导图工具等。资源环境主要是提供给学习者在项目协作过程中所需要的各类学习资源，其中既包括教师结合学科内容及项目特点自主设计或二次开发的资源，也包括教师为学习者提供的各类网络学习资源获取的途径与方法指引，使学习者不仅可以利用资源顺利完成项目，而且能够在活动中积累不同资源的获取方法和经验，从而促进他们资源获取与利用能力的提升。

（三）组建项目协作小组

基于项目协作的学习活动是以小组为单位展开的。在这一过程中，每一个学习者都处在特定的学习小组中，拥有自己特定的协作伙伴。因此，在项目协作之前，首先要确定项目协作小组。为了充分发挥学习者的主动性，提高他们开展活动的积极性，可以将小组组建的主动权交给学生，但需要教师给予适当的指导和帮助。一方面，协作学习小组的建立要围绕活动开展的需要进行，因此考虑可以鼓励学生结合自己的学习兴趣，选择相应的学习项目，然后基于个体所选择项目的情况组成学习小组；另一方面，每个学习者都具有自己的优势和不足，小组学习可以充分发挥汇聚集体的力量并激发每一位学习者的特长。因此，协作学习小组的组建也需要充分考虑其小组内部个体的特点及其将来的项目协作分工的合理性和个体作用最大限度的发挥。为明确小组内部成员的责任分工，保证接下来项目协作的顺利开展，在确定各小组成员后，需要确定小组内部每个成员的角色及其具体责任。为充分发挥小组成员的优势与价值，避免活动中个别成员的完全主导或部分同学因边缘化而失去学习的兴趣，需要充分考虑小组成员各自的特点、优势与不足，使每一位成员在充分发挥各自优势、促进项目协作活动顺利进行的同时，不断学习他人的长处并提升自己。

（四）制定项目协作方案

项目协作方案的制定就是小组成员结合项目实施的具体要求，进行小组讨论、协商，并在教师的引导和帮助下建立初步的项目协作方案，从而保证接下来协作活动的顺利进行，使整个项目得以完成。项目协作计划的制定主要考虑三个方面的内容：一是小组内部成员认真解读项目实施要求及教师提供的资源与项目开展的相关说明与引导，在此基础上共同讨论初步形成项目实施的基本步骤；二是针对项目实施过程中各阶段的核心任务及前期小组成立过程中所确定的小组成员不同的角色分工，讨论形成每个成员在项目开展各个阶段的具体任务，并形成表格或其他文字说明，使每一位成员明确自己的责任与具体工作，并顺利展开协作活动；三是针对前期初步形成的项目实施步骤及小组成员的具体任务分工，形成项目协作活动的具体方案，包括项目实施的各个阶段，每一阶段的具体工作、时间安排与相应的责任人，各阶段可能会出现的问题及其对应的解决办法等，并通过小组讨论对方案进行修改和完善。在这一过程中，要在充分发挥组内领导角色的作用的同时，充分调动每一位成员的积极性，形成汇聚集体智慧的较为完善的项目实施方案。

（五）开展项目协作活动

项目协作活动的实施，就是项目成员按照上一个环节制定的项目协作方案开展具体活动。但是，由于前期的方案是小组成员在活动前结合教师指导和内部的理解初步制定的，不一定涵盖所有的内容或问题，也不一定完全适合活动开展的实际，因此小组成员不一定完全按照预设的方案开展活动，而需要小组成员在活动过程中结合具体情况进行适当的调整、优化与完善。在项目协作过程中，小组成员首先需要根据方案的具体分工完成各自的活动任务，并在这一过程中随时与相关成员进行沟通交流和资源共享，保证各项分工任务的协调。此外，小组成员还需要按照项目实施的阶段任务和成员活动情况，组织统一的交流讨论，总结前一阶段的经验与问题，进一步明确优化方案并继续开展接下来的协作活动。项目协作活动的实施是学生具体解决问题的阶段，期间涉及具体知识内容、资源使用、问题解决思路及小组协作方法等关系项目顺利完成的各项问题，需要教师随时给予指导和干预。也就是说，教师通过项目协作，将主动权交给学生，虽然尽量不要直接介入学生的具体协作活动，但是需要随时关注他们的活动进展，对出现的问题及时给予指导和帮助。

(六)项目成果的整理与小组展示汇报

与简单的问题解决不同，项目的完成一般会对应具体的成果，是小组协作结果的代表。因此，在项目协作活动完成后，一般会统一组织活动成果的展示与分享，表现为各小组成员结合自己的项目要求，对其整个项目实施过程及其最终成果进行汇报和展示，总结活动的经验与不足，并由教师和其他同学进行评价。这一阶段的意义主要体现在三个方面：一是通过成果展示，不仅可以进一步提升团队成员的总结与协作能力，还能促进他们对活动过程的反思，总结成功经验，及时发现不足并寻找优化策略；二是通过成果展示，实现小组之间的经验交流与知识分享，进而促进小组之间的相互学习与借鉴；三是通过成果展示，使教师进一步了解其活动实施情况，为学习评价提供依据。成果展示与分享是对小组活动成果的汇报，但并不一定是项目协作的终点。在这一过程中，教师需要结合学生的经验交流，充分引导他们对项目协作的反思，并在这一过程中逐渐发现新的问题或小组协作的目标任务，围绕主题进一步展开更加深入的探索，即在项目驱动下促进学习者协作活动的开展，并在协作中进一步促进成员的交流与新问题的发现，进而形成促进成员良性发展的学习共同体，形成长期协作和相互学习的氛围。

第五节　基于慕课的混合式教学模式

基于慕课的混合式教学模式强调学生的学习主体性，使学生具备课程选择权和学习自主权，自定学习方式和学习步调，结合传统面对面教学和在线学习的优势，在网络环境中通过开展研究性学习、合作学习等，实现新型的、多元的、高效的学习。

一、基于慕课的混合式教学模式的概念

“慕课”这一概念最早可以追溯到20世纪60年代，美国的“鼠标之父”道格拉斯·恩格尔巴特(Douglas Engelbart)提出希望计算机技术能够改变现有的教育系统。2007年，美国学者戴维·维利(Dave Killy)基于维基百科开发了一门“开放教育理论”的课程，该课程面向全世界的学习者授课，同时世界各地的学习者又在学习过程中为这门课程提供了大量的资料和内容。“开放教育理论”课程共建共享的功能使其具备了慕课的雏形。2008年，世界上第一门慕课课程“联通主义与联结的知识”由加拿大人斯蒂芬·党斯(Stephen Dance)和乔治·西蒙斯(George Simmons)共同开设，西蒙斯认为知识是在人与人的交流过程中不断生成的。网络学习社区为学习者提供了丰富的学习资源，也为各类学

习者提供了跨时空共同学习与交流(连接)的条件,因此,在网络上创建大规模开放课程,不仅能使知识迅速增长,而且能使学习者的多种能力在生长的动态知识网络中迅速提升。而网络课程也只有按照联通主义的知识观、学习观、课程观来设计,创造人与人之间的有效联结,组成拥有大量成员的知识社区、学习社区,让知识流动起来,才具有生命活力。慕课的全面兴起是在 2012 年,这一年也因此被称为世界"慕课元年",其主要标志是三大开放网络课程平台"edX""Coursera"和"Udacity"的创建。在这三大开放网络课程平台的引领之下,慕课迅速发展,世界一流大学纷纷将自己的名牌课程上网,创造出了一个开放的高端互联网大学堂。

混合式学习是在网络化学习的使用和实践中逐步提出的,最早应用于商业培训。美国培训机构认为,混合式学习的目标是培养员工的交际能力、处理复杂事务的能力、个性化展示、小组学习能力,从而实现企业的绩效目标。自 2000 年引起国内外学者关注,在经历了技术视角的技术应用阶段和教师视角的技术整合阶段之后,人们对混合式教学聚焦到了学生视角的"互联网+"阶段,开始关注混合式学习带给学生的改变和对学生学习的支持上。混合式教学的概念已由"在线教学与面授教学的混合",正式演变为"基于移动通信设备、网络学习环境与课堂讨论相结合的教学情境",且"以学生为中心"强调的不仅是面对面教学与在线教学的混合,更是在"以学生为中心"的学习环境下教学与辅导方式的混合。混合式学习是一种为实现教学目标而对所有学习资源进行科学组织和优化分配的学习方式,同时还要和学生的学习风格和知识结构相匹配。同时,混合式教学的开展需要机构、教师、学生在多个方面都具有充足的准备,比如,机构开展混合式教学时需要的基础设施、师资、人员、技术准备,教师对在线教学、混合式教学的理论框架、教学法知识的理解和实际体验,学生的自主学习能力、实践管理能力、成熟度与责任感、应用信息技术的能力等。2010 年以后,混合式教学目的的"强化论"和"改进论"开始出现,即混合式教学的目的在于促进、提升、改进课堂教学,提升、改善学习效果,而不是部分替代课堂教学或辅助在线教学。

基于慕课的混合式教学模式结合了面对面学习和在线学习的优势,利用慕课平台,布置学生课前线上学习和组织学生课堂线下讨论,同时将多种教学方法、教学设备、课程内容与学习内容、学习策略与评价方法相融合,以实现最优的教学效益。

二、基于慕课的混合式教学模式的特点

类似于布鲁姆将认知过程的维度分为六个层次(记忆、理解、应用、分析、评价和创造),基于慕课的混合式教学模式不仅关注如何帮助学生实现对知识的

记忆、复述或是简单描述，即浅层学习活动，更关注学生对知识的综合应用和问题的创造性解决的“应用、分析、评价和创造”等高阶思维活动。总体来说，其特点主要体现在以下几个方面：

（一）以学习者为中心

基于慕课的混合式教学模式改变了教师的角色定位，成了学生学习的促进者和辅导者。教师在对教学内容和教学方法进行调整的过程中，是以学生的需求和学习状态作为参照的，学生的学习需求以及学生的具体行为表现都是教师实施基于慕课的混合式教学的标准。学习者通过在线学习的模式，可以突破时间、空间的限制，实现随时随地学习，同时也可以在一定范围内自定学习步调。

（二）专注于深度混合

基于慕课的教学模式并不是机械地将学习内容、教学方法、学习策略和教学工具等简单地组合在一起。首先，基于慕课的教学模式的学习活动包括在线活动和课堂活动，学习者可以根据自身的个人情况来确定要参与的具体活动。其次，基于慕课的教学模式将课堂学习环境和在线学习环境中的学生融合起来，使学生之间产生更深层次的沟通与交流。另外，教师通过网络平台实现知识点的传授，在课堂上与学生面对面交流实现对疑难问题的解答和深入探讨。

（三）重视师生之间线上线下的交流与互动

基于慕课的教学模式结合了面对面学习与在线学习的优势，重视师生之间的交流互动。在线上环境中，教师与学生之间通过在线平台实现沟通和交流，实现了不受时间和地点限制的互动；在线下环境中，教师能够现场监督和指导学生的学习过程，适时提供讲解，也可以就教学重点、难点、热点问题组织学生进行深度研讨性学习。在两个环境的交流过程中，教师不仅能够更好地关注学生对知识的掌握和理解程度，而且能够注重学生解决劣构问题能力的提升。

（四）注重多样化的评价形式

基于慕课的教学模式的评价形式是多样的，如线上评价和线下评价相结合，形成性评价和总结性评价相结合，定性评价和定量评价相结合。线上评价主要包括学生的在线学习行为，比如登录次数、学习时长、观看次数、讨论区的参与次数、作业提交次数等，同时还包括系统自动评定的针对知识点的客观题的所得分数。线下评价主要包括学生的课堂参与情况、作业完成情况等，支持教师评价与学习者自评和小组之间互评相结合。多元的评价方式充分体现了“以学习者为中心”的理念，是基于慕课的教学模式得以有效实施的必要因素。

（五）基于慕课的混合式教学模式的框架

基于慕课的混合式教学模式的设计遵循指向性明确、操作性简易、有较好的完整性和稳定性等原则。在混合式学习教学模式中，教师在教学中的主体作用得到了充分重视。教师为学生选定课程，并规定相应的在线学习时间和学习进度。学生按照教师的要求在线观看平台上的教学视频，并进行线上的练习、测试和学习交流。每一部分课程学习结束后，教师需要在课堂上主导问题的研讨、课程实践、知识升华、练习测验和考试评价等教学环节，具体如图 5-7 所示。

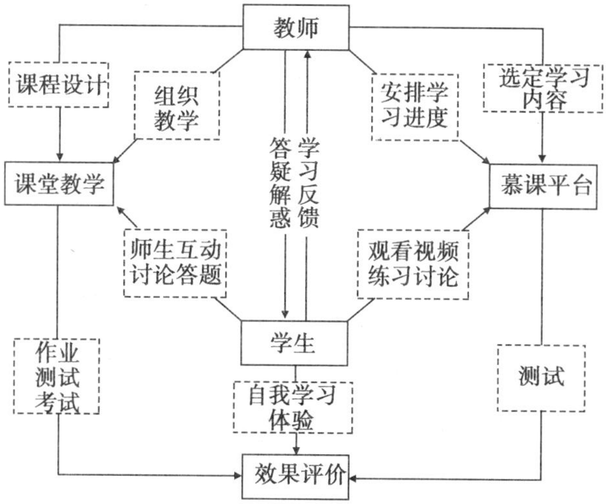

图 5-7　基于慕课的混合式教学模式

1. 教师活动

(1)课程设计。按照系统论的观点，教学系统要有明确的目的，课程体系要有整体性，要与学生有明确的相关性，并与教学环境相适应。因此，教师在基于慕课的混合式教学模式中进行课程设计时，需要考虑教学对象、教学内容以及教学环境，如学生的共同特征、已有的知识储备、学习风格；将教学内容进行知识分类，使教学目标更加明确，重难点更易把握；线上教学环境部分需要考虑搭建慕课所使用的平台和学生可用的学习设备，线下教学环境部分需要考虑使用便于开展讨论辩论的活动室以及便于汇报、展示和交流的多功能教室。

教师在进行课程设计时，还需要进行教学目标与重难点设计、教学媒体选择和教学策略设计、教学过程与教学资源设计以及学习评价设计。其中，在进行教学媒体选择时，与传统教学中的教学媒体选择不同，基于慕课的混合式教学模式中教学媒体的选择更多地偏重于哪些媒体形式能够更好地支持学生的学习，旨在更好地激发学生主动学习的动机，促进学生的深度学习，同时还需要考虑教学组织形式，如采用课堂环境的小组合作学习、自主探究学习、讨论辩论式学习以及课下真实任务驱动的研究性学习等，以真正将"以学生为主体"落实在具体的教学策略设计过程中。

基于慕课的混合式教学模式中的教学过程设计不能再仅局限于传统的课堂教学这一个环节，可以围绕学生课前、课中和课后三个阶段的学习活动而进行整合设计，包括课前自主学习任务单的设计和慕课资源的设计，课堂教学与研讨活动的策划与设计，课下研究性学习活动的设计等环节。

(2)课堂教学。基于慕课的混合式教学模式中，教师的任务不再是对知识的讲解和灌输，而是对知识的梳理和引导。传统课堂教学中，教师要告诉学生“知识是什么”；在混合式学习中，教师要告诉学生“知识在哪里”。在课堂讨论中，混合式学习强调的是教师的引导作用，更多的是希望学生是学习讨论的主体，而教师只是起到组织者的作用，将传统课堂教学中学生的“听”和“记”转变到“找”和“解”的环节上，让学生自由地在互联网上寻找想要的知识，在解答问题的过程中主动地去交流和探索，并注重学生解决劣构问题的能力。

(3)作业测试考试。基于慕课的混合式教学模式中的评价形式是多种多样的。教师可以通过学校统一组织的期中、期末考试，给学生以总结性评价，也可以通过在线学习平台，借助相关技术，统计学生平时提交的作业、作品的完成情况以及参与学习活动的积极性，以生成形成性评价；另外，学生也可以根据自己完成作业、参与学习活动的情况以及对知识的理解与掌握程度进行自我评价，各学习小组之间也可以对课程中形成的作品进行互评。

2. 学生活动

基于慕课的混合式教学模式中，学生通过观看慕课内容并应用相关的配套资源，完成与教学重难点相关的学习任务，将学习过程中遇到的困惑提交至学习平台，以供教师把握学生课前的自主学习状况，并了解学生的问题所在，进而利用网络或在课堂教学过程中进行有针对性的解答和指导。

(1)线上基于慕课的知识学习。学生在课前学习阶段的主要任务是根据自主学习任务单的指导，阅读指定的教材文本，自主学习慕课平台上的课程视频，参与单元知识的在线测试。在具体的教学过程中，学生可以在学习完微课视频后，对所学知识按照教师的要求画出知识思维导图或者撰写个人学习体会，并将作业提交到平台“作业区”。对于个人自主学习中遇到的问题，可以发布到平台讨论区，与同学进行线上的问题讨论。学习过程中遇到的较难的、深度的问题可以梳理成问题清单，发布到平台讨论区，并准备在线下课堂中进行深度研讨。线上慕课的学习一般可以发生在课前，也可以占用正常的教学时间，主要是完成浅度知识的学习，掌握课程中的低阶教学目标和具有标准答案的良构问题。在线上自主学习中也可以发挥平台方便异步交互的特点，进行问题交流与探讨，学生也可以通过微信群、QQ 群等社交软件与教师和其他同学进行反馈交流。

(2)线下课堂的深度学习活动。基于慕课的混合式教学模式中，课堂成了学生进行深度学习的主场所。针对知识层面的问题，学生可以通过小组研讨的方式完成，而高难度问题则可以与教师展开深度对话。同时，课堂教学也是学生分享汇报团队研究性学习成果和展示团队学习计划的空间。在此过程中，学生在接受教师和同学的点评和指导的同时，需要反思在知识、技能上的收获，然后进行学习过程、学习态度、学习经验、学习方法等方面的反思和总结，并开展自我评价，建构自我意识。

(3)线下课后的团队学习活动。真正的学习其实发生在课程结束之后。针对课堂学习的内容，学生需要提炼总结，将个人学习成果进行线上提交，完成课后思考题，以此来检查自己的学习情况。另外，学生在课后还要创建学习化团队(小组)，选择团队学习研究的任务，制定团队学习计划，开展团队研究性学习，以最优化和效果最大化的形式进行任务分配，完成学习任务，并准备下次课的研究性学习过程和研究性学习结果的汇报和展示。在这个过程中，学生可能会因氛围的轻松性和彼此间的熟悉性暴露出自己的问题，从而实现新知识的有效建立，还能够提升领导能力和执行能力。同时，一个小组就是一个整体，任何一个人都不能掉队，又能锻炼团队合作能力和互助意识。

复习思考题

1. 简述信息教学模式的概念。
2. 列举信息化教学模式的理论基础，并阐述其主要观点。
3. 阐述信息化教学模式的特点。
4. 总结基于课堂的讲授型信息化教学模式的特点。
5. 结合自身经历，阐述基于数字化学习环境的讲授模式的内涵、特点及其应用。
6. 结合实际案例，阐述基于网络的同步直播模式的内涵、特点及其应用。
7. 阐述基于问题探究的信息化教学模式的主要观点。
8. 结合实际案例，分析基于问题探究的信息化教学模式的特点及其框架。
9. 阐述基于项目协作的信息化教学模式的主要观点。
10. 结合实际案例，分析基于项目协作的信息化教学模式的特点及其框架。
11. 阐述基于慕课的混合式教学模式的主要观点。
12. 结合实际案例，分析基于慕课的混合式教学模式的特点及其框架。

主要参考文献

一、专著

[1][美]莱夫·温格著. 情景学习：合法的边缘性参与[M]. 王文静译. 上

海：华东师范大学出版社，2004.

[2]南国农主编.信息化教育概论[M].北京：高等教育出版社，2004.

[3]钟志贤著.信息化教学模式——理论建构与实践例说[M].北京：教育科学出版社，2005.

[4]钟志贤著.信息化教学模式[M].北京：北京师范大学出版社，2006.

[5]张筱兰，郭绍青主编.信息化教学[M].北京：高等教育出版社，2010.

[6]王惠萍主编.教育心理学[M].北京：高等教育出版社，2011.

[7]张有录主编.信息化教学概论[M].北京：中国铁道出版社，2012.

[8]李馨著.信息化教学设计的理论与模式研究[M].长春：东北师范大学出版社，2015.

[9]桑新民主编.学习科学与技术[M].北京：高等教育出版社，2017.

[10]杜世纯著.混合式学习研究[M].北京：中国社会科学出版社，2018.

[11]姜永生编著.信息化教学概论[M].北京：中国铁道出版社，2018.

二、期刊论文

[1]张建伟.基于问题式学习[J].教育研究与实验，2000，3：55-60，73.

[2]刘儒德.问题式学习：一条集中体现建构主义思想的教学改革思路[J].教育理论与实践，2001，5：53-56.

[3]梁瑞仪.基于问题的学习模式的研究[J].中国电化教育，2001，6：15-17.

[4]苑永波.信息化教学模式与传统教学模式的比较[J].中国电化教育，2001，8：26-28.

[5]刘云生.项目学习——信息时代重要的学习方式[J].中国教育学刊，2002，1：36-38.

[6]谢舒潇，黎景培.网络环境下基于问题的协作学习模式的构建与应用[J].电化教育研究，2002，8：44-47.

[7]刘景福，钟志贤.基于项目的学习（PBL）模式研究[J].外国教育研究，2002，11：18-22.

[8]姜美玲.基于问题的学习：一种可资借鉴的教学模式[J].全球教育展望，2003，3：62-66.

[9]任英杰，戴心来.网络环境下基于项目的协作学习探究[J].电化教育研究，2004，12：57-60.

[10]郑大伟.基于项目的远程协作学习研究[J].电化教育研究，2010，6：75-77.

[11]黄纯国.利用混合学习模式提升教师信息化教学能力的研究[J].现代教育技术，2010，7：62-65.

[12]高东怀,裴立妍. 基于网络课程的教学模式构建与应用[J]. 现代教育技术,2013,1:80-83.

[13]张莉靖,曹殿波."翻转课堂"教学模式研究[J]. 陕西教育(高教版),2014,Z1:91-92.

[14]黄明燕,赵建华. 项目学习研究综述——基于与学科教学融合的视角[J]. 远程教育杂志,2014,2:90-98.

[15]林书兵,张倩苇. 我国信息化教学模式的 20 年研究述评:借鉴、变革与创新[J]. 中国电化教育,2015,9:103-110,117.

[16]赵靖岩,胡振波. 大数据环境下高校信息化教学模式研究[J]. 情报科学,2016,1:92-95,103.

[17]胡小勇,朱龙,冯智慧,等. 信息化教学模式与方法创新:趋势与方向[J]. 电化教育研究,2016,6:12-19.

[18]李逢庆. 混合式教学的理论基础与教学设计[J]. 现代教育技术,2016,9:18-24.

[19]杜世纯,傅泽田. 基于 MOOC 的混合式学习及其实证研究[J]. 中国电化教育,2016,12:129-133,145.

[20]丛亮. 大数据背景下高校信息化教学模式的构建研究[J]. 中国电化教育,2017,12:98-102,137.

[21]冯晓英,王瑞雪,吴怡君. 国内外混合式教学研究现状述评——基于混合式教学的分析框架[J]. 远程教育杂志,2018,3:13-24.

附　录　信息化教学设计与应用案例

附录1：疫情期间“学习科学与技术”在线课程案例①

本案例选取了智慧树平台（山东课程联盟）的在线课程“学习科学与技术”，按照疫情期间在线教学与学习的需要，结合共享课与翻转课，具体介绍了课程开展的理念、课程开展简况、课程目标与授课实施、课程教学创新评价。对该课程案例的梳理可为高校教师进行在线课程建设、开展在线教学等提供参考。

一、“学习科学与技术”课程开展的理念

疫情之下，各学校提出的“停课不停教，停课不停学”理念引发了在线教学的热潮，在线教学被广泛应用已是信息时代教与学方式变革的必然趋势。从现代远程教育的发端，到“微课”“慕课”的兴起，再到“可汗学院”“翻转课堂”和“混合式教学”的迅速发展，信息化课程资源的蓬勃建设与信息化教学方式的广泛应用，正在推动着学习方式的系统性和结构性变革。

疫情期间，在线教学会面临诸多困难，如教学平台难以登录、系统崩溃、视频卡顿、功能关闭等。出现问题很正常，原因是多方面的：就设备层面而言，全国中小学、高校上亿的学生同时进行在线学习，尤其是很多教师采用了直播课的方式，已经远远超出了网络服务器的最高设计承受力；就教师层面而言，多数学校要求教师按照课表上课，很多教师缺乏在线教学的实际经验，仓促建设课程，仓促开展教学；就学生层面而言，多数学生缺乏在线学习的实践经验，缺少相关的信息素养、个人自主学习能力等。

疫情期间开展在线教学，要尽量克服在线教学的局限性，尽量实现完整的

---

① 本案例作者是山东师范大学教育学部的赵建民老师，案例名称为“学习科学与技术在线教学案例”。本案例获得了2020年山东省高等教育学会“高校疫情期间在线优秀教学案例一等奖”。

课程教学目标。在非疫情期间常规的混合式教学中，教师在线教学适合达成低阶的教学目标，线下教学适合达成高阶的教学目标。疫情期间，要保证教学质量，就要充分完善线上教学活动设计。学校既要开展让学生获得基础知识、基本技能的线上个人自主学习，又要开展基于线上的任务驱动、协商对话、合作交流和团队学习，达成“两性一度”的高阶教学目标。

二、“学习科学与技术”课程开展简况

疫情期间，本课程是学校第一批开展线上教学的课程。截至 2020 年 4 月 10 日，本课程已经完成了 8 周的在线教学任务。按照原来的课程教学安排，本学期开设班级为教育学部 2019 教学类 1901 班、1902 班、1903 班、1904 班和小教 1901 班，共 5 个班级的 232 名同学。开学之前，教师就组建了全体同学的微信群，统计了全部同学的信息数据，由“智慧树”平台课程顾问把学生名单导入了“学习科学与技术”共享课。同时，教师在平台上建立了 5 个班级的翻转课，以方便在线签到、课程直播、问答讨论、任务作业和小组教学的开展。

(一)课程平台的选择及平台优势

“学习科学与技术”共享课为在线慕课，该慕课项目从 2017 年 11 月由山东师范大学在线开放课程项目立项，并开始进行设计与开发，历时一年半建设完成。课程于 2019 年 10 月 7 日在山东省课程联盟平台(智慧树平台)正式上线(见图 1)。智慧树平台是中国五大慕课平台之一，是全球大型的学分课程运营平台，服务的会员学校近 3000 所，有超过 1700 万大学生通过智慧树平台完成跨校研读并获得学分。

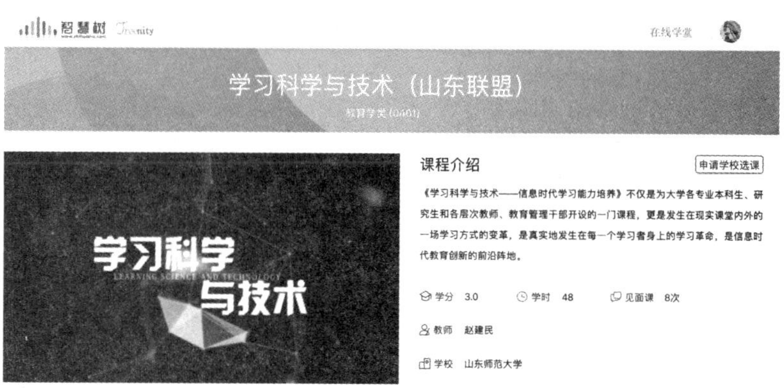

图 1 智慧树平台“学习科学与技术”课程

(二)课程平台的应用及学习安排

“学习科学与技术”在智慧树课程平台上开展教学，主要采用两种课型：共享课(见图 2)与翻转课。共享课与翻转课相结合，可以协调达成课程的低阶目

标和高阶目标。

图 2 “学习科学与技术”共享课界面

共享课面向所有选课学校的教师和学生，可以根据选课学校建立各自的教学班级。借助共享课，师生可以完成在线学习任务；学生可以学习结构化微课资源，完成作业考试和课程问答；教师可以掌握学生的学习进度、成绩管理等。

翻转课是任课教师的自建课程，面向自己学校的所有教学班级开展教学。翻转课在任务发布、作业布置、问题讨论、小组学习和直播课中，不会影响和干扰其他选课学校教师的在线教学。

图 3 “学习科学与技术”翻转课界面

借助两种课型，课程负责人可以进行两种教学任务安排：在共享课中，可以发布面向所有选课学生的课程公告；在翻转课中，可以发布面向自己学生的课程任务。这两种方式可以根据教学需要由任课教师自由选择。

图 4　“学习科学与技术”翻转课学习任务发布

三、“学习科学与技术”课程目标与授课实施

（一）课程目标

本课程立足于学校办学定位的师范特色，结合信息时代学习能力的模型，培养利用新理念、新模式和新技术推动学习方式变革与教学模式创新的教育信息化领域的高级专门人才。课程教学目标是形成系统的学习科学理论框架，掌握五项学习技术，发现和提出学习中存在的问题，进行明确界定和综合分析，用理论阐释问题产生的原因，用技术提出问题解决的方案，形成批判精神、创新意识和应用能力。

教学目标的具体要求是：

（1）更新学习观，理解学习发生的内在逻辑和学习科学的前沿理论。

（2）修炼和运用五项学习技术，提升个人和团队的学习能力与智慧。

（3）对现有理论和技术进行批判性思考，提出自己的理解和观点。

（4）运用信息技术开展深度学习，提升问题解决、团队协作与创新能力。

（二）本课程完整的课程教学设计

1. 课程线上线下混合式教学模式

本课程作为山东省线上线下混合式一流本科课程，设计了如图 5 所示的完整的教学模式。根据线上低阶学习目标和线下高阶学习目标，对线上线下、课前课中课后实现了学习时空的混合和教学策略的混合。

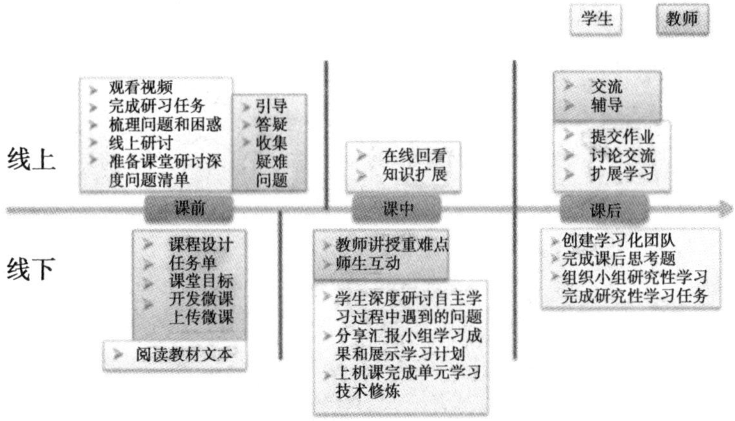

图 5 “学习科学与技术”线上线下混合式教学模式

2.课程线上线下混合式教学设计

本课程以推动学习方式变革、提升学生的学习能力为目标，围绕课程概述、教学设计思路、教学环境、教学方法、创新特色和教学评价，进行了系统完整的课程教学设计，设计内容视频截图如图 6 所示。

图 6 “学习科学与技术”混合式教学设计视频截图

(三)疫情期间课程教学的组织实施

疫情期间，按照学校“停课不停教，停课不停学”的安排，结合在线课程资源特点，充分考虑学生在线学习条件的约束，本课程主要通过自主学习任务的安排和课程作业的引导，组织学生开展了在线学习。在开始每一周的课程之前，教师都会在翻转课上发布学习任务，包括线上视频的学习任务、课中研讨答疑安排、在线直播、课后作业等(见图 7)。学生根据任务要求，可以结合线上资源，完成个人自主学习和团队学习。

图 7 "学习科学与技术"翻转课周学习任务作业发布截图

1. 共享课的教学组织实施

在每周发布的学习任务单中，要求学生完成规定视频的个人自主任务。教师应明确告诉学生视频学习的目标，要求学生根据教学目标，在学习视频时做好笔记并进行记录，对疑难问题和需要深度研讨的问题在共享课"问答"区进行问题发布和问题研讨。要求每位同学至少要发布 1～2 个自己在学习中遇到的问题，并对其他同学的问题进行 3～5 个回复(见图 8)。

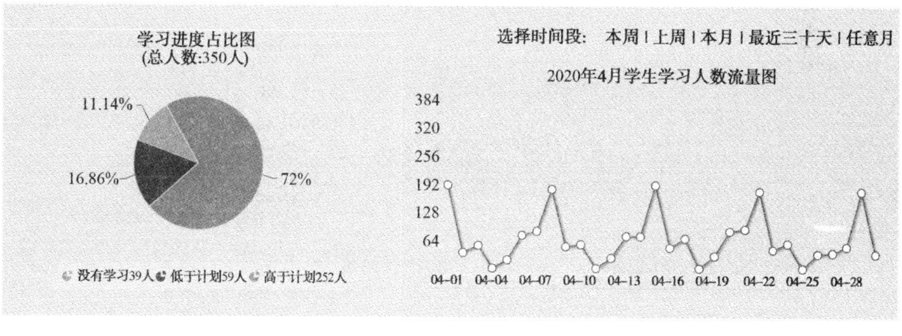

图 8 "学习科学与技术"共享课视频学习数据截图

2. 翻转课的教学组织实施

在发布的学习任务单中，要求学生在学校规定的上课时间进入平台，并在课前打卡签名。教师对教学重点和难点进行直播讲解、重点问题答疑、讨论区问题研讨。主要是通过师生教学互动，达成高阶的教学目标。如图 9 所示，截至 2020 年 4 月 11 日晚 10 时，讨论区共发布问题 529 个，回答 6200 个。

图 9 “学习科学与技术”翻转课问题研讨截图

3.课后作业的完成和提交

教师在“翻转课”平台发布周学习任务和课后作业。每次课后作业都要求学生围绕视频学习，用文本梳理视频学习的个人收获和体会(500～1000 字)；自学思维导图软件，将学习内容画出思维导图(见图 10)。教师要求学生在规定时间内将作业上传到“翻转课”的作业区，进行在线批阅(见图 11)。

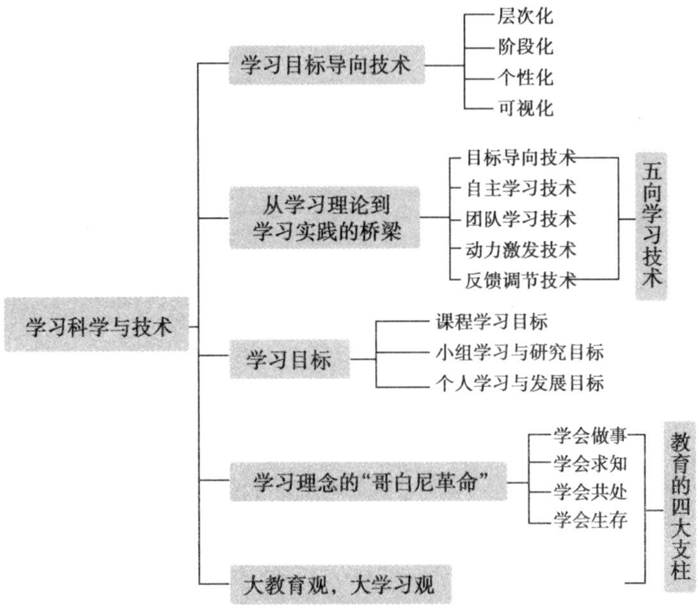

图 10 “学习科学与技术”学生提交周思维导图作业

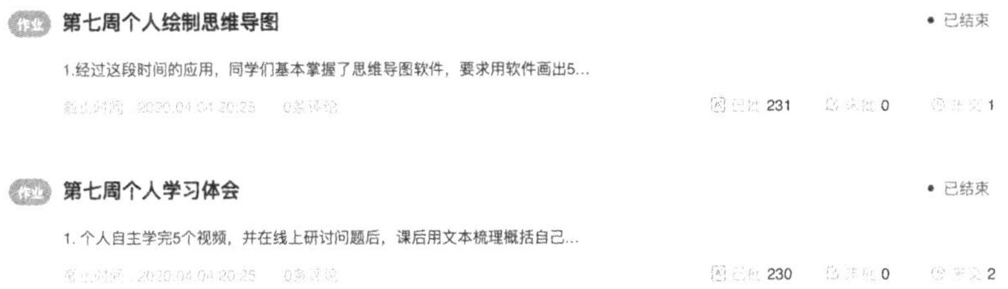

图 11　“学习科学与技术”翻转课周作业提交批阅截图

（四）在线团队（小组）协作学习的开展

1. 班级集体创作疫情特别作业

疫情期间，组织了基于班级的疫情特别作业——“武汉加油”，突出课程的思政元素，对学生后期的小组团队学习进行演练，培养学生的团队学习能力。5 个班级组织骨干同学，基于网络开展创意、分工协作、技术演练、作品集成。5 个班级都制作了视频作业，其中小教本 1901 的“春日集结　为爱声援”（见图 12）、教育类 1902 本的“人间四月盼美好明天”（见图 13）、教育类 1901 本的“希望与你同在”等优秀作品在“山东师范大学教育学部团委”公众号上正式发布。

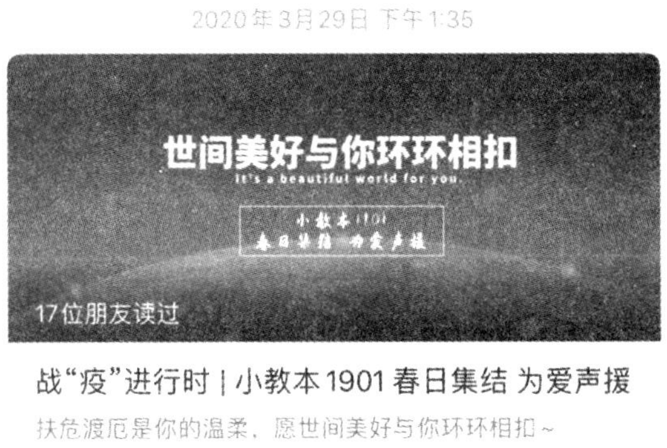

图 12　“学习科学与技术”小教本 1901 团队的特别作业截图

图 13 “学习科学与技术”教育类 1901 本团队的特别作业截图

2. 在线小组团队协作学习的开展

疫情期间，将原来的线下团队（小组）学习活动进行了“线上设计”，在“翻转课”的小组学习中开展。第一次小组在线活动在第七周发布任务。在线学习小组由老师在翻转课“小组教学”中创建。根据线下课表，兼顾开学后分班上课时间等多个因素，分组打破了班级界限，采用随机分组（保证组间同质）：教育类 1901～1902 班 97 名同学划分为 19 个小组，其中 17 个组每组 5 人，2 个组每组 6 人，组长随机产生；教育类 1903～1904 班、小教本 1901 班共 135 名同学划分为 27 个小组，每组 5 人，组长随机产生。小组成员之间要充分利用网络进行在线交流沟通，体验在线协作问题解决的学习，完成学习任务（见图 14）。

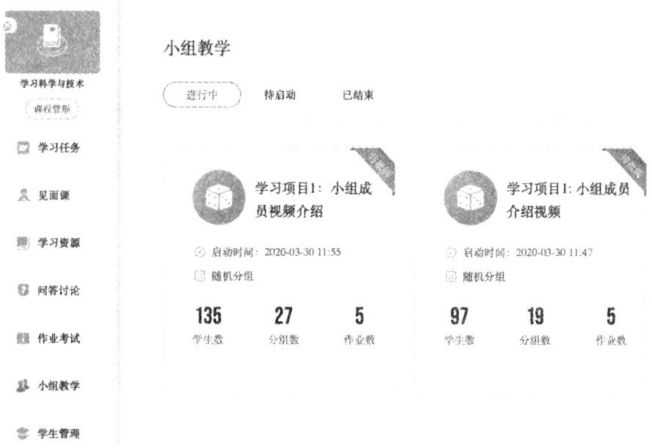

图 14 “学习科学与技术”在线团队学习任务发布截图

第一次小组学习任务：根据多年来组建“学习科学与技术”课程学习团队的经验，采用任务驱动来推进班级学习团队（小组）成员的了解和信任。疫情期间，尝试开展了“小规模限制性在线课程”（SPOC）环境下在线协作问题解决的小组学习。在划分学习团队后，要求每个小组策划和拍摄、编辑 5～8 分钟的小组成员视频介绍。这是一项难度不大的团队任务，没有统一的要求，每个学习小组可以充分发挥自己的创意和技术优势，利用业余时间进行策划、编排、拍摄和后期编辑，形成作品后进行在线分享或开学后在课堂上进行展示汇报(见图 15)。

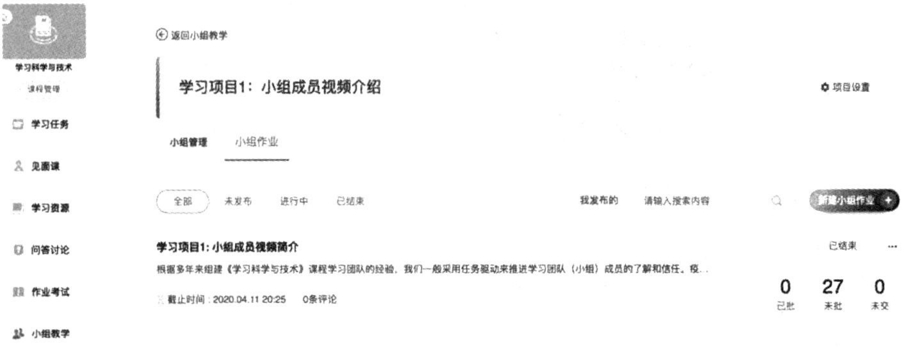

图 15　“学习科学与技术”小组教学视频作业提交截图

(五)疫情解除后课程教学的组织实施

1.线上自主学习和交流讨论

学生阅读教材文本，观看线上视频，完成章节中的研习任务；梳理总结自己的学习问题和困惑，进行简单问题的线上研讨，准备课堂上研讨的深度问题清单。

2.线下深度学习和团队学习

在智慧教室中，教师讲授重难点问题，组织学生交流并进行个别化辅导和点评；学生深度研讨自主学习过程中遇到的问题，分享汇报小组学习成果和展示学习计划。在实验机房完成每一个单元学习的技术修炼。开展团队研究性学习活动；创建研究性学习团队/小组，进行问题探讨，完成课后思考题；组织小组研究性学习，完成研究性学习任务。

3.线下课堂学习活动的设计

线上线下混合式教学高阶教学目标的达成，需要围绕高阶性、创新性和挑战度进行学习活动的教学设计。具体课堂教学活动包括课堂导入、答疑解惑、成果汇报、拓展精讲、问题研讨、团队协作、展示汇报和总结提升等教学环节，其课堂实录视频截图如图 16 所示。

图 16 “学习科学与技术”线下课堂实录视频截图

四、“学习科学与技术”课程教学创新评价

本课程成绩评定重点关注学生发展，采用多元评价方式，评价原则可概括为“三个结合”：线上学习与线下学习相结合；教师评价、小组评价与自我评价相结合；过程性评价与总结性评价相结合。具体考核评价内容包括线上过程性学习情况、团队研究性学习成果汇报与期末课程论文三部分。其中，过程性评价为线上学习 30 分（包括观看视频、访问量 20 分，线上讨论发帖 10 分）。总结性评价包括期末课程论文 30 分，线下团队小组研究性学习汇报 40 分。具体如表 1 所示。

表 1 成绩评定方式及分值

评价类型	评价内容	评价主体	分值
过程性评价（30 分）	观看视频＋访问量	教师	20
	线上讨论发帖	教师、学生	10
总结性评价（70 分）	线下研究性学习成果	教师、学生	40
	期末课程论文	教师、学生	30

五、对疫情之后在线教学的新思考

（一）更新课程内容，从微课到慕课，建设在线课程资源

联系学习科学的前沿发展，增加脑科学和认知科学的最新研究成果，将人工智能和大数据技术引入课程内容，设计开发系统化的教学微视频课程，开发线上题库，形成完整的慕课课程体系。

（二）继续变革学习模式，从课堂到学堂，创建多元学习路径

推进个性化学习，变革线性学习为非线性学习，形成多元路径整合的学

习模式，优化线下深度学习和团队学习策略，创建信息时代的创新型教与学模式。

（三）增加思政元素，从知识到能力创新课程评价体系

推进课程思政元素建设，结合东方学习文化和中国智慧，引入多元智能评价和智能化评价技术，探索实践“基于慕课和 SPOC 的混合式学习评价整体创新系统工程模型”，形成评价应用案例。

（四）拓展课程受众，从教学到培训，拓宽课程适用领域

借助慕课资源和混合学习模式，适应泛在学习和终身学习的需要，加强课程的社会服务功能，从学生职前教育拓展到社会职后培训，拓宽课程的应用领域。

附件 2：线上线下混合式课程建设与教学综合案例①

本案例基于山东师范大学“混合式教学的理论与实践”课程 2016～2019 年度开展的混合式教学实践，对基于 SPOC 的混合式教学进行了梳理。从课程信息及教学团队建设、课程教学目标确定、课程教学模式设计、在线课程的设计与实施、线下教学活动的设计与实施、课程实施的评价与效果等方面进行了总结研究。本课程案例的研究可为高校教师进行混合式课程建设、开展线上线下混合式教学等提供参考。

一课程信息及教学团队

（一）课程基本信息介绍

课程“混合式教学的理论与实践”是为了配合学校混合式教学改革项目的推进，由山东师范大学跨学科与院系组建的教师团队为本科在校生开设的一门公共选修课程。本课程主要通过对信息时代学习方式的变革，混合式教学究竟是什么，混合式教学线上平台技术操作，混合式教学线上平台资源（微课）建设，混合式教学课堂教学活动设计与组织，混合式教学线下团队研究性学习活动等课程内容，让学生了解混合式教学的时代价值，掌握混合式教学的理念与技术，从而更好地参与混合式教学变革实践。

本课程的开设是学校推进混合式教学变革的一个重要组成部分，是学校第一批混合式立项课程中期评审结束及开展第二批混合式课程建设立项申报之际，混合式教学指导团队需要重点建设的课程项目。经过第一轮的教学实践，

① 本案例作者是山东师范大学教育学部的赵建民老师，案例为山东师范大学 2016 年第二批混合式课程建设立项“混合式教学的理论和实践”的结项总结，根据课程教学设计、开发和教学活动实施等的综合案例要求，进行了适当删减。

在混合式教学管理与服务、线上课程资源开发与建设、线下教学活动设计与组织等方面,积累了大量资源和经验。

本课程的建设目的是在学校信息化智慧教室建设的基础上,将现有的混合式教学成果转化为学生的学习资源,提升信息时代大学生的混合式教学与学习能力。这样,一方面可以为学校今后的混合式教学教师培训提供资源和服务,另一方面也可以为在校大学生提供混合式学习的经验指导和学习体验。让教师和学生能在全新的混合式学习环境与模式下进行探索与体验,真正理解信息时代学与教所发生的深刻变革,能够让他们更新自身的教学与学习观念,运用混合式学习理论与学习技术来指导其他学科的教学与学习,并为高校师范生微格教学、教学实习和毕业后从事信息化专业教学工作打下一个良好的基础,能用实际行动来推动信息时代的基础教育信息化教学变革,进一步推动未来智慧型学校的建设。

(二)教学团队构成介绍

"混合式教学的理论与实践"课程建设团队包括学校跨学科的多名教师。课程建设团队主要由六位主讲教师和多位在校教育技术学硕士研究生组成。鉴于该课程建设的目的和初衷,六位主讲教师均为学校混合式课程建设团队的核心成员,所有成员从学校开展第一批混合式课程建设立项开始就一直承担着设计、组织和培训工作,其中两位教师长期从事山东省基础教育信息化教师培训工作,并承担着学校第一批混合式课程教学改革的设计和教师培训工作,具备良好的信息化教学理论素质和教学设计能力,能承担混合式课程线上学习资源的设计开发和线下学习互动的设计、组织和实施等课程建设工作。所有在校硕士生所学专业均为教育技术学,由硕士生组成的团队主要负责线上微视频课的开发和团队研究型学习的导学任务,具体分工如表1所示。

表1　　课程教学团队成员构成及分工

团队成员	职称	学位	学科专业	团队分工
赵建民	副教授	博士	教育技术	总体设计、主讲教师
王新华	教授	博士	信息科学	教学设计、主讲教师
李逢庆	副教授	博士	教育技术	教学设计、主讲教师
尹苗	教授	博士	生物科学	教学设计、主讲教师
毛伟宾	教授	博士	心理科学	教学设计、主讲教师
杨杰	副教授	博士	数学科学	教学设计、主讲教师

二、课程目标与课程内容

（一）混合式课程目标

“混合式教学的理论与实践”课程目标具有双重性，需要同时提升信息时代大学生的混合式学习和教学能力，让选课学生通过真实的混合式学习体验，掌握今后从事混合式教学的能力，实现从讲授灌输知识的传统课堂向“智慧教室”环境下信息时代高效翻转课堂的转型，使学生从被动、消极的学习状态中解放出来，真正成为自己学习的主人，成为具有创新意识和内在学习动力的高效学习者和高效教学者。通过混合式教学的开展，让学生从理论和实践两个层面，从信息化资源建设和信息化教学方法设计两个层面，成长为信息化时代的专业化教师。基于 TPACK 模式的教师专业发展路径如图 1 所示。

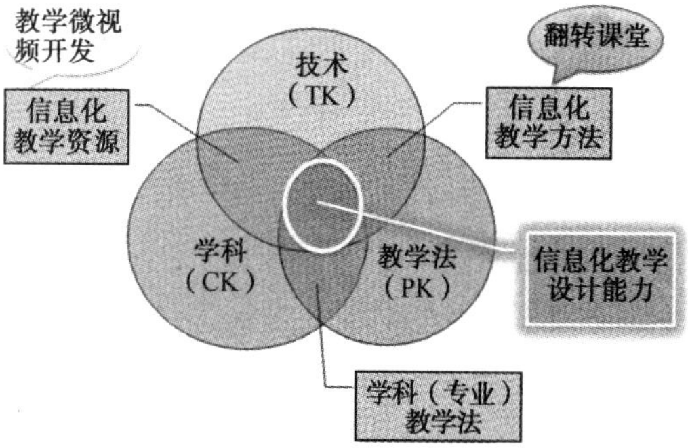

图 1　基于 TPACK 模式的教师专业发展路径

课程学习理论层面的目标是要求学生了解和掌握混合式学习和混合式教学的相关理论，具体包括什么是混合式教学（混合式教学的概念）、为何要进行混合式教学（开展混合式教学的时代背景）、如何开展混合式教学（混合式教学的模式方法和路径）、混合式教学与传统教学的区别和联系。通过理论学习，使学生在全新的学习环境与学习模式中掌握混合式教学的理论，更新自己的混合式教学理念和学习观念。课程学习技术层面的目标是掌握混合式课程线上资源建设的流程、技术和方法，掌握微课的设计和开发，自主学习任务单的设计和制作，课堂深度学习活动的设计与组织，线下团队学习活动的设计与实施，以及多样化混合式学习的评价方法与技术。

（二）混合式课程的内容

为了保证混合式教学目标的实现，根据“混合式教学的理论与实践”课程的特点，对课程内容进行了重新设计。教学内容一共分为八个学习任务，每个任务又根据教学内容细分为若干子任务；每个学习任务的学习过程分为线上自主学习和课堂深度学习、课下研究性学习相结合，混合式教学方法包括浅度混合式教学、中度混合式教学和高度混合式教学。

课程的具体教学内容包括：第一单元为"信息时代学习方式的变革"，第二单元为"混合式学习究竟是什么"，第三单元为"混合式课程的规划与设计"，第四单元为"自主学习任务单的设计与应用"，第五单元为"线上微课资源设计与开发"，第六单元为"课堂深度学习活动的设计与组织"，第七单元为"学习团队建设与团队研究性学习活动"，第八单元为"混合式教学的评价"。课程共分为八个单元，内容可以设计为四个主要板块：信息时代学习方式的历史性变革，混合式教学的基本概念与基本理论，混合式教学的基本设计与实施技术，混合式教学评价与创新评价的工具、方法与技术。具体教学内容如表 2 所示。

表 2　课程学习内容的知识模块设计

学习任务	子任务	教学方法	课时
第一单元 信息时代学习方式的变革	"乔布斯之问"解析 人类学习方式的演变 人类学习目标的转变 教学创新系统过程	浅度混合 课堂讲授 教学研讨	4
第二单元 混合式学习究竟是什么	"可汗学院"与慕课发展 "翻转课堂"典型案例分析 "慕课来了"新闻调查 作为必然选择的混合式教学 混合式教学理念解读 混合式教学实施要素	深度混合 课堂讲授 教学研讨 团队学习	4
第三单元 混合式课程的规划与设计	泛雅教学平台建设与使用 平台线上课程的建设 师范院校在线课程的规划与实施	中度混合 课堂讲授 教学研讨	2
第四单元 自主学习任务单的设计与应用	自主学习任务单的设计 自主学习任务单案例解析 自主学习任务单视频案例	中度混合 课堂讲授 教学研讨	6
第五单元 线上微课资源设计与开发	微课概念的起源与发展 微课的设计与制作 三分屏视频课与微课比较 什么样的微课是好微课 常用微课录制方式 用 CS 制作微课 用 VideoScribe 制作微课	深度混合 课堂讲授 教学研讨 团队学习	6

续表

学习任务	子任务	教学方法	课时
第六单元 课堂深度学习活动的设计与组织	什么是课堂深度学习活动 课堂深度学习活动的目标 深度学习活动的基本任务 课堂第一次课的活动安排	深度混合 课堂讲授 教学研讨 团队学习	4
第七单元 学习团队建设与团队研究性学习活动	从个体学习到团队学习 团队学习的组织技术与策略 线上虚拟学习化团队培育 学习化团队视频案例	深度混合 课堂讲授 教学研讨 团队学习	4
第八单元 混合式教学的评价	信息化教学评价的新发展 信息化教学评价的新方法 混合式教学评价的新实践	中度混合 课堂讲授 教学研讨	4

（三）学习活动设计流程

为突破和超越以教师讲授灌输知识为中心的传统课堂教学模式，本课程采用开放网络课程与现实课堂学习模式创新相结合的混合学习模式，设计、开发出了与此相应的课程教材和网络学习资源库，并强调由师生在学习过程中共同创建、不断完善本课程的教材和线上学习资源，形成具有生命力的全媒体开放课程与教材的新观念、新模式。具体课程学习活动安排如下：

（1）更新学习观念，了解混合式教学课程学习的特点、要求，研究和借鉴历届师生的学习与创新成果，制定个性化的混合式学习计划。

（2）选择研究课题并组建学习团队，分专题进行自主学习与团队研究性学习，了解混合式学习的新进展，理解和掌握混合式教学的基本概念和基本理论，了解、运用和掌握混合式学习的基本技能和创造性学习的工具、方法、技术，并联系实际应用混合式教学的成果和教学案例，改造自身的学习和教学活动，体验和掌握在现实课堂中探究混合式教学的方法及其方法论。

（3）在教学过程中，创立和建设个人与团队的学习社群与学习小组，以学习感悟、课程论文、研究性学习成果报告、个人和团队学习成果总结、反思、交流、提炼、展示等形式，进行混合式学习评价（过程评价与成就评价）。

（4）双重身份学习活动的开展。鉴于课程目标和课程性质，学生在学习过程中要注意身份的转换，既要以学生的身份完成课程的学习，也要以教师的身份思考在未来的教学中如何更好地贯彻落实混合式教学。

为了帮助学习者更方便地开展自主学习和团队学习，本课程文字教材的设计思路为：以整体化、结构化、可视化、图表化等形式，系统展示了本课程中所要求掌握的基本概念、基本原理和基本技能，使学生在开始学习之前就能对本课程的基本内容及其相互关系有一个总体的了解，克服学习的盲目性。在各单元开始时，要专门设计“单元学习指导”，包括单元学习目标、单元学习要点与结构、单元知识导学图、单元学习技术修炼指南等模块，概括展现该单元将要学习的主要概念和理论、需要修炼的混合式教学技术，在此基础上，要求每位学习者制定个人和团队的学习计划。

“知识导学图”能帮助学生了解所学全部内容在本单元整体中所处的位置及其与相邻概念、知识的内在联系，在每单元学习结束时，指导和帮助学生方便地复习、概括、总结所学内容，尤其是从整体上加强对知识结构的理解和把握，促进知识的内化。

三、混合式课程教学改革的模式

本课程讲授如何开展混合式教学，课程也采用混合式教学模式改革的基本思路，即组建混合式教学教师与导学团队，由团队教师设计与开发系列化微视频课程，形成结构化在线学习资源，上传微视频课程资源到学校教学平台，根据自主任务学习单，组织学生进行个人在线自主学习，在线讨论区进行对简单问题的研讨，利用学校千佛山校区和长清湖校区的“智慧教室”，就教学重点、难点、热点问题组织学生开展课堂深度性、研讨性学习，成立研究性学习小组，开展课后基于任务的研究性学习。

图 2 和图 3 所示分别为山东师范大学两个校区的智慧教室，良好的教学硬件环境为混合式教学的开展提供了方便的学习空间。其中，千佛山校区的“智慧教室”可以容纳 70 名本科生开展混合式教学研讨，长清湖校区的“智慧教室”可以容纳 60 名本科生开展混合式教学研讨。鉴于智慧教室的容量，2018～2019 年的第二学期，该课程在两个校区分别开展了班额为 70 人和 60 人的课程教学实践。

图 2　山东师范大学千佛山校区的“智慧教室”

图 3　山东师范大学长清湖校区的“智慧教室”

开展混合式教学，教师是学生线上和线下学习资源的建设者、学习活动的组织者与设计者。为帮助学生顺利地完成学习目标，需要设计多种学习资源和学习活动，从课前、课上到课下，从线上到线下，且彼此之间应合理结合，并注意其实践性与灵活性。本课程开展混合式教学的模式如图 4 所示，包括线上线下、课前课中课后的教师学生活动安排。

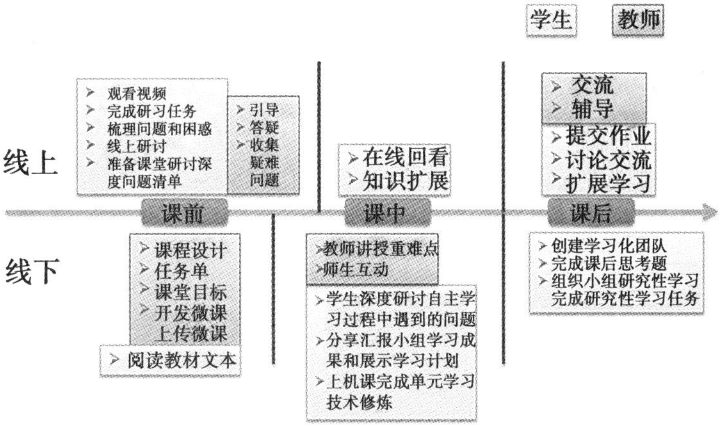

图 4　“混合式教学的理论与实践”课程教学模式图

（一）课前阶段

1. 课前阶段的教师活动

教师在课前阶段的核心任务是完成基于混合式教学模式的课程设计和教学设计，设计和开发自主学习任务单。根据课程单元的学习目标，组织教学内容，进行微课的精细化教学设计，并完成配套的微课等教学资源的开发。

2. 课前阶段的学生活动

学生在课前阶段的主要任务是根据自主学习任务单的指导，阅读指定的教材文本，完成对网络平台上学习资源的自主学习，并通过小组协作完成教师设定的教学任务,梳理在学习过程中发现的问题,并将简单问题在线上讨论区进行交流,将深度问题梳理成问题清单,准备课堂深度问题研讨。学生也可以通过微信群等社交软件与教师和其他同学进行反馈交流。

(二)课中阶段

1.课中阶段的教师活动

混合式教学中知识传递被前置,学生对基本知识和低阶教学目标已经通过线上学习完成。课堂教学阶段的主要任务是完成知识内化和高阶学习目标,课堂阶段的教学属于深度学习。教师要对课堂深度学习活动进行设计,也可以讲授重难点问题,对学生在课前提出的深度问题梳理讲解,开展与学生的对话交流,同时教师要设计和布置学生课后的团队研究性学习任务。

2.课中阶段的学生活动

课堂是学生深度学习的主场所,学生要掌握知识层面的问题,可以通过小组研讨的方式完成,高难度问题可以与教师展开深度对话。课堂教学也是学生分享汇报团队研究性学习成果和展示团队学习计划的时间,依据课程的性质,有时也需要学生上机完成单元学习技术修炼。

(三)课后阶段

1.课后阶段的教师活动

混合式学习的课后学习主要是提升学生解决真实复杂问题的能力,教师要通过线上线下两种方式对学生的学习活动进行辅导和指导,并对学生提交的线上学习成果进行综合评价,积极参与学生的线上学习心得体会交流。

2.课后阶段的学生活动

针对课堂学习的内容,学生要提炼总结,将个人学习成果进行线上提交,完成课后思考题;学生在课后要创建学习化团队(小组),选择团队学习研究的任务,制定团队学习计划,开展团队研究性学习,准备下次课的研究性学习过程和研究性学习结果汇报和展示。

四、混合式课程教材编写与平台资源的建设

(一)混合式课程教材的编写

在混合式课程建设中,我们组织跨学科教师团队自己编写了适合混合式教学的教材《混合式教学的理论与实践——信息时代教学方式的变革》。现在已经编写好了完整的教材大纲,正式教材正在编写过程中。现将教材大纲目录简述如下:

模块1　理念篇

第一章　信息时代学习方式的变革

第二章　混合式教学究竟是什么

第三章　混合式教学如何设计

第四章　混合式教学如何实施

模块 2 技术篇
第五章 微课资源的开发与平台课程的搭建
第六章 学习任务单设计与深度学习活动组织
第七章 学习团队培育与项目团队学习实施
第八章 多元教学评价与课程建设质量监管
模块 3 实践篇
第九章 理工类专业课程混合式教学改革与实践
第十章 外语类专业课程混合式教学改革与实践
第十一章 数学类专业课程混合式教学改革与实践
第十二章 艺术类专业课程混合式教学改革与实践

整本教材的编写综合考虑了理念、技术和实践，目的在于让学习者能深刻理解混合式教学实施的时代背景，应该具备的基本理念、具体技术和实践方案。如此，在今后的学科教学中，才能很好地完成线上学习资源的建设、线下学习活动的组织等教学过程的设计，能够结合一门课程的教学目标、教学内容以及开展教学的环境，具备开展混合式教学的基本能力。

（二）混合式课程平台教学资源的建设

以山东师范大学教务处使用的泛雅网络教学平台为依托，校内跨学科团队完成了"混合式教学的理论与实践"在线课程资源的建设。

网络教学平台课堂学习空间首页如图 5 所示，它提供给学生八个模块的功能，包括首页活动、统计、资料、通知、作业、考试、讨论和管理。

其中，课程首页展示了课程内容的整体导航，单击具体章节标题可进行章节配套学习资源的学习，学生可根据课堂任务需求以及个人兴趣自主选择学习的路径。学习者在此功能区的支持下，可对课程有较为完整的认识，并且该功能区支持学习者完成主要的线上学习内容的学习。统计功能区可对学习者学习的进度、各章节学习情况以及访问学习页面的情况进行统计。

图 5 网络教学平台课程学习空间首页

（三）自主设计开发的网络课程资源

支持性学习资源在网络教学平台中课程学习空间模块的“首页”和“资料”功能区呈现给学习者，还可通过微信学习圈，借助微信“群聊”功能将辅助性学习资源分享给学习者，如图 6 所示。资源形式可有多种类型，包括微课型资源、视频型资源、文档型资源、知识链接型资源等，学生可根据学习的需要自行选择观看与学习。

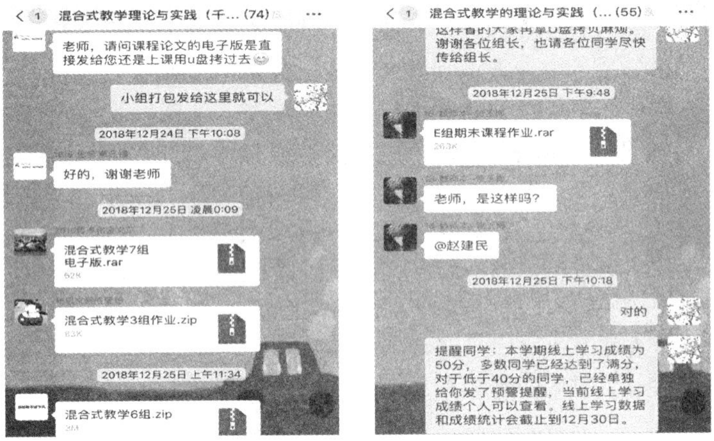

图 6　长清湖与千佛山两校区网络教学微信空间

在平台网络教学空间中，共有自主设计与开发的微课视频 50 节。微课开发时主要有两种方式：一种是使用教学课件录制的微课，另一种是由跨学科的教师讲座视频录制的微课。在平台上已经设置为学生自主学习任务点的微课如图 7 所示。

图 7　线上平台设置为任务点的自主开发微课

基于课件录制的微课和基于视频讲座的微课按照课程计划，划分了主要知识点。课程内容资源以微视频为主，在课程章节学习窗口的主板块中显示，其涵盖单元学习内容的主要脉络、关键知识点以及重难点。其中，图 8 所示为第二单元的基于教学课件录制的微视频课程截图。

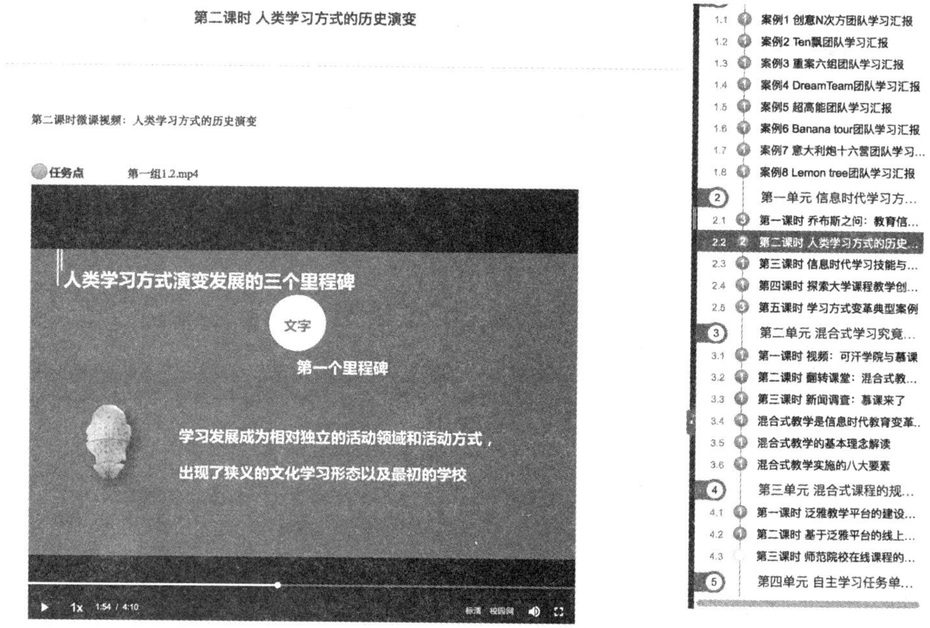

图 8　自主开发的基于课件录制的课程教学资源

基于跨学科录制的微课视频资源是本课程在线学习资源的重要组成部分。本课程跨学科的教师团队成员是学校开展混合式教学的骨干成员，多次承担学校混合式课程建设与混合式教学模式变革的培训工作，在多次专题培训与讲座报告中积累了大量视频资源。这些资源根据课程需要，重新进行了编辑和整理，形成了线上教学视频资源。图 9 所示为主讲教师赵建民的在线视频讲座学习资源。

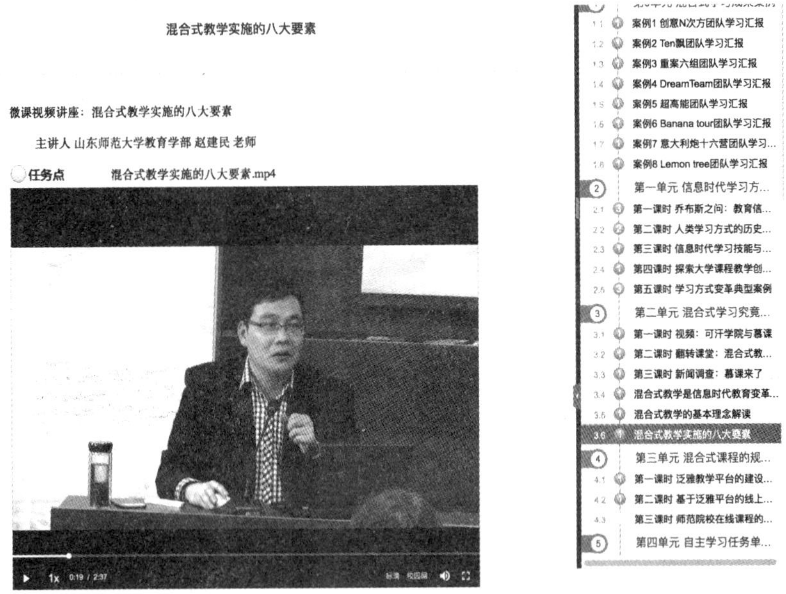

图 9　赵建民老师的在线视频微课学习资源

课程辅助学习资源类型丰富，主要为学生提供教学案例，将以往学生的学习成果作品作为学习案例提供给学生。图 10 所示为以往学生的成果作品展示，作为导学的拓展性视频资源，供学生学习。

图 10　网络教学平台提供的课程辅助性资源（微视频教学案例）

在课程学习中，课程资源建设是很重要的教学目标和教学内容。线上课程资源开发的内容为学生提供了丰富的微课开发工具和软件，以软件实用性教程为主的学习资源作为任务完成的工具性支持，以及文档和视频作为拓展性学习资源等。图 11 所示是在线上平台为学生提供的微课制作视频。

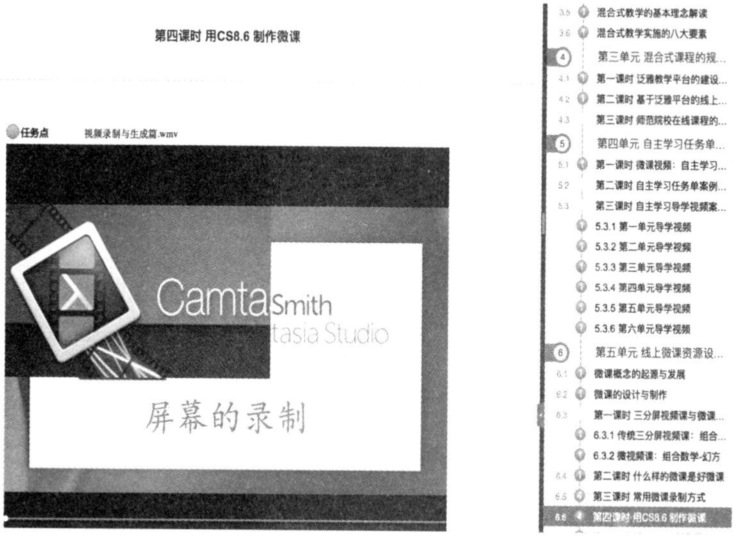

图 11　网络教学平台提供的微课制作视频

（四）设计开发的自主学习任务单

平台资源中，为每个单元设计了配套的单元“学习指导与学习任务单”，混合式学习活动自主学习任务单是供学习者在面对面课程开始之前的自主学习使用，由任课教师依据课程的整体目标以及单元的学习目标设计完成，其核心是为学习者的自主学习提供有利的知识、技术以及任务、方法等方面的指导，并指明学习方向，如表 3 所示。

线上课程教学平台资源的建设为学生课前利用在线资源开展自主学习，完成教师知识传授的任务起到了重要的保障作用，也为学生发现学习中存在的问题，开展线上和线下协商研讨和深度学习，完成知识的内化奠定了基础。

表 3　混合式教学活动自主学习任务单模版

“××”（课程）混合式学习活动自主学习任务单 （第×单元）	
一、课程基本信息	
课程名称	
教材及版本	
授课对象	

续表

“××”(课程)混合式学习活动自主学习任务单 (第×单元)	
开课学期	
先修课程	
课堂授课时间	
网络课程门户地址	
二、单元学习指南	
课程章节	
单元学习目标	
单元知识要点	
单元知识要点结构	
学习方法建议	
三、单元学习任务	
课前学习任务	
课堂活动预告	
四、单元混合式教学技术修炼	
单元混合式技术修炼指南	
五、单元困惑、建议与反思	
课前单元学习后存在的疑难与困惑	
单元团队学习反思交流	

五、线下教学活动的设计与实施

(一)线下课中学习活动的设计与组织

课堂中的学习活动以培养学生的深度学习能力为主,与传统教学中的灌输式传授不同的是,教师采用启发式的协商对话方式,组织并实施课堂学习活动。任课教师通过设计特定的学习任务或创设特定的学习情境,激发学生的学习兴趣,促进学生主动地投入精力去学习。课中学习活动的设计与组织将从教师的活动与学生的活动两个方面简介如下:

1. 教师针对性讲解活动与反馈活动

创设情境、激发学生的学习动机是课堂中教师活动的起始环节。教师应营造良好的氛围，采取灵活多变的导学手段，创造愉快的情境。此后，教师应向学习者阐明课堂的学习目标，使学习者明确自己的学习目标，明确学习内容的总体情况，知道自己应达到的标准，帮助学生建立完整的知识结构，具有较强的导向性。在此基础上，教师将呈现具体的学习任务，引发学生的讨论以及思考；对仍未解决的深度探讨问题进行答疑，强化学生的认知，并在学习者表达与讨论的过程中给予适当的反馈。最后，学生将在教师的引导下完成对当前课内学习活动的总结与反思。图 12、图 13、图 14 所示为教师的混合式针对性讲解活动与反馈活动。

图 12　课程教学团队成员赵建民老师在进行混合式授课

图 13　课程教学团队成员尹苗老师的混合式授课

图 14　课程教学团队成员王新华老师的混合式授课

图 15　课程教学团队成员杨杰老师的混合式授课

2.小组分享与讨论交流活动

教师进行导学，讲解关键知识点之后，学生将以团队为单位，在课堂上分享小组深度研讨的问题。小组成员应尽可能地积极主动地发表自己的见解，同时其他学习者将认真听取他人的看法，组间相互补充、启发，逐步弄清问题，并拓展问题的广度。在这一环节，师生间、生生间、组间的交流讨论会更加充分。课堂深度问题研讨活动如图 16、图 17、图 18 所示。

图 16　千佛山校区的学生基于深度学习的课堂教学研讨

图 17　长清湖校区的学生基于深度学习的课堂教学研讨

图 18　新疆大学的教师观摩基于深度学习的课堂教学研讨

3.团队学习汇报展示

团队自学与成果汇报包括教师设计学习问题、团队交流研讨、团队集体或安排代表汇报学习成果、教师进行点评等步骤。团队学习的成果以微课、PPT等形式呈现,学习者以团队为单位,各自分工,每位学生上台代表整个学习团队进行发言,这不仅起到了锻炼学生综合能力的效果,还能为教师评定学生平时的成绩提供参考,如图19所示。

图19 课堂教学中学生团队学习成果的展示汇报

(二)线下课后团队学习活动的设计与组织

协同合作能力与意识的提升需要依靠团队学习的理论与实践,需要学习者掌握一定的团队学习技术与策略,并组建学习化团队,在实践与真实的团队学习环境中,促进学习者解决问题和协同合作意识与能力的养成。协作学习活动主要包括以下关键环节:组建学生团队,分工协作阶段以及知识深加工阶段。

在团队创建之前,教师作为协作学习活动的引导者与设计者,以往届学生创建学习小组的成果作为经验展示给学生,使学生知晓本课程将采取小组协作的活动方式完成部分研究性的学习活动。需要以完成课程中学习活动任务并达成学习活动目标为基础,完成并呈现学习活动的成果。学生将在教师的动员与启发之下,开始初步具有团队协作意识,并主动开展行动。

团队组建规模以5~6人为宜,采取5~6人为一组。本课程在2018~2019年第一学期的千佛山校区公选课学习过程中共分为10个学习组,在长清湖校区公选课学习过程中共分为6个学习组。图20所示为混合式教学两校区团队学习小组的划分。

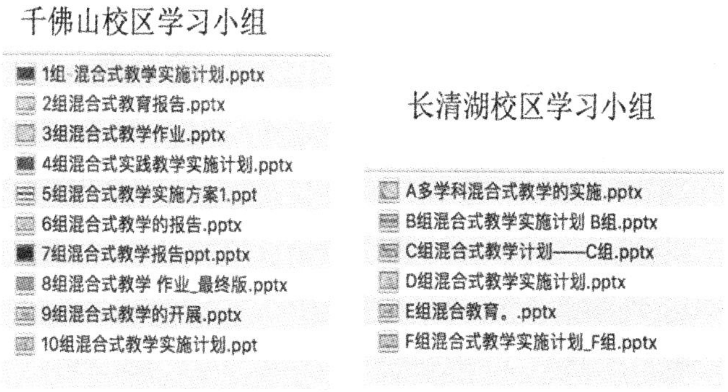

图 20 混合式教学两校区团队学习小组的划分

这样的学生小组规模能保证每位成员都有机会展示并分享自己的想法与困惑，同时能保证团队中组内成员的知识来源多样化以及团队的实力水平与队员的归属感。在组建小组时，将采用异质分组的原则，充分考虑学习者的性别、班级、宿舍、学习初始能力水平、学习成绩、学习风格等多种要素的差异性。图 21 所示为团队学习小组研究性学习成果样例。

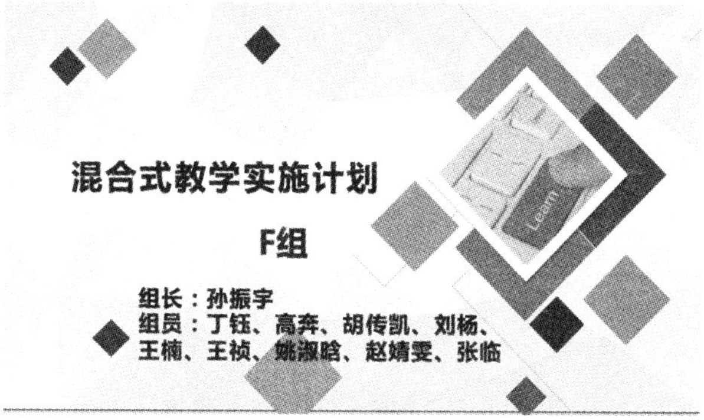

图 21 团队学习小组研究性学习成果样例

在团队学习中，学生及学生群体是学习活动中真正的主体，只有当课程或教师设计的学习目标与学习者的学习目标相结合的时候，才能充分发挥学生的主体性，提高学生的主动性。因此，学生在学习之初，应确定适合个体及群体的学习目标与计划，在团队学习目标和学习计划的指导下，开展基于任务、项目或问题的团队研究性学习，如图 22 所示。

图 22　混合式团队研究性学习

六、课程考核方式改革与完善

(一)混合式课程考核的创新探索

评价(考试)是学习的指挥棒。目前,学校的考试模式主要是考核学生对知识点的理解和掌握,很少关注学生的学习能力,特别是创造性学习能力的发展。为破解这一现实与时代难题,本课程在长期的实践探索中,运用多元智能评价理念和信息技术评价方式,创建了多媒体化、网络化、数据库化、个性化、团队化、智能化的过程评价与成就评价模式,在此基础上提出了"信息技术环境下的学习评价创新模型",如图 23 所示。

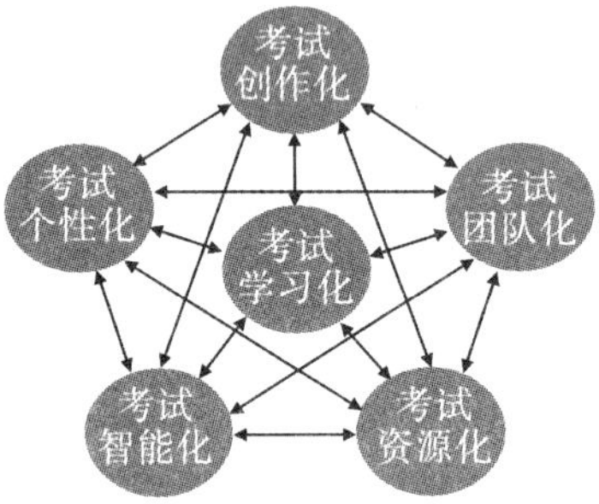

图 23　信息技术环境下的学习评价创新模型

(二)本课程采用的考核方式和评价方法

考虑到本课程的特点和教学目标,结合学校对全校公选课课程考核形式的要求,制定了课程考核要求和评价标准。本次混合式课程期末评价由三部分组成:团队研究性学习成果、课程论文和线上学习成绩。

其中,只有参加团队研究性学习的学生才能参与期末考核,其研究性学习成果包括小组设计制作的微课、小组团队视频介绍和小组团队制定的研究性学习计划等。具体的研究性学习成果如图 24、图 25 和图 26 所示。

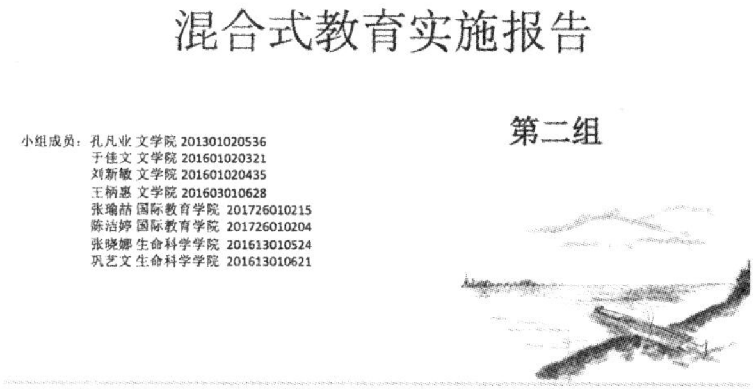

图 24　混合式团队学习期末考核课程实施报告成果

图 25　混合式团队学习期末考核小组制作微课成果

图 26　混合式团队学习期末考核小组介绍视频成果

个人课程学习总结的考核内容要求为：个人课程学习总结，包括结合一学期的课程学习和自己的认识，总结什么是混合式教学；为什么要进行混合式教学;作为学科教师如何进行混合式教学;本门课程自己的收获;团队学习中个人的贡献。成果形式以 A4 纸打印,字数 2000～3000 字;Word 电子版(学号姓名命名)提交时间为第 18 周上课时间;打印好的课程论文交给组长,Word 电子版发给各组组长,组长核对好人数后一起交给教师。两校区学生课程论文电子版如图 27 所示。个人课程学科成绩按照课程总结论文并辅以前期的团队学习作品判定,占期末考核成绩的 50%。

混合式课程线上学习成绩考核及评价标准为:线上学习成绩占总考核成绩的 50%,其中包括线上视频观看 20 分,线上访问次数 10 分,线上讨论区发表与回复 20 分。线上考核标准如图 27 所示,线上学习数据成绩统计如图 28 所示。

成绩统计 | 权重设置 | 证书发放管理

请输入学号、姓名

允许学生查看成绩 导出成

学生姓名	学号/账号	学校	课程视频 (20%)	访问次数 (10%)	讨论 (20%)	考试 (50%)	综合成绩
[illegible]	[illegible]	山东师范大学	20.0	10.0	20.0	0.0	50.0
[illegible]	[illegible]	山东师范大学	20.0	10.0	20.0	0.0	50.0
[illegible]	[illegible]	山东师范大学	20.0	10.0	20.0	0.0	50.0
[illegible]	[illegible]	山东师范大学	20.0	10.0	20.0	0.0	50.0
[illegible]	[illegible]	山东师范大学	20.0	10.0	20.0	0.0	50.0
[illegible]	[illegible]	山东师范大学	20.0	10.0	20.0	0.0	50.0

图 27 混合式课程学生线上考核项目与分值标准

UID	课程ID	课程名称	学生姓名	学号/账号	学校	院系	专业	班级	视频得分(	课程视频进	论得分(20%	试得分(50%	问数得分(10	点完成百分	综合成
25549472	95830369	混合式教学的理论与	[illegible]	[illegible]	山东师范大	文学院	汉语言文学	中文本160	20.0	65/65	20.0	0.0	10.0	100%	50.0
35273104	95830369	混合式教学的理论与	[illegible]	[illegible]	山东师范大	化学化工与	化学(卓越	卓化本160	20.0	65/65	20.0	0.0	10.0	100%	50.0
35273285	95830369	混合式教学的理论与	[illegible]	[illegible]	山东师范大	化学化工与	化学	化学本160	20.0	65/65	20.0	0.0	10.0	100%	50.0
36065309	95830369	混合式教学的理论与	[illegible]	[illegible]	山东师范大	生命科学学	生物科学	生科本160	20.0	65/65	20.0	0.0	10.0	100%	50.0
36065315	95830369	混合式教学的理论与	[illegible]	[illegible]	山东师范大	生命科学学	生物科学	生科本160	20.0	65/65	20.0	0.0	10.0	100%	50.0
36065942	95830369	混合式教学的理论与	[illegible]	[illegible]	山东师范大	化学化工与	化学	化学本160	20.0	65/65	20.0	0.0	10.0	100%	50.0
36065977	95830369	混合式教学的理论与	[illegible]	[illegible]	山东师范大	化学化工与	化学	化学本160	20.0	65/65	20.0	0.0	10.0	100%	50.0
36066804	95830369	混合式教学的理论与	[illegible]	[illegible]	山东师范大	生命科学学	生物科学	生科本160	20.0	65/65	20.0	0.0	10.0	100%	50.0
36067288	95830369	混合式教学的理论与	[illegible]	[illegible]	山东师范大	化学化工与	化学	化学本160	20.0	65/65	20.0	0.0	10.0	100%	50.0
36067354	95830369	混合式教学的理论与	[illegible]	[illegible]	山东师范大	生命科学学	生物科学	生科本160	20.0	65/65	20.0	0.0	10.0	100%	50.0
36067811	95830369	混合式教学的理论与	[illegible]	[illegible]	山东师范大	化学化工与	化学	化学本160	20.0	65/65	20.0	0.0	10.0	100%	50.0
36068100	95830369	混合式教学的理论与	[illegible]	[illegible]	山东师范大	文学院	汉语言文学	中文本160	20.0	65/65	20.0	0.0	10.0	100%	50.0
36068508	95830369	混合式教学的理论与	[illegible]	[illegible]	山东师范大	教育学部	教育学	教育本160	20.0	65/65	20.0	0.0	10.0	100%	50.0
36068801	95830369	混合式教学的理论与	[illegible]	[illegible]	山东师范大	生命科学学	生物科学	生师本160	20.0	65/65	6.4	0.0	10.0	100%	36.4
36068825	95830369	混合式教学的理论与	[illegible]	[illegible]	山东师范大	生命科学学	生物科学	生科本160	20.0	65/65	20.0	0.0	10.0	100%	50.0
36068838	95830369	混合式教学的理论与	[illegible]	[illegible]	山东师范大	生命科学学	生物科学	生科本160	20.0	65/65	2.6	0.0	10.0	100%	32.6
36069021	95830369	混合式教学的理论与	[illegible]	[illegible]	山东师范大	教育学部	学前教育	幼教本160	20.0	65/65	5.6	0.0	10.0	100%	35.6
36069114	95830369	混合式教学的理论与	[illegible]	[illegible]	山东师范大	教育学部	教育技术学	电教本160	20.0	65/65	19.0	0.0	10.0	100%	49.0
36069350	95830369	混合式教学的理论与	[illegible]	[illegible]	山东师范大	化学化工与	化学	化学本160	20.0	65/65	20.0	0.0	10.0	100%	50.0
36069366	95830369	混合式教学的理论与	[illegible]	[illegible]	山东师范大	生命科学学	生物科学	生师本160	20.0	65/65	13.2	0.0	10.0	100%	43.2
36069673	95830369	混合式教学的理论与	[illegible]	[illegible]	山东师范大	美术学院	美术学	美术本160	20.0	65/65	20.0	0.0	10.0	100%	50.0
36069694	95830369	混合式教学的理论与	[illegible]	[illegible]	山东师范大	教育学部	教育技术学	电教本160	20.0	65/65	20.0	0.0	10.0	100%	50.0
36069698	95830369	混合式教学的理论与	[illegible]	[illegible]	山东师范大	教育学部	教育技术学	电教本160	20.0	65/65	17.6	0.0	10.0	100%	47.6
36070198	95830369	混合式教学的理论与	[illegible]	[illegible]	山东师范大	美术学院	美术学	美术本160	20.0	65/65	0.0	0.0	6.83	100%	26.83
36070444	95830369	混合式教学的理论与	[illegible]	[illegible]	山东师范大	生命科学学	生物科学	生科本160	20.0	65/65	20.0	0.0	10.0	100%	50.0
36070452	95830369	混合式教学的理论与	[illegible]	[illegible]	山东师范大	生命科学学	食品科学与	食工本160	20.0	65/65	3.0	0.0	10.0	100%	33.0
36070467	95830369	混合式教学的理论与	[illegible]	[illegible]	山东师范大	生命科学学	生物科学	生科本160	20.0	65/65	1.4	0.0	10.0	100%	31.4
36070843	95830369	混合式教学的理论与	[illegible]	[illegible]	山东师范大	教育学部	教育技术学	电教本160	20.0	65/65	13.4	0.0	10.0	100%	43.4
36071054	95830369	混合式教学的理论与	[illegible]	[illegible]	山东师范大	生命科学学	生物科学	生科本160	20.0	65/65	6.8	0.0	10.0	100%	36.8
36071567	95830369	混合式教学的理论与	[illegible]	[illegible]	山东师范大	生命科学学	生物科学	生科本160	20.0	65/65	20.0	0.0	10.0	100%	50.0
36072034	95830369	混合式教学的理论与	[illegible]	[illegible]	山东师范大	生命科学学	生物科学	生科本160	20.0	65/65	20.0	0.0	10.0	100%	50.0
36072312	95830369	混合式教学的理论与	[illegible]	[illegible]	山东师范大	美术学院	美术学	美术本160	20.0	65/65	2.6	0.0	10.0	100%	32.6
36072542	95830369	混合式教学的理论与	[illegible]	[illegible]	山东师范大	化学化工与	化学(卓越	卓化本160	20.0	65/65	20.0	0.0	10.0	100%	50.0

图 28 混合式课程学生线上学习成绩导出表格

七、课程实施的效果及努力方向

教学反馈体系能够客观反映教师的备课情况、教学态度，帮助教师及时了解教学效果，掌握学生学习情况，并且对学生的学习效果进行评价、监督、检查。

（一）课程教学目标基本达成

本课程的最主要教学目标是提升学生的自主学习和团队学习能力，学会建设平台混合式课程资源，掌握混合式教学的基本流程与方法。通过学生的线上视频课学习、课堂听讲以及小组问题研讨，小组课程资源的设计制作与混合式课程计划的制定，明显看出学生的混合式学习能力和混合式教学能力基本达成，尤其是团队学习能力得到了较好的发展。

（二）课程学习成果基本完成

两个校区的两个教学班级共分成 16 个学习小组，每个小组完成了一个团队介绍视频；多个教学微课的设计和开发，还完成了一个小组学科混合式教学计划的制定；课程结束时进行了混合式课程学习课程论文的写作。

（三）课程学习动力明显增强

作为全校跨系选修课，无论是线上学习还是课堂研讨，或者课后团队学习，学生在本课程的学习中积极性明显提高。如图 29 和图 30 所示，从网络后台显示的学习行为数据可以看出，学生课前线上学习的时间明显增多；线上问题研讨气氛活跃；课堂展示、问题研讨积极投入；课下研究性学习投入的时间和精力明显增多。在整个课程学习中，学生的学习积极性明显提高。

图 29　长清湖校区 50 人线上学习平台访问数据

图 30　千佛山校区 70 人线上学习平台访问数据

混合式课程在建设过程中取得了一定的成绩，也出现了一些不足。随着教育信息化的迅速发展，从传统教学到混合式教学，再到慕课上线，是当下和未来课程建设的方向和路径。在今后的课程建设中，要不断建设和开发线上学习资源，不断设计和优化线下学习活动，整合多元学习目标，建设结构化和系统化的视频课程内容体系，实现从校内混合式课程到慕课课程的转换和发展。